古代歷史文化 研究輯刊

二一編

王明蓀 主編

第34冊

百越文化研究

黃秀卿 著

國家圖書館出版品預行編目資料

百越文化研究／黃秀卿 著 — 初版 — 新北市：花木蘭文化事
業有限公司，2019〔民 108〕
目 4+214 面；19×26 公分
（古代歷史文化研究輯刊 二一編：第 34 冊）
ISBN 978-986-485-752-4（精裝）
1. 少數民族 2. 民族文化 3. 中國
618   108001551

ISBN-978-986-485-752-4

古代歷史文化研究輯刊
二一編　第三四冊　　　　　ISBN：978-986-485-752-4

百越文化研究

作　　者　黃秀卿
主　　編　王明蓀
總 編 輯　杜潔祥
副總編輯　楊嘉樂
編　　輯　許郁翎、王筑　美術編輯　陳逸婷
出　　版　花木蘭文化事業有限公司
發 行 人　高小娟
聯絡地址　235 新北市中和區中安街七二號十三樓
　　　　　電話：02-2923-1455／傳眞：02-2923-1452
網　　址　http://www.huamulan.tw 信箱 hml810518@gmail.com
印　　刷　普羅文化出版廣告事業
初　　版　2019 年 3 月
全書字數　172186 字
定　　價　二一編 49 冊（精裝）台幣 122,000 元

百越文化研究

黃秀卿　著

作者簡介

黃秀卿,現任教育服務機構,從事教學工作。政大中文系,台灣師範大學國文研究所畢業。曾任高中教師,大專院校兼任講師。曾參與三民書局出版高中《語文表達能力》一書,東大出版高中國文課文撰寫賞析與課後習作,為玉山社出版施懿琳教授選編《國民文選》負責部份賞析編寫,參與校稿整理由玉山社出版莊萬壽教授的《台灣文化論──主體性之建構》等。

提　　要

　　「文化研究」在學術界一直都是很熱門的話題,加上當代許多新式的文化理論不斷萌生,也為各類文化研究的議題,注入一股強勁的生命力。當我們在討論古代文化時,便能與新的理論產生思辨激盪,進而打開視野,所以本書─百越文化研究,一開始設定的研究方法,雖為歷史文獻討論佐以考古文物為證,但以其為主體延伸出來的文化相關問題,就不是單就古代文獻所能解決的,必須透過像「文化採借」等理論來說明整個百越文化演變經過。

　　百越文化研究範疇頗為廣大,與台灣最有淵源的應該是南島語系莫屬了,這也是為何我要以百越文化為主題來研究。綜觀歷史發展,文化的發展並非單一路線,影響所及,更是難以想像,比如口語當中有些使用的語彙、倒裝的句法、甚至某些傳統的干欄式建築起居習慣、多淫祀好卜筮的越巫信仰、葬俗習慣,百越文化仍不鑿痕跡地在我們的日常生活中顯露。即便主流強勢的漢文化,仍是被這些不起眼的百越文化所滲透了,這也是文化研究不能簡單視之的原因。

　　本文所要探討的問題是先秦廣大的百越族,隨著歷史演變,最終消失了還是仍存在著?這是一個有趣的議題,想想當今全球化趨勢的影響下,許多國度消失在全球化的框架中失去自我?還是重新走出自己的路?也許,百越族人這些過來人可以告訴我們答案。

　　關鍵詞:百越、文化採借、干欄式建築、越巫、漢化

誌　謝

　　在跨向二十一世紀之餘，世界各地的民族問題仍方興未艾，絲毫無解決的跡象。而本論文所探討的百越民族，正也是上古民族文化的縮影，希望藉由本文的拋磚引玉，讓學術界對此議題多加注目。在撰寫時間，指導教授莊萬壽老師不辭辛勞，在百忙之中對本論文給予許多建議與批改，甚至曾在修改期間逐字逐句批閱，使得本論文的內容得以更加深入，所論之事可以更為具體有系統，如果說本論文有些參考的價值，這都要感謝莊老師的指導。此外，口試委員東海大學歷史系教授陳錦忠先生，在私底下也給予相當多的幫助與指正，如考古方面的資料與書目；而本校國文所授教林礽乾老師，也不吝對本論文提供相關資料與觀點，使我獲益匪淺，在此一併致謝。

　　雖然花了一年半的時間撰寫論文，歷時頗久，若無家人的支持，恐怕難以為繼，尤其是夫婿順庭經常陪我到台大圖書館、國家圖書館、及坊間書店找尋資料，甚至還要包容我寫作時的沮喪、牢騷等情緒，讓我可以重新站起來面對問題，能踏實地迎接下一個挑戰，十分感激他。此外，我的朋友、同學佳惠、毓婷、炫蒼、俊源在我需要幫助的時候，都慷慨伸出援手；讓我感到最為受用的是寫《先秦東夷及其文化研究》的周慧華，由於雙方論文在某一方面性質頗為接近，是以經常以電話討論，進行腦力激盪，所費亦不貲，十分感謝她的傾囊相授。

　　較令人遺憾的是我的父親，在還來不及看到我的論文、學業完成，即因病痛撒手人寰，因此我將本論文獻給在西方極樂世界的先父，如果沒有他也不會有今天的我，感謝他！

　　論文甫成，是人生另一個階段的開始，並非結束。學術研究，這一條路走來雖辛苦，但其中所獲得的喜悅卻是真實不虛的；不過論文中或許還有一些疏漏，甚至需要各位先進加以指正之處，祈望不吝批評指教，謝謝。

黃秀卿於師大國文研究所

目　次

第一章 緒 論

第一節 研究動機

近代在國家領域概念出現後，國際社會漸漸對於民族議題開始有所關懷，且隨著第一次大戰後，各國民族問題日益嚴重，導致國際聯盟不得不對這些民族問題尋求解決之道。最顯著的例子莫過於兩次大戰後，國際組織已有保護少數民族條約的出現，也設置國際法院，受理少數民族之一切訴訟，甚至聯合國還設有少數民族委員會（1946年），而於1948年通過人權宣言〔註1〕。而這些保護少數民族（此詞彙是相對於執政的多數民族而言的，應稱其為原住民族較為妥當）的動態，有些是著眼於宗教保護，有些則以種族、語言為主要訴求。到了1998年今天，少數（原住）民族亦開始享有「自決」的權利，這些痛定思痛的改變與不斷修正政策缺陷與疏漏，以盡可能達到完善的努力，都是人類文明進步的表徵。即使國際社會對少數（原住）民族的保障還有待努力，但相較於古代人類因生存所需或擴展聲威以飽私欲，而對異族進行武力征伐、鎮壓、同化，強迫遷徙，甚至殘酷地予以滅種滅族，我想身為二十世紀末的人類，應該慶幸人類有如此進步的決議，即便是慢如牛步。
〔註2〕

〔註1〕 國際法保護少數民族有聯合國憲章第一條第三項、世界人權宣言前文、歐洲人權保護條約第十四條、公民權利及政治權利國際公約第二條一項、第二十四條等。
〔註2〕 參考李明峻〈少數民族國際性保護的歷史回顧〉頁1~13，台灣歷史學會，民族問題學術研討會抽印本，1998年。

　　民族問題仍存在於現今中國境內，懸而待解，且也是國際社會關注的焦點，如西藏、新疆、內蒙問題等等。以往，中國政府經常利用「民族主義」與「國家主義」混淆視聽，讓人著實難以理性判別原住民該何去何從。這兩種用詞，說穿了還蠻好理解的，如民族主義（nationalism）是對民族效忠，而國家主義（patriotism）所效忠的對象是國家，前者是集體認同，後者是個人認同。〔註3〕今日的中國如此，反觀生活同一塊土地上，幾千年前的古代民族，是否也有這方面的困擾？饒富興味之處，在在吸引我的注目。翻閱古史時，發現早在幾千年的這塊土地上，已有許多民族存在。其中有個民族為百越。她與楚族一樣同屬原住民族，經歷了原始部落、民族、國家等體制型態，最後國家被消滅，而族人當中泰半走上與漢族同化一途。相對於處在政治權力中心的漢族而言，百越民族這些弱勢數者有的則選擇避居兩廣、雲貴等地，成為今日西南的原住民族，也就是現代的壯侗語族。但值得我們注意的是，現代西南民族雖被視為少數，但在古代其前身百越民族卻非如此！他們從新石器時代就住在長江流域以南，依其族裔來看，更可算是個龐大的民族團體，有句吳、于越、閩越、南越、甌越、駱越等；只不過被華夏族統治、漢化後，以他們強勢者的觀點，稱百越民族為少數，事實上，這樣的觀點，有失客觀。因此，在古代的百越民族，其整個歷史發展演變，與其所創造發展出來的人文思想，以及文化內涵最終命運為何，值得我們多付出關注的心力，故選擇此一範疇作為論文研究的主題。雖然，我以現代人權觀點來關懷原住民族問題，但論文中的主角——百越，則為上古時代的民族之一，所以依本論文的立場，古代是古代，現代是現代，並不將兩者混為一談。

　　此外，由於本論文之著眼處為文化，故在討論文化問題，不能不提幾個關鍵詞彙，如「同化」（Assimilation）。有些以研究近代國家文化聯合主題的學者，如社會學者派克（Robert Park，1950），對同化作如此的定義：

> 同化是一種相互滲入和融合的過程，在此過程中，人們和團體獲得
> 對其他人和團體印象、情感、和態度，同時，藉著分享他們的經驗
> 和歷史，而逐漸被吸納成為他們的一部份，並且生活在共同的文化
> 中。〔註4〕

〔註3〕引自施政鋒〈少數民族與國家——概念架構的探索與建構〉頁2，台灣歷史學會，民族問題學術研討會抽印本，1998年。
〔註4〕葛永光《文化多元主義與國家融合》第二章，頁41，正中書局，1991年。

Park 以爲族與族之間同化是需經過三個過程——接觸、競爭、適應。另外，高登（Milton Gordon，1964）亦提出同化理論〔註5〕，他認爲同化有幾種階段或型態，如行爲、結構、婚姻、認同、態度接受、行爲接受、公民同化等。其發展階段是先是文化認同→結構同化→婚姻同化→認同同化。其實，同化理論並未達盡善盡美的境界，但重要的是，它們給予我在思考百越文化問題上不少啓發。試想，遠古時代的百越民族，在專制集權統治之下，不得不走上與漢族融合的這條路。在此歷史必然的趨勢下，漢族如何同化它？Park 的理論絕大部份是理想化，因爲在現實之中族與族之間的融合同化，是用許多爭戰、衝突等殘酷的方式進行著。因此，針對百越民族最後如何同化於漢族的問題，是本文亟待解決的。不過，按照高登的說法，卻可用來解釋百越文化與漢文化的融合過程。故而，本文將以上述兩位學者之理論爲根據，用以詮釋百越文化同化問題。

第二節　有關百越文化研究概況

在學術界中，研究百越問題者，時至今日，拜學者孜孜不息之賜，成果斐然。專著方面，以百越族爲主題提出討論的有三、四十年代的《吳越文化論叢》——吳越史地研究會編（1937），羅香林的《百越源流與文化》（1995）開啓研究先鋒，到今日則有蔣炳釗等人合著的《百越民族文化》（1998）、陳國強等四人合著的《百越民族史》（1988）、何光岳的《百越源流史》（1988）、董楚平的《吳越文化新探》（1988）、張荷的《吳越文化》（1995）等，其內容大都從百越民族源流論述起，以歷史發展爲經，文化內容爲緯，敘述百越民族之發展與變化。每位學者學有專精，對問題的看法，亦五花八門，提供不少新的論點讓吾輩思考，如越族之溯源，有從史說，有從人種說，有從土著說，諸如此類，令人眼界爲之一亮。另外，亦有專以百越民族中的一支提出討論，如辛土成的《台灣海峽兩岸的古閩越族》（1988）、覃曉航的《嶺南古越人名稱文化探源》（1995）等，這類專著將對象縮小到百越民族中的一小部份，所談論的問題與上述諸書當然有所不同，如辛土成認爲閩越人是開關台灣最早的居民，在新石器時代已然有其先民出現〔註6〕，此說並未得到普遍認

〔註 5〕同見上註，頁 42。
〔註 6〕詳說見辛土成《台灣海峽兩岸的古閩越族》頁 122，廈門大學出版社，1988 年。

同，看法分歧，仍待學界再三研究。

至於，單篇論文方面，發表者眾，所討論之問題亦令人眼花撩亂，內容不外乎從考古、文化特色等範疇論述越族起源或社會性質，將之結集成冊有中國百越民族史研究會所編的《百越民族論集》（1989）、《百越民族論叢》、江蘇省吳文化研究會編的《吳文化研究論文集》（1988）等，其中議題廣泛，見解也頗為精闢，如談論到良渚文化與百越族之關係，印紋陶文化的主人確認，從福建出土的船棺談到越人的信仰文化等等，皆頗具參考價值。而期刊上所發表的單篇論文，也遑不多讓，有以百越民族淵源出發為文討論的，如白耀天的〈揚越、夔越考略〉（1988）、周國榮的〈說吳族〉（1991）、王文清的〈句吳的含義與起源地〉（1993）等；有的則針對春秋時期百越社會發展特性加以說明，如王文清〈春秋戰國之際吳越的經濟型態〉（1990）、楊善群〈吳國在西周至春秋前期的發展〉（1992）等；有的則以百越文化為主題，如陳文化〈幾何印紋陶與古越族的蛇圖騰崇拜〉（1981）蕭夢龍〈初論吳文化〉（1985）、林蔚文〈越人對蛇的崇拜源流考略〉、〈越人崇鳥源流考略〉（1986）、劉亦兵〈孫子兵法與吳越文化〉（1994）等。

由上文簡介得知，百越問題的研究看似廣泛、多元，但卻是以切割的方式討論百越文化，如歷史上所談論的百越族，與春秋時期吳、越兩國之關聯何在？又如百越文化中的原始信仰與秦漢以後的信仰又有多少關係？甚至，到目前為主，少有學者談論到百越文化在秦漢時期以後轉變、融合的問題，及對於百越民族所留下來的人文思維方面，亦少有進一步的說明。因此，由此角度來看，不難發現研究百越問題者的疏漏，而這也是本論文想致力說明之處。

第三節　研究性質與目的

本文擬從歷史、文化、宗教等角度，對百越民族作一深入研究。所採行的方法主要偏重在歷史研究法，而佐以考古出土文物為證。利用考古學重建古史的時空架構早在 1950 年開始著手研究，且成績斐然。學者夏鼐以使用碳十四測年，對考古資料作年代建構工作，排出許多重要文化和遺址年代，可謂貢獻頗多，厥功甚偉。因此，本文擬按其所測定的考古文化年代，盡可能地重建屬於百越的上古歷史內容。依據夏鼐的考古建構，西元前 5000～3000

年是仰韶文化階段，西元前 3000～2000 年是龍山文化階段，這部份屬於考古學的新石器時代，而西元前 2000 年以後才進入所謂的青銅器時代。〔註7〕

　　考古發掘工作歷經四十多年的努力，累積了大量的資料。學者蘇秉琦將這些複雜的資料整理出先後次序，然後再將這些新石器時代考古遺址分成六大區，如一、陝豫晉鄰境的中原，二、山東為中心的東方，三、環洞庭湖及四川盆地之西南，四、長江下游以太湖為中心的東南，五、鄱陽湖到珠江三角州為中軸的南方，六、燕山長城地帶的北方。各區文化雖有其主體文化之特性，但區域之間卻亦有顯著錯綜或互通的文化關係。〔註8〕藉由建構考古文化空間與時間，讓我們可以不再片面引用傳統史籍記載的古史資料，甚至跳脫以華夏為中心的古史觀，而得到較為全面性的古史真相，對於本文所要研究之對象亦有所助益。

　　（一）材料的搜集

　　本文主要以經史子集為對象，從中搜羅出百越相關之資料，如尚書、論孟、三禮、左傳、史記、漢書、後漢書、越絕書、吳越春秋、呂氏春秋、淮南子、文選等，又輔以考古文物資料為證。不過，在論文撰寫期間曾遭遇不少挫折，因為百越文化並非主流文化，因此相關典章文物記載較少，再加上近代學術界對此議料記載十分有限，若要深入探討戰國至秦漢之間的發展，實非易事；再加上近代學術界對此議題的研究亦不多的情形下，不論是一手資料或是二手資料都不易尋覓。慶幸的是，八十年代以後，中國學界開始著手研究原住民文化而陸續有相關論文提出，但在台灣，此方面的資料，仍是不怎麼齊全，總有缺漏，是以在材料搜集上，無力感頗重，也是本文面臨的困難所在。因此，在撰寫百越民族時，時有闕漏，無法面面俱到，這是本論文難以顧及之處。

　　（二）基本概念

　　本文著重的角度是以百越文化為中心，也就是將百越民族所發展出來的文化內涵，作為本文研究的主體，從這個主體而延伸出民族定義，支系，歷史演變，與族屬歸屬等問題，進而探討其文化發展興衰消亡等問題。這探討過程中，所要注意的是：不能忽略在上古時期，這塊土地上存在著多元民族

〔註7〕杜正勝《古代社會與國家》頁 5～6，允晨文化出版，1992 年。
〔註8〕蘇秉琦《中國考古學的黃金時代》頁 249，《考古》，1984 年第 10 期。

與多元文化，古籍記載或許有所疏漏，不足，因此，在本文中力求將之文化內涵還原。

（三）詮釋文化變遷事實

有關百越歷史的探討，不能不從其文化的基本分類著手，更重要的是強調歷史解釋的多重性。目前研究民族文化問題的學者，所採取的方法越來越多元化，如王崧興先生的「周邊理論」（frontier theory）〔註9〕，李亦園先生的「相互同化」說〔註10〕與王明珂先生的「歷史起源記憶」說〔註11〕，前者主要是說明兩個不同民族接觸時，會相互影響，甚至相互同化；而後者，則重在說明主要民族用以凝聚住民族的方式。此外，還有葉春榮先生所提出的文化「互相採借」說〔註12〕，其意在於說明漢文化與非漢文化接觸時，兩者互相影響後必會發生互相採借的情況。而黃宣衛先生則以口傳文學爲對象，討論其與「歷史建構」的關係，說明本族對他族的意像問題。〔註13〕以上諸位學者所論述的觀點，已大大跨越了以自我文化本位爲主的研究方式，採用較爲寬廣、遼闊的視野，去面對兩個不同民族之間的關係。這正也是本文欲採納之研究觀點，儘量避免落入過去單線社會演進的窠臼之中，誤以爲文化流動爲單一路線，認爲只有「漢化」一條路。吾人以爲文化流動應是雙向且深奧矛盾、複雜的一面，故不能只用單線思考來論釋文化變遷與同化問題。

歷史明白地告訴我們，任何民族或國家皆不能永遠保持其豐功偉業，百越民族亦不例外。隨著歷史的發展，其子民與文化亦遭受前所未有的重大轉變。如秦漢大一統後，秦始皇與漢武帝分別以政治力量改變百越民族原有的部落型態、生活方式，如此一來加遽了雙方接觸的腳步，而優勢民族通常會強加諸其文化觀點於弱小民族身上，造成百越文化內容、文化認同上產生莫大的改變。廣義來說，漢化可能早在先秦時期已展開，但本文著重的是百越

〔註9〕王崧興的「周邊理論」，此說用以解釋漢族文化邊緣區域與少數民族文化接觸，相互影響的情形。見於《從周邊看漢人的社會與文化》導論，黃應貴、葉春榮主編，中央研究院民族學研究所1997年3月。

〔註10〕見李亦園〈漢化、土著化、或社會演化——從婚姻、居住與婦女看漢族與少數民族之關係〉頁37，黃應貴、葉春榮主編《從周邊看漢人的社會與文化》——王崧興先生紀念論文集，中央研究院民族學研究所1997年3月。

〔註11〕王明珂〈漢族邊緣與羌族記憶與羌族本質〉頁130，同上書。

〔註12〕見葉春榮〈葫蘆福佬裔漢人的壺祀信仰〉頁91，同上書。

〔註13〕黃宣衛〈歷史建構與異族意像〉頁168，同上書。

文化褪去自己的色彩而走向完全的轉變，因此將漢化的起點定於秦漢以後。

但值得注意的是，如前所言，兩種文化在接觸、交流時，絕非單線進行，而是以極爲複雜的方式相互探借、同化，故本文盡可能地從百越民族社會內部活動，及與其接觸互動的漢族觀點，來看百越社會與文化面貌。其次，也將針對漢文化在逐步移入百越社會過程中，所產生的文化轉變與文化認同等問題，提出說明與探討，最後也將論述到漢文化受到百越文化影響的情形如何。藉由此三個不同角度的探討說明，希冀能逼近歷史原貌，重新認識百越民族的發展、文化與歷史，及其與漢族之間的關係。

既然，本文要討論百越文化與漢文化之間的互動與影響，首先就得面對一個問題，那就是「文化認同」的問題。但在討論此問題之前，吾人以爲必須先檢討百越文化體系中不同基本概念後，如時間、空間、人的觀點，才能再進一步討論百越人民如何去認同漢文化，說明此認同是從何而來；若將這些細碎的問題呈現清楚，那麼「文化認同」的問題，便能迎刃而解。

因此，本文結構之呈現方式，如下：

一、先界說何爲百越文化，及其活動範圍，在歷史上所知道的民族種類。

二、釐清百越族屬，確定之後再說明其文化內容有那些？

三、最顯著的百越文化——吳、越，活躍在春秋時期，除了銳不可當的武力外，其如何學習華夏文化，甚至與他們互爲影響的狀況，如內政、軍事、外交等。

四、秦漢以後，百越政權可謂徹頭徹尾地瓦解崩潰，隨著兩朝郡縣制的實行，造成漢文化如影隨形，無孔不入地向四周擴散開來，此時所面臨的問題即是百越文化不自主地轉變。這種轉變當然不是一朝一夕就可以完成，因爲文化傳遞的速度，會因政府開發、人口遷徙、地理條件、交通便利與否等因素，而展現不同程度的「漢化」，譬如說吳越舊地，在秦漢以後，就很難再看到百越人原有的文化面貌；反觀，嶺南地區的百越人，在兩宋等朝卻還能保有一些固有的文化內容。除了表層如大家所見地轉變外，百越文化並非一味地受制於「漢文化」，它亦在某些範疇內深入「漢文化」之中，如南越武王的從越俗等舉措，漢武帝信越巫，立越祠等。誠如上言，在「漢文化」的深層結構中，實不難看出百越文化的影子深藏在其中。

相信藉由本文層次分明地探討說明，應可達到本文所要呈現的研究目的。

第四節　研究範圍

本研究選定時代以三階段為範圍，一、從新石器時代的百越文化開始說明起源；二、經歷春秋戰國時期的文化鼎盛期；三、秦漢大一統至六朝之間的文化轉變期。因此，上述所提的問題都以圍繞在此限定時代中，逐一展開探討說明。超出此限定時代之問題，則非本文所著力之重點所在，故不加以分析討論。

研究內容共分七章：第一章為緒論，第二章為百越定義及其範圍，將解釋「越」、「百越」兩個名詞，界定百越活動範圍及與其它相鄰之諸文化的關係，說明百越民族的支系有哪些等。

第三章為探討百越文化與族屬溯源，首先針對百越在新石器時代所遺留下來的考古文物，追究百越文化的源頭在何處。第二節先提出越族是否為夏後之問題，進一步說明夏、越之關係，釐清百越之族屬問題；接著討論太伯是否奔吳，及吳人與周人之關係，從考古文物來說明吳人之族屬。

第四章為百越文化發展期，稱之為「山水文化」。本章分成六小節加以探討，一為斷髮文身，二為植稻文化，三為習於用舟，四為精於鑄劍，五為原始宗教信仰，六為語言特色。

第五章為百越族最強盛的兩國——以吳、越崛起為例，探討吳越之政治經濟之影響與轉變，探討的重點分為兩個層面：一為「漢化」對百越文化的改變，另一則以百越文化為主體探討其如何深入漢文化之中。本章內容先說明文化轉變有三：一為政治生態之轉變，以南越國、閩越國及三國時期的山越為討論對象；二為社會習俗之轉變，如經濟生活、民風、語言特質的轉變等；第三部份則談論宗教習俗，百越巫俗與漢祀之融合，及漢人為何亦信仰百越之神祇等問題。最後，則歸納分析造成百越文化轉變的主要因素在哪裡。

最末第七章，為本論文總結論。

吾人希望藉由上述諸章的討論，真正確實認識到百越民族歷史發展軌跡，及重新建構百越文化主體性，達到此目的後，對於歷史上越族與漢族，不論在文化上、或在民族上的融合，能得到嶄新的體認與看法。

第二章　百越定義及分佈範圍

　　遠古時代，傳說有五帝，繼而有夏王朝政權統領天下。夏王大禹曾巡視會稽，死後葬於此地。其子孫少康遂將庶子封於會稽，以守禹家，這就是史籍上所稱越人的由來。〔註1〕傳說是否屬實，需再進一步考察，為此，我們可借助考古資料，深入探討遠於夏王朝之前，長江下游一帶考古文化內涵，以與古史傳說聯繫在一起，找出活動在長江下游一帶的部族為何人。是以，本章將針對幾個關鍵性問題，展開討論，揭開百越文化序幕。下文所要討論的問題有：一、百越釋義，分別就「越」與「百越」兩個詞彙加以定義，說明其分佈範圍與支系；二、百越民族與其四方民族的關係；三、百越民族在歷史上的發展與演變等。

第一節　百越釋名

一、釋越

　　「越」，據《說文解字》釋越云：「越，度也。從走戉聲。」段注：「與戉從部戉字音義同。周頌對越在天，箋云越於也。此假借越為粵也。」〔註2〕越字最先寫成「戉」，《說文》：「戉，大斧也」〔註3〕其義似乎表明「戉」為某種工具。在殷商卜辭亦發掘有數條關於「戉」的記載，內容如下：

〔註1〕《史記‧越王句踐世家》頁1739，新校本，鼎文出版社。
〔註2〕《說文解字》段注頁64，黎明文化事業出版社，1992年10月九版。
〔註3〕同見前註2，頁638。

貞：戊隻羌？不其隻羌。

甲寅卜，爭貞：戊其隻圍土方？一月。

癸亥卜，爭貞：戊雙隻在西，乎……月。

甲戌卜，貞：今□巫九□，屯盂方，率伐西戊……。

乙丑王……伐西戊……。〔註4〕

卜辭中的「戊」又名「西戊」，為武丁時代的方國，戊的地望一說在山西省西北方，與土、沚、𩰚相鄰，此為島邦男的看法。又一說在山西南部，此為鍾柏生的看法。〔註5〕另一說，據夏含夷研判戊，是商王武丁時代之一方國，其與周有關的諸國。他認為戊是與周有間接關係的一國，與沚距離十分相近，約莫位在山西黃河和汾水之間。〔註6〕照上述說法看來，卜辭中的「戊」應與東南方的越人無關〔註7〕。時代再稍往後移的西周青銅銘文，只能看到如楚荊、反荊、淮夷、東夷、南夷、南淮夷等東、南方族名，其中亦不見「越」或「戊」名。〔註8〕

史籍文獻中記載越族或越人者，始見於《逸周書・王會解》：「伊尹受命，于是為四方令曰：『臣請正東：符婁、仇州、伊慮、漚深、九夷、十蠻、越漚。……正南：甌、鄧、桂國、損子、產里、百濮、九菌』」及「東越海蛤，歐人蟬蛇，蟬蛇順食之美。于越納，姑妹珍，且甌文蜃，共人玄貝。」〔註9〕其內容所提到的「越漚」、「漚深」、「甌」、「甌人」、「于越」等，可視為殷商時代越之族裔。西周以後，越的名稱就更加普遍，如《周禮・考工記》：「吳、粵之錫」〔註10〕

〔註4〕 見於鍾柏生編撰《殷商卜辭地理論叢》頁181，藝文出版社，1989年。

〔註5〕 參見島邦男《殷虛卜辭綜類》頁272～273，台北大通書局，1970年；後說為鍾柏生的看法。同見前註4，頁182。

〔註6〕 詳夏含夷《溫故知新錄——商周文化史管見》頁14～17，稻禾出版社。

〔註7〕 依照殷商四方國名來看，南方國有鳳、虎、興方等，最南只至安徽北部，因此可推斷殷商還未與越族有所接觸。同見前註4，頁219～223。

〔註8〕 西周銅器記有「反荊」者為〈過伯簋〉：「從王伐反荊」；「楚荊」者為〈王駁簋〉：「從王南征伐楚荊」；「東夷」者為〈小臣𤔲簋〉：「東遺反，伯懋父命伐之」；「淮夷」見於〈彔卣〉：「征淮夷，師雒父賞賜」、〈袁簋〉：「征淮夷，王冊賜」；「南夷」見於外〈無其簋〉：「王征南夷，無其受賞」、〈吾簋〉：「南淮夷返，王命伐之，王賞賜」、〈駒父簋〉：「駒父征南淮夷」。以上引自高木森著《西周青銅彝器彙考》頁165～167，中國文化大學，1986年初版。

〔註9〕 《逸周書・王會解》頁9，中華書局據抱經堂校刊，四部備要子部，1970年10月十三版。

〔註10〕 十三經注疏《吉禮・考工記》頁595。

案：粵同越。《左傳》記爲「於越」之例有五條〔註11〕，而《戰國策‧秦策》則有「南攻揚越」〔註12〕的記載。這些例子或有單稱粵、或爲連稱，國銅器一者泓鐘，自稱作『戉』〔註13〕；武器方面有越王勾踐劍，內容爲「戉王鳩淺自作用劍」，其他還有越王几北古劍、越王州勾劍也都是自稱爲『戉』〔註14〕。此類出土文物，應是證明越國是以單詞「戉」爲國名最顯著的例證。

卜辭中的「戉」證實非長江下游的越族，而是另有其國；但這並不表示當時只有一個方國稱作戉〔註15〕，也許卜辭因勢力未及之故而沒有記錄到南方的越，所以不能排除東南方「越」的存在。按理推論，「越」之名應是「以工命名」，因此越族究竟是以何種器物來自稱的？學術界對此頗多研究，歸納其說有以下五種：

（一）戉即斧──據羅香林的說法：

　　按越族之越，甲骨文作戉，字形作╒，蓋象斧戉之形。其後以文字之展轉假借，原義寖昧，乃加走旁爲度越之越，並爲越族之越。殷墟甲骨卜辭記戉事者頗多。……夏民族一支何以演稱爲越，此爲頗饒興味之問題。按越，原字作戉，已如上述，戉象斧戉之形，本爲武器或舞器。……夏民族擅於用戉。〔註16〕

（二）戉即三角形石犁──據梁釗韜以爲戉即是磨制精制的三角形石犁，即鏵。其理由如下：

　　《越絕書‧吳王占夢外傳》記吳王占夢，占者公孫聖以鏵比擬越人，文曰：「吳王勞曰：……見兩鏵倚吾宮堂……公孫聖伏地有頃……，因悲大王曰……見兩鏵倚吾宮堂者，越人入吳邦，伐宗廟，掘社稷

〔註11〕十三經注疏《左傳》：「吳伐越，始用師於越也。」頁232；「於越入吳」頁238、260；「於越敗吳於檇李」頁247；「司徒期聘於越」頁271。

〔註12〕《戰國策‧秦策》三，頁215，台北里仁書局，1982年。

〔註13〕參見楊伯峻《春秋左傳注》上冊：「越，越器者泓鐘自稱作戉」頁697，復文圖書出版社1991年9月再版。

〔註14〕越王兀北古劍見於馬承鴻〈越王劍、永康元年群神禽獸鏡〉頁53，《文物》，1962年第12期；陳振裕〈句踐銅劍和楚越關係〉頁119，《江漢論壇》，1980年第1期。

〔註15〕同見前註4，殷商時期還有一個方國名爲『越戲方』，見於《逸周書‧克殷》：「戊辰……呂他命伐越戲方，壬申荒新至告以馘俘」，此越根據鍾柏生的看法應是春秋衛國的越地，在今山東荷澤縣。

〔註16〕羅香林《百越源流與文化》第一章，頁10～11，台灣書局中華叢書，1955年。

也。」由此可知，戉就是鏚，越人曾被比擬爲戉而得名。〔註17〕

（三）戉即有段石錛或有肩石斧——陳國強主張戉就是有段石錛，其言：

我們認爲追溯到新石器時代，戉應指可以裝柄的有段石錛。古代越
族大量使用錛與有段石錛，和北方華夏族的大量使用石斧，有所不
同，這也是近年來東南地區紛紛發現石錛和有段石錛可以證實的。
〔註18〕

衛聚賢雖沒有明言石鉞即有段石錛，但依據他在文章中所用的圖片（見附圖）
與林惠祥的研究十分吻合，確定爲有段石錛〔註19〕，衛氏言：

越即鉞字。爲斧鉞之鉞。鉞在黃河流域新石器遺址中尚未發現，在
浙江古蕩、杭縣的良渚、湖山的錢山漾，均有石鉞出現，是鉞爲浙
江古民族所發明。〔註20〕

此外，蔣廷瑜以爲先越文化有段石錛和雙肩（有肩）石斧與戉有關，其道：

銅戉是從石戉演變而來的。青銅鉞在我國南方各省、區已發現三百
多件，根據其器形和紋飾大致可分七個類型……目前出土這類器物
大多集中于西甌、駱越和滇越地區：在福建、江西還沒有發現明顯
屬於越人的青銅鉞。……眞正越文化的形成和成熟，還是在進入青
銅時代以後，主要表現在青銅文化方面。有段石錛和雙肩石斧在青
銅器時代還在流行……〔註21〕

（四）戉即扁平穿孔石斧——持此說者爲汪濟英，其言：

戉就是我們通常所的扁平穿孔石斧，始自馬家濱文化，盛行於良渚
文化，亦即石戉，可能已從生產工具當中分離出來，專門作爲戰爭
的武器或象徵武器的禮器。上海福泉山和武進寺墩先後出土過晶瑩

〔註17〕 梁釗稻〈百越對締造中華民族的貢獻——濮、萊的關係及其流傳〉頁23，《百
越民族論集》，百越民族史研究會編，北京中國社會科學出版社，1982年第一
版。

〔註18〕 陳國強〈我國東南古代越族的來源和遷徙〉頁60，《民族研究》，1980年第6
期。

〔註19〕 林惠祥〈中國東南新石器——有段石錛〉頁1～24，《考古學報》，1958年第3
期。

〔註20〕 衛聚賢〈吳越釋名〉，《吳越文化論叢》頁5，吳越史地研究會，上海藝文出版
社1937年7月印行，1990年5月重印。

〔註21〕 蔣廷瑜〈先秦越人的青銅鉞〉，《廣西民族研究》，1985年第1期，轉引自辛土
成等著《百越民族文化》頁15，上海學林出版社，1988年。

> 無瑕的玉斧（戉），可爲這個推論提供一個旁證。……總之，銅鉞是
> 從石戉演變而來的，石戉就是扁平穿孔石器，當可肯定。〔註22〕

贊同此說者有蔣炳釗等人所編的《百越民族文化》，其認爲與戉器形最爲相似者應爲扁平穿孔石斧，且亦在浙江出土，與於越關聯甚大。書中亦指出：「因爲戉是中原的夏商人對當時居住在東南地區族人的稱呼，他們以使用扁平穿孔石斧著稱。」〔註23〕附議者有吳汝祚、牟永抗等。〔註24〕

（五）反對上述看法的董楚平，認爲若將吳越兩地所出土的石鉞，與同時代中原地區作比較，兩者差距頗大：

> 中原的鉞，無論在數量、質量方面，都大大超過吳越，其尊貴地位
> 尤非吳越所能比。就現有資料面言，青銅時代的江南越族、越國，
> 除國名與鉞器同字以外，還看出不出有其他現實關係。說越族、越
> 國因善於制鉞而稱『鉞』，就春秋時期或整個青銅時代的資料來看，
> 是缺乏根據的。然而越國王室不隨當時習俗，國名堅持單音『戉』，
> 應該有根深柢固的歷史原因。〔註25〕

董氏以爲戉字的古音同斧，戉也就是從斧演變而來的，而卜辭中戉即是夏，根據他的研判，越人就是夏人。〔註26〕

　　案：戉的用途，剛開始應爲武器，爾後才慢慢演變成權力的象徵，作爲禮器。戉是否就是有段石錛，據林惠祥研究得知：「有段石錛基本上形狀像普通石錛，多爲長方扁形，刃口斜削。」而「戉」按照卜辭所刻劃的形體爲𐤓，其柄與刃是順著同一個方向，以便砍殺；錛的刃卻是與柄呈丁字形，兩者有顯著的不同，且在學界已公認有段石錛非鉞〔註27〕。其次鑊，實爲農具，此義可從古文可考察出，如《淮南子・精神訓》：「揭钁臿」注云臿，鑊也。〔註28〕可見鑊

〔註22〕汪濟英《越史瑣議》（待刊），轉引自《百越民族文化》頁15～16，上海學林出版社，1988年1月一版。

〔註23〕同見前註22，頁16～17。

〔註24〕吳汝祚稱穿孔石斧爲石鉞，原載於《太湖地區的原始文化》，見於董楚平《吳越文化新探》頁19；牟永抗《浙江新石器時代文化的初步認識》頁9，中國考古學會第三次年會論文集，中國考古學會編輯，1981年，文物出版社。

〔註25〕董楚平《吳越文化新探》頁29，浙江文化叢書，浙江人民出版社，1990年1月第二版。

〔註26〕同見前註25，頁31～65。

〔註27〕同見前註25，頁17。

〔註28〕《淮南子・精神訓》頁11，中華書局據抱經堂校刊，四部備要子部。

並非戉。再來看有肩石斧，其分布區域多爲西南地區，其形體亦與「戉」有
所差距。最後，戉是否就是扁平穿孔石斧呢？按此類器體扁薄，不適宜砍伐
林木或使用在農務上，因此研判它應該是武器。其分布地域，據董楚平說爲
東部沿海與長江中下游，即太湖地區與山東、蘇北，以太湖地區最爲密集。
年代爲新石器時代中期至晚期。〔註29〕它的形體，與卜辭的「戉」、青銅時代
的銅鉞十分接近。因此研判，戉就是扁平穿孔石斧。若從發展上看其演變，
有可能從工具→武器→禮器，如此具有明顯獨特的器物，在中原人看來即是
其象徵物，順勢發展因此以『戉』名之。

　　最後作個小結論，對於越之所名『戉』，主要源自於越人的生產工具——
扁平穿孔石斧。至於羅氏與董氏認爲越人就是夏人，吾人以爲有待商榷。關
於這個問題，我們將從第三章再作進一步的說明。

二、百越釋義

　　百越之名，如見於《史記・李斯列傳》：「北逐胡貉，南言百越。」又《呂
氏春越・恃君篇》：「揚漢之南，百越之際」，爾後史籍也陸續出現百越的記載，
如下：

> 楚悼王素聞起賢，至則相楚……於是南平百越，北并陳蔡，卻三晉，
> 西伐秦。《史記・孫子吳起列傳》

> 太史公曰：「吳楚之君以諸侯役百越」。《史記・建元以來侯者年表》

> 王翦果代李信擊荊，……竟平荊地爲郡縣，因南征百越之君。《史記・
> 白起王翦列傳》

> 秦王使尉佗屠雎將樓船之士，南攻百越，使監祿鑿渠運糧，深入越，
> 越人遁逃。曠日持久，糧食絕乏，越人擊之，秦兵大敗。秦乃使尉
> 佗將卒以戍越。《史記・平津侯主父列傳》

> 及至秦王，續六世之餘烈，……威振四海，南取百越之地，以爲桂
> 林、象郡。《史記・秦始皇本紀》

戰國時期所指的「百越」，應與《呂氏春秋》所說的是同一範圍，但到了秦代
所說的「百越」，概念似乎往南延伸，即後世所謂的南越等地。及至漢武，亦
如是看待「百越」，如《漢書・地理志》明言：「今之蒼梧、鬱林、合浦、交

〔註29〕同見前註25，頁22。

阯、九眞、南海、日南、皆粵之分也。」〔註30〕所以，秦漢所記載的「百越」與先秦時期之「百越」已不盡相同。不過基本上，「百越」在先秦時期仍保持族群部族分散，不相統屬之特性。

　　上言「百越」，是就古籍記載之民族而言，屬於狹義的說法，只包含上古越族如句吳、于越、閩越、南越、東越、駱越、甌越、山越等。不過，從廣義來說，其涵蓋範圍可擴大到現代南方民族與東南亞民族。現代居住在中國南方的少數民族，一般認爲與百越族有關，如《隋書‧南蠻傳》提到：「南蠻雜處，與華人錯居，曰蜒、曰獽、曰俚、曰僚、曰迤。俱無君長，隨山洞而居，古先所謂百越也。」〔註31〕顧炎武在《天下郡國利病書》中也說：「僮則舊越人」〔註32〕這些民族，正是分佈在中國東南和兩廣等地，也就是現今的壯族、侗族、傣族、黎族等；此外，居住閩、粵、贛交界的民族有畬族與瑤族，在秦漢時代則介於閩越族與南越族之間，六朝時則稱爲蠻、僚，今日則爲畬、瑤等族。因此，與古百越有關的現代南方民族有壯、侗、傣、黎、畬、瑤等族。〔註33〕

　　至於，將東南亞民族納入，是因爲古代百越族曾延伸到交阯、日南等地，爲今日越南族之淵源，徐松石在《東南亞民族的中國血緣》談到：「單就越南族而論，他們在距今三千年前，已經被列爲廣義越族。」〔註34〕因爲古代越族中的駱越、西甌等族即生活在此地。因此他的結論是：「其實今日的越南族，與今日越南的少數民族，都隸屬於廣大的越民族系統內。」〔註35〕

　　再依現代人種學的角度出發，或說馬來人有關，如呂思勉言：「此族之始，似居中央亞細亞高原；後乃東南下，散居於亞洲沿海之地；自五嶺以南，南至今印度，北則今江、浙、山東、河北、遼寧，更東則抵朝鮮；其居海中者，則自南洋群島；東北抵日本，益東且抵美洲；而其族乃有留居今川、滇境者；其散布可謂廣矣。」〔註36〕徐松石更認爲現今馬來族的先人出自大越

〔註30〕《漢書‧地理志》頁 1670，新校本。
〔註31〕《隋書‧南蠻傳》頁 1831，新校本。
〔註32〕顧炎武《天下邵國利病書》第二十七冊，頁 44，四部叢刊（十一），台灣商務。
〔註33〕詳江應梁主編《中國民族史》上冊第一編第八章，中冊第五編第六章、下冊第八編第五章、第六章，北京民族出版社，1990 年。
〔註34〕徐松石《東南石民族的中國血緣》第十五章〈印度支那半島諸族〉，頁 141，香港平安書店，1959 年。
〔註35〕同見前註 34，頁 146。
〔註36〕呂思勉《中國民族史》頁 209，世界書局，1934 年。

族〔註37〕，而凌純聲則認爲與南島語族有關，其道：「今日南洋土著中的印度尼西安民族，源出大陸；在大陸上時，中國史籍多有記載，其偏於東南者稱百越，偏西南者稱百濮，或棘人、獠；百越和百濮，在民族和文化的系統上，極爲相近，至多都是同族而異支，可以百越一名而概括之。」〔註38〕。吾人以爲將古之東夷、朝鮮、日本都納入廣百越系中，似乎太過廣泛，但是就上述古百越民族陸續南遷的狀況來看，應與現代東南亞民族關係密切。甚至，從語言的特點來看，百越語言與東南亞民族語言相近，如腳一詞，不見於《說文》，漢語稱爲「足」。腳，閩語爲 ka，客家話爲 kiok，越南話爲 kok，馬來話爲 kaki，可見百越遺音還存留在上述語言中，而且有顯著相通〔註39〕。現存於中國境內語言約有五大系，分別是：漢藏語系、阿爾泰語系、南島語系、南亞語系、印歐語系〔註40〕：

　　漢藏語系——漢語、壯侗語族、藏緬語族、苗瑤語等

　　阿爾泰語系——突厥語、蒙古語族、朝鮮語等

　　南島語系——印度尼西亞語族

　　南亞語系——孟高棉語族

　　印歐語系——斯拉夫語族、伊朗語族等

古百越語，正與壯侗語、南島語、南亞語等相近，而今日的壯、侗、傣、黎、畬、瑤等語族都是古越族的近親。因此，廣泛的百越民族應包涵上古越族如句吳、于越、閩越、南越、東南、駱越、甌越、山越，與現今的壯、侗、傣、黎、畬、瑤、與越南民族、南島語族與南亞語族等。

　　本文無意將討論範圍擴大到廣義的百越民族，因此除了上述的上古越族外、現代南方民族、越南民族、南島民族與南亞民族，皆非討論對象。本文

〔註37〕徐松石《東南石民族的中國血緣》第一章〈由大越族至馬來族〉，頁 2～4，香港平安書店，1959 年。

〔註38〕凌純聲〈南洋土著與中國古代百越民族〉頁 36，《學術季刊》第二卷第三期，1954 年。

〔註39〕徐松石《東南石民族的中國血緣》第四章〈馬來人與閩粵族〉頁 36。

〔註40〕周振鶴、游汝杰《方言與中國文化》第一章頁 7，上海人民出版社，1986 年；南島語系（Austronesian family）也叫馬來——玻利尼西亞語系（Malayo-Polynesian family），印度尼西亞語、馬來語、高山語、以及菲律賓的 Tagalog 語等都屬這個語系。此說見於倪大白〈中國的壯侗語與南島語〉，《中央民族學院學報》頁 64，1988 年第 3 期。

僅就狹義的百越民族爲範圍，進一步討論其文化發展與歷史演變等相關問題。

三、分佈範圍

確定討論對象爲狹義百越民族後，我們再試著從地理範圍加以界定其分佈位置。有關百越的地理分佈，按照《漢書‧地理志》所說的「自交阯至會稽七八千里，百越雜處，各有種姓」及「今之會稽、九江、丹陽、豫章、廬江、廣陵、六安、臨淮郡，盡吳分也。……今之蒼梧、鬱林、合浦、交阯、九眞、南海、日南、皆粵之分也。」〔註41〕根據狹義的百越定義，其活動的區域應該不會超出這幾個範圍。不過，學界以其專業研究而有不同的看法，如今歸納如下：

（一）從考古研究出發者——李伯謙認爲以印紋陶可作爲百越民族遺存之主要證據。其將印紋陶分成七個區：寧鎭區、太湖區、贛鄱區、湖南區、嶺南區、閩臺區、粵東閩南區。此種分法，正好將百越民族中的吳、越、閩越、南海、南越、西甌等納入〔註42〕。贊同此說者，有辛土成等人〔註43〕，依照現在地名來說有江蘇、安徽、上海、浙江、江西、福建、廣東、廣西、台灣等皆爲百越人的聚居地。同樣引證考古資料，卻有別於用印紋陶遺存之說，改採石鉞這類文物者有黃增慶，其以爲石鉞爲百越文化之一，在廣西新石器時代晚期山坡台地，石鉞是常見之物。其民就是古人所稱的西甌、駱越〔註44〕。

（二）根據史籍所述而論者——如林惠祥是依照《漢書‧地理志》爲卜，在其著《中國民族史》指出：「百越所居之地甚廣，占中國東南及南方，如今之浙江、江西、福建、廣東、廣西、越南或至安徽、湖南諸省。」〔註45〕

（三）主張越人即馬來人者——如呂思勉，上文已提到其所說的分佈區域，北至朝鮮、日本，南至南洋，東到美洲。

檢閱上述說法，吾人以爲呂思勉氏的說法範圍太過，與史書記載有所出

〔註41〕《漢書‧地理志》顏師古注，頁 1669～1670，新校本。
〔註42〕李伯謙〈我國南方幾何印紋陶遺存的分區分期及有關問題〉頁 38～50，《北京大學學報》，1981 年第 4 期。
〔註43〕辛土成等著《百越民族文化》頁 32～33，上海學林出版社，1988 年。
〔註44〕黃增慶〈廣西考古資料所見百越文化習俗〉頁 138～139，《百越民族史論叢》，百越民族史研究會，廣西人民出版社 1985 年。
〔註45〕林惠祥《中國民族史》第六章，頁 111，台灣商務印書館，1965 年一版。

入。按《漢書・地理志》所載：「自交阯至會稽」〔註46〕呂氏所推論的範圍已大大超出《漢書》。至於，李氏以印紋陶文化為依據來標示越人活動的範圍，基本上是可以接受的，因為幾何印紋陶器物出現的地址正是百越民族活動的區域。再將其說與《漢書・地理志》記載相互比對發現，李氏的看法應是無誤。但是其內容卻還包涵了台灣，此部份頗令人懷疑。由於台灣是否亦為百越人的活動區域，目前並無此方面的論斷。另一方面，上述的嶺南區究竟包含多大，亦不甚清楚，此一問題仍有待進一步的釐清。

而且第二種的說法，與史籍相去不遠，較無爭議性。因此吾人擬將《漢書・地理志》的說法與李伯謙氏的看法合併在一起，折衷取其重合的部份，用以確定越人活動範圍。故而，百越民族的分佈範圍，約莫為江蘇南部、浙江、福建、江西、廣東、廣西、安徽南部、湖南東半部、貴州、及雲貴高原等地。

四、百越民族支系

確知百越民族分佈範圍後，接著繼續討論其民族支系有哪些。依據各家的研究，說法不一，簡述如下：

（一）何光岳在其著作《百越源流史》中，歸納百越民族共有：于越、閩南、南越、揚越、東越、東甌、西甌、駱越、滇越、越雟、牂柯、夜郎、越裳等。〔註47〕

（二）宋蜀華將百越各族依地理分佈狀況，分為三區說明：(1)東南區的越人——主要指江蘇、浙江、閩、皖、贛、湘等地。在歷史上活動的族稱有於越、句吳、閩越、東甌、山越等。(2)嶺南區的越人——有南越、西甌、駱越等。南越，所指的是以秦時所置南海郡內的越人而言，即分佈於南海郡、象郡、桂林郡；北至五嶺，南抵南海。西甌則分佈於南海郡以西，活動中心在桂江流域和潯江流域一帶。駱越與西甌相鄰，分佈於廣西西南，貴州西南以及越南紅河三角洲一帶。(3)西南區的越人——主要以雲貴高原為主，如僚、鳩僚、哀牢、滇越、撣等。兩漢時期之分佈地區，為牂柯郡的僚人、益州郡的滇人、越雟郡等。〔註48〕

〔註46〕《漢書・地理志》頁1669，新校本。
〔註47〕何光岳《百越源流史》頁1，江西教育出版社，1992年4月第二次印刷；同見前註16，頁37～111。
〔註48〕宋蜀華《百越》頁11～16，吉林教育出版社，1991年一版。

　　（三）陳國強、蔣炳釗等人在其所著的《百越民族史》與《百越民族文化》中列有句吳、于越、東甌、閩越、南海、南越、西甌、駱越、滇越、夷州人、山越等。兩書的所列的族稱大同小異，原則上視為同一說。〔註49〕

　　廣泛而言，百越民族所包涵的支系，可能如何氏與宋氏所言的，包括有於越、句吳、閩越、南越、揚越、東越、東甌、西甌、駱越、滇越、越儁、牂柯、夜郎、越裳、山越、及台灣等。但若以《漢書・地理志》及上文所得結論而限定其範圍來看，保守言之，上古時期的百越民族支系應為於越、句吳、揚越、閩越、南越、東越、東甌、西甌、駱越、山越等。不過隨著歷史的演變，百越的支系分的更細，如兩廣地區，就出現數個族群的名稱，如《天下郡國利病書》言〔註50〕：

> 瓊州，……夷獠名曰岐人，即隋志所謂迤也。

> 俚賊，廣州之南，蒼梧鬱林合浦寧浦高涼五郡。

> 烏蠻，烏滸之蠻能噉人者也，在南海郡之西南安南都統司之北。

> 畬蠻，嶺南隨在皆有之，以刀耕火種為名者也。

> 飛頭獠者，嶺南溪峒中，往往有飛頭者，故有飛頭老子之號。

> 城郭軍民雜處，俗頗淳樸，民知力田，士知向學，郭十里俱獞夷。

也就是說，光是在廣東、廣西等地的百越族裔，就有俚族（又稱黎族）、畬族、獠族、獞族（又稱侗族）等。由此可知，上古越族支系在地理上的分佈，約略可作如是觀：句吳→江蘇南部，于越→浙江，閩越→福建，揚越→江西、湖南東部、安徽南部，南越→廣東南部、廣西南部、雲貴高原東部、越南紅河一帶，西甌駱越→廣東西部、廣西、貴州東部等地。

　　總而言之，蓋「百越」者，應該是中原華夏族對居住在東南方民族的概稱。饒宗頤以為它只是個籠統的名稱〔註51〕。確是如此，「百越」所涵蓋的內容，隨著歷史的推移，有所增減改變。此外，林惠祥亦言越以百稱，明其族類繁多，且百越所居之地甚廣，占中國東南及南方之地等〔註52〕。依照上說，

〔註49〕陳國強等著《百越民族史》各章節，北京中國社會科學出版社，1988年5月一版；同見前註43，第二章，頁34～90。

〔註50〕顧炎武《天下郡國利病書》頁1433，1439，1440，1442。

〔註51〕饒宗頤《吳越文化》頁612，中央研究院歷史語言所集刊41卷4期，1969年。

〔註52〕同見前註45，林惠祥《中國民族史》第六章，頁111。

眾人的意見少有出入，故可作個結論，「百越」一詞即表示越之民族甚多之義，類似「百濮」、「百蠻」等。〔註53〕

第二節　百越與周邊民族界限

在古史傳說歷史發展進程中，殷商之際已先後出現有三苗、先秦、揚越、淮夷、濮人等名詞。為了方便區隔出百越與其四方地理位置，是以採取類似國家分界的方法為文說明，但事實上，就民族分佈而言，其界限與活動範圍是比較模糊不清的，無法如疆界邊鮮明地劃分開來。文本以百越為主軸，位置在東南方與南方，其東面海、其西為先楚族、其西南為濮人、其北為淮夷族。

一、與三苗之淵源

當論到南方民族時，總是與苗蠻牽扯不清。或有言百越是源自苗蠻集團〔註54〕，抑是指陳先楚民族與三苗同源。由於楚、越、三苗之間的關係歷來含糊不清，因此面對此難纏糾葛的問題，仍有必要加以釐清。首先談到百越與三苗的關係，學界對此說法出現兩極化的看法。有主張古越族淵源于三苗部落集團，亦有反對此說，以為兩者無關。真相究竟為何，有待下文詳盡討論。此處先將其意見陳述如下：

認為越族為三苗後裔者有呂榮芳，贊同者有傅舉有〔註55〕、蔣炳釗〔註56〕等。呂氏言：「夏朝衰弱之後，南方三苗集團之之後裔——越族，特別旺盛起來，……春秋以前，越族的名稱上未出現，中原的漢族對居住在東南氏族，泛稱為荊蠻、楚蠻，荊楚是三苗後期部落聯盟的成員之一。」〔註57〕

而持楚與三苗同源者，如俞偉超等。俞偉超從史料及考古資料提出其論

〔註53〕 馮來儀在〈百越同源質疑〉一文指出百越非同出一源，其言百越只是泛稱，並非是由單一民族構成的。頁56～64，《中南民族學院學報》1986年增刊。

〔註54〕 使用此名稱者為徐旭生，其認為古代有三大集團如華夏集團、東九集團、苗蠻集團。見於《中國古史的傳說時代》頁40、48、57，仲信出版社，1980年增訂版。

〔註55〕 傅舉有〈古越族在湖南活動的歷史和遺跡〉頁183，同見前註44。

〔註56〕 蔣炳釗〈越為禹後說質疑——兼論越族來源〉：「從百越一些習俗同三苗有些類同考證，我認為越族是三苗中的一支發展起來的。」頁69～71。《民族研究》，1981年第3期。

〔註57〕 同見前註17，呂榮方〈三苗、越族與印紋陶〉頁68～69。

證：（一）根據史料，重黎爲楚之始祖。（二）三苗由黎氏發展而來，他們與楚族一樣同屬黎姓。故楚苗同源於重黎。在考古資料方面，其言：「長江中游的新石器時代，存在著一種不同於黃河流域的、自身有連續發展序列的文化系統。這個系統，西至長江三峽，東至鄂東，北至伏牛山麓，南至洞庭與鄱陽兩湖之間。」〔註58〕

與上述意見相反者，認爲楚之先祖爲夏族者，有唐嘉弘〔註59〕、馬世之〔註60〕、姚漢榮〔註61〕等。他們皆以《史記・楚世家》與〈夏本紀〉所載爲依據。《史記・楚世家》言：「楚之先祖出自帝顓頊高陽。」〔註62〕又〈夏本紀〉言：「夏禹，名曰文命，禹之父曰鯀，鯀之父曰帝顓頊。」〔註63〕故言楚源自夏族。

究竟楚、越兩族是否出自三苗？吾人以爲首先應就三苗傳說作一說明，方能釐清彼此之間的關係。有關三苗的記載古史頗多，如下：

> 虞有三苗。《左傳》昭公元年
>
> 堯戰于丹水之浦，以服南蠻……舜卻苗民，更易其俗。《呂氏春秋・召類篇》
>
> 當舜之時，有苗不服，禹將伐之。《韓非子・五蠹》
>
> 禹攻三苗，而東夷之民不起。《戰國策・魏二》
>
> 流共工于幽州，放驩兜于崇山，竄三苗于三危，殛鯀于羽山。《尚書・堯典》

從古史傳說中得知三苗活躍於堯舜禹時代，而其活動範圍據《戰國策・魏策》說：「三苗之居，左有彭蠡之波，右有洞庭之水，文山在其南，而衡山在其北。」〔註64〕看來三苗似乎以兩湖之地爲其根據地，不過據錢穆先生的考證，認爲

〔註58〕俞偉超〈先楚與三苗文化的考古學推測〉頁2，《文物》，1980年第10期。

〔註59〕唐嘉颯〈楚與三苗并不同源〉頁74～78，《江漢論壇》，1982年第11期。

〔註60〕馬世之〈關於楚族的族源及其發祥地〉頁63～66，《江漢論壇》，1983年第11期。

〔註61〕姚漢榮〈先楚族屬源流考辨〉頁57～62，《江漢論壇》，1983年第11期。

〔註62〕《史記・楚世家》頁1689，新校本。

〔註63〕《史記・夏本紀》頁49，新校本。

〔註64〕《戰國策・魏策》頁782；但《史記・吳起傳》卻說：「右彭蠡，左洞庭」二書所說之左右位置不同。另外，《韓詩外傳》則說：「衡山在其南」地望又有所出入。

衡山在河南南召縣,不是在今日的湖南衡山。而文山乃《國語·齊語》中桓公伐楚、濟汝、逾方城所望見的汶山。古籍中所說的洞庭與彭蠡,並不是後世所說的洞庭和鄱陽二湖。故三苗活動的地區先後當在山東、河北、山西以至河南。〔註65〕若此說確實的話,三苗的活動範圍一開始就不在南方,後來才被迫遷往「三危」之地。

　　既然已確定三苗活動區域,再將從考古文化論楚、越、三苗淵源。對於先楚族考古文化,俞偉超認爲先楚同三苗文化是自成一系統〔註66〕,不過其說卻有矛盾之處,如俞氏自認此文化系統存在著大缺環,自身的發展序列還聯貫不起來等〔註67〕。這麼看來,先楚族考古文化似乎另有所屬,依據新石器時代長江中游的屈家嶺文化及較晚的湖北龍山文化〔註68〕,其分布地域與楚文化的範圍一致,且文化內涵上與商代二里岡文化頗爲相似〔註69〕。如出現了中原文化的「商式鬲」,飾繩紋,罐、瓷等器形與河南安陽殷墟出土同時代的陶器類同〔註70〕。

　　綜上所述,得到兩點結論,第一,就三苗活動範圍來說,與南方民族楚、越不同。第二,先楚考古系統有一部分的面貌與黃河中游的龍山文化相似外,其文化可能與百越文化一樣,皆是土生土長的。此外,也清楚發現,楚、越之考古系統亦不同。因此,無法說明百越民族與先楚族,出自三苗集團。

二、西界──與楚之關係

　　百越民族的鄰近族裔爲先楚族,在文化上或族裔上不可避免地會有所牽連。先楚族能在史籍上嶄露頭角,主要是楚王熊繹的關係,如《史記·楚世

〔註65〕錢穆《古三苗疆域考》:「據上所論,古者三苗疆域,蓋在今河南魯山嵩縣盧氏一帶山脈之北,今山西南部諸山,自蒲阪安邑以至析城王屋一帶山脈之南,夾黃河爲居,西起蒲潼,東達滎鄭,不出今河南北部山西南部廣運數百里間也。……若謂三苗初居江南洞庭彭蠡間,舜禹遠跡南征,又竄之西北數千里之外之三危,則其事頗涉荒誕,固不如余考之較近實情矣。」頁91,東大圖書公司印行,1982年。

〔註66〕俞偉超〈先楚與三苗文化的考古學推測〉頁2~11,《文物》,1980年第10期。

〔註67〕同見前註66,頁5。

〔註68〕如莊爲璣〈楚越兩族並非同源〉:「就考古上的文化言之:楚族爲江流域的屈家嶺文化,是介於仰韶和龍山間一種特殊文化。」頁116,《江漢論壇》,1981年第4期。

〔註69〕參見高至喜、熊傳新〈楚人在湖南的活動遺跡概述〉頁50~60,《文物》,1980年第10期。

〔註70〕詳見楊權喜〈楚越關係初論〉頁117,同見前註44。

家》言：「熊繹當周成王之時。舉文、武勤勞之後嗣，而封熊繹于楚蠻，封以子田之田，姓羋氏，居丹陽。」〔註71〕此時的楚國還只是附屬於周王室的封國。楚國國力要到西周末年才算真正發揮出來，楚君熊渠開始擴大其勢力範圍。如《史記‧楚世家》：「當周九王之時，王室微，諸侯或不朝，相伐。熊渠甚得江漢間民和，乃興兵伐庸、揚粵、至于鄂。……皆在江上楚蠻之地。」〔註72〕庸，為今湖北竹山，鄂為湖北鄂城，可見楚國一直是在江漢流域活動。

　　就考古上言之，與先楚聯繫的考古文化為屈家嶺文化，而與先楚族比鄰的百越民族為揚越，其活動範圍是鄂之東南至湘南、江西一帶〔註73〕。由於地緣十分接近，因此造成兩民族考古文化有所重合，導致文化特徵部分相似。如楚地在商周時期發現有「越式鼎」，其鼎的三足細長外撇，陶器上飾有拍印的方格紋、回紋等。〔註74〕不過再怎麼類似也僅只於此，只能這是說文化交流十分頻繁所致。正如傅舉有從考古文化上論道：「楚在湖北江漢等地區繼承著商文化向前發展，揚越則在今湖南境內繼承著商文化向前發展……當具有同樣高度文化的楚進入湖南時，楚與揚越這兩個民族融合的共同物質基礎就早已形成了。」〔註75〕因此可以明顯看出楚是楚，越是越。另一方面，依據張潮的研判，大別山以南，幕埠山以北，以今之武昌縣為分水嶺屬於揚越，嶺以西則是楚的文化分布範圍〔註76〕。此看法所言甚是，所以可以確定百越四方之西翼為揚越，與楚國相鄰。

三、西南界──與濮之關係

　　濮與越，從古籍文獻記載內容看來，關係一直曖昧不明，始終蒙上一片神秘面紗，教人難以瞭然。甚且，濮與越二詞，在學術界亦存在著數種相去甚遠的看法，有直指濮與越是兩個不同民族，或有認為越、濮是同一民族，只是在不同時期出現不同稱謂〔註77〕，也有主張百越即是百濮。是以，要說

〔註71〕《史記‧楚世家》頁1691，新校本。
〔註72〕同見前註71，頁1692，新校本。
〔註73〕如傅舉有指出揚越為湖南境內的一支，棲處於湖北漢水下游的江漢地區和湖南、江西等地。〈關於湖南古代越族歷史的幾個問題〉，頁134，同見前註44。
〔註74〕詳見楊權喜〈楚越關係初論〉頁117，同見前註44。
〔註75〕同見前註44，頁144～145。
〔註76〕張潮〈古越族文化初探〉頁82，《江漢考古》，1984年第4期。
〔註77〕江應梁《百越族屬研究》，雲南民族歷史研究集刊1980年，轉引自辛土成等著《百越民族文化》第二章，頁9，上海學林出版社，1988年。

明越與濮的關係之前，必須先弄清楚這個問題。其實嚴格來說，讓人爭議不斷的問題，在於越究竟是不是濮？濮究竟是不是越？從研究百越史的文獻中發現，諸人看法兩極化，歸納如下：

（一）認爲濮即越人者──尤中舉《史記‧楚世家》爲證，說道：「濮既在楚西南，是即今湘、桂、黔連接地帶和廣西、貴州境內。這部份濮人亦即越人，所以《史記‧楚世家》說，楚成王時（671B.C.-626B.C.），周天子賜其胙肉說：『震爾南方夷越之亂，無侵中國。』所說『夷越』指的正是『濮』人。濮人就是越人。」〔註78〕

（二）認爲濮與越爲不同民族──主張此說者有蔣炳釗、朱俊明等。蔣氏在其〈『濮』和『越』是我國古代南方兩個不同的民族〉一文中指出四點論證：「一，『牧誓八族』中的濮僅活動于江漢，并不包括百越分布地區；二、楚國在江漢興起後南濮楚越的民族界線很清楚；三，越爲我國東南和南部地區的古代民族；四，濮是西南的一個主要民族。」〔註79〕而朱氏所持論點爲：「濮與越不同。濮源出上古之三苗，殷周時他們被稱作荊或濮，戰國時爲巴及巴楚，在巴、荊兩地統率的各族，秦漢以後主要爲巴、賨。」〔註80〕

案：最初談到濮的史籍爲《尚書‧牧誓》，其記載周武王伐紂時曾率領八族助其一臂之力，此八族爲「庸、蜀、羌、髳、微、盧、彭、濮人」〔註81〕孔疏對此作更一步的解釋：

> 漢世西南之夷，蜀名爲大，……蜀夷有名叟者也，髳、微在巴蜀者，
> 巴在蜀之東偏；盧、彭在蜀之西北；庸、濮在江漢之南。〔註82〕

孔《疏》已明白表示濮在江漢之南。顧頡剛亦對牧誓八族提出考證，其言道：「周武王在牧野誓師，開首即曰：『逖矣西土之人』，可知聽誓者皆西方人；當其依次呼喚各級軍官之後，乃曰：『庸、蜀、羌、髳、微、盧、彭、濮人』，明其皆西方部族，一般稱爲『夷國』者也。」〔註83〕據此顧氏考訂濮地在楚之西南〔註84〕，此地與孔《疏》之說大致吻合。濮人所處之疆域究竟爲

〔註78〕尤中〈先秦時期的『百越』民族〉頁49，同見前註44。

〔註79〕蔣炳釗〈濮與越是我國古代南方兩個不同的民族〉頁2～11，同見前註44。

〔註80〕朱俊明〈濮越異同論〉頁18，同見前註44。

〔註81〕十三經注疏《尚書‧牧誓》頁158。

〔註82〕同見前註81。

〔註83〕顧頡剛《史林雜識》牧誓八國，頁26，台北影本，出版社不詳，1962年。

〔註84〕同見前註83，頁31。

何地，我們試圖從較古老的史籍中找尋線索。《左傳》載周景王使詹桓伯辭晉言：

> 我自夏以后稷，魏、駘、芮、岐、畢，吾西土也。及武王克商，蒲姑、商奄，吾東土也。巴、濮、楚、鄧，吾南土也。肅愼、燕、亳，吾北土也。〔註85〕

早在西元前五百三十三年時，周王室之疆域已包括濮人所居之地。所謂南土又稱南國，在其他古籍亦可看到，如《詩經·周南·漢廣》：「德廣所及也。文王之道也，被于南國，美化行乎江漢之域，無思犯禮，求而不可得也。」〔註86〕南國就在江漢之域。韋昭注《國語·周語》也說：「南國，江漢之間也。」〔註87〕因此，濮應在江漢之間無誤。而《漢書·賈捐之傳》也對殷周之領域作一概括性的說明：「武丁、成王，殷、周之大仁也，然地東不過江、黃，西不過氐、羌，南不過蠻荊，北不過朔方。」〔註88〕濮在江漢之間，已無庸置疑。

至於爲何會產生濮越同族說，尤中據《史記·楚世家》載周天子賜胙於楚王，要他「鎭爾南方夷越之亂，無侵中國。」〔註89〕是以認定夷越指的就是濮越〔註90〕。其所持之論點卻出現盲點，據尤氏說：

> 濮既在楚西南，是即今湘、桂、黔連接地帶和廣西、貴州境內。……
> 這部份濮人亦即越人。〔註91〕

由於史籍指證歷歷，認爲濮在江漢之間，可是尤氏之說卻包涵了湘、桂、黔。令人不解的是濮人版圖何時擴大到廣西、貴州境內？尤氏或許將楚國稱霸後，濮人往南遷徙之史事〔註92〕，與西周史事顛倒錯置，是以產生此說。

〔註85〕十三經注疏《左傳》昭公九年，頁778。

〔註86〕十三經注疏《詩經·周南·漢廣》頁41。

〔註87〕《國語·周語》韋昭注，頁25，台北宏業出版社，1980年9月。

〔註88〕《漢書·賈捐之傳》頁2831，新校本。

〔註89〕《史記·楚世家》頁1697，新校本。

〔註90〕尤中〈先秦時期的『百越』民族〉頁49，同見前註44。

〔註91〕同見前註90。

〔註92〕晉常璩撰、清顧廣圻校《華陽國志》載漢晉時期濮人在四川、雲南、貴州一帶活動，如卷三蜀志言：「越雟縣，會無縣，路通寧州、渡瀘，得住狼（當作狼）縣，故濮人邑也，今有濮人家。」頁43，台灣商務印書館，1968年；又宋羅泌《路史·國名紀丙》言：「濮，熊姓書彭濮，彭濮皆峽外，爲楚害，楚滅之，預云建寧郡南濮九地，建，建故縣，今爲鎭隸石首以多，曰百濮。」頁11，中華書局據原創本校刊，四部備要史部，1965年。

故被誤認濮人爲越族者,所指的應是揚越。因爲揚越所居處的地域,正好與楚、濮相鄰,楚國的勢力往南拓展,造成三方疆界有所變化,以至於界限模糊不清。若以楚國而言,楚國爲鄰的族裔,在其西南有濮人、巴人,在其東南有揚越。大體上雖是如此,但因濮、揚越在地緣上十分接近,因此有可能造成濮等於越的誤解。

此外,朱俊明亦對後人將越與濮混爲一談,提出解釋:「古之濮、越從源流和一些帶著普遍性的差異,他們不能等同。但在相近的地理何自然條件下,彼此有幾個相同之處。而特別是在戰國以後所產生的兩個部份滲透融合,又有了一些心的共同點,在內涵上有所接近,故有『蠻蜒部落』這種概括性的稱呼。」〔註 93〕這與史實頗爲接近,可供作參考。這麼看來,濮越之所以混爲一談,或許起源自此。

四、北界——與淮夷之關係

淮夷包含在廣義的東夷族,據《史記‧周本紀》說:「周公爲師,東伐淮夷、殘奄,遷其君薄姑。」〔註 94〕其注云淮夷爲「今淮揚二府,近海之地皆是。」括地志說:「泗徐城縣北三十里,古徐國,即淮夷也。」〔註 95〕可見淮夷在徐州附近等地。「淮夷」有所謂東淮夷、西淮夷、北淮夷及南淮夷四方之分。據李修松的研究,東淮夷,即在山東境內的土著淮夷;北淮夷與南淮夷,大約位於河南南部、安徽北部淮河兩岸。西淮夷,則處於淮水上游,及淮河以西汝、潁一帶臨近漢水流域的贏姓諸國。〔註 96〕與淮夷相聯繫的考古文化,即是大汶口文化,其分布地域與淮夷相近,如山東、蘇北等地,故而它的考古文化與南方百越文化有明顯的差距。再以地緣來說,長江正好是大汶口文化與幾何印紋陶文化的分水嶺,且吳國位在蘇南,所以,百越四方的北翼應是以長江爲限。

透過前文探討百越與其周邊民族之關係後,大抵可確定百越民族與其四方之關係如下,其北翼爲吳族,與淮夷族相鄰;其西翼爲揚越,上與先楚族相鄰,下與西南方的濮族比鄰,南方則至海。由於部族活動之時,不可能只限於某地,因此民族與民族之間其界限是很模糊的,上言僅將百越民族與其

〔註93〕朱俊明〈濮越異同論〉頁 34,同見前註 44。
〔註94〕《史記‧周本紀》頁 133,新校本。
〔註95〕同見前註,《史記》引《括地志》。
〔註96〕李修松〈淮夷探論〉頁 15~17,《東南文化》,1991 年第 2 期。

周邊互動的各族略加劃分罷了，但從地域相互重疊、文化相互交流的關係還看，百越文化與其他各族文化出現一些共同特點，這是可以理解的。

第三節　百越民族歷史發展與演變

一、百越歷史發展與演變

眾所周知，「百越」一詞出現較晚，如《呂氏春秋·恃君篇》所言：「揚漢之南，百越之際。」〔註97〕在此之前，百越族還尚未有此稱號〔註98〕。當時是根據其所處的地域，分別加諸各種的名號，如《周禮·職方氏》：「東南曰揚州，其山鎮曰會稽，其澤藪具區。」〔註99〕「區」即是甌。又如《逸周書·王會解》也載道：「東越海蛤，歐人蟬蛇」孔晁注云：「東越，歐人也。〈伊尹四方令〉：『正東越，正南歐鄧』疑甌與漚，歐並古字通也」〔註100〕及同書中的甌越、越漚等。百越族的名號林林總總，讓人眼花撩亂，顯示出其尚未有的稱號。不論如何，我們仍能從這些稱號中尋出其在歷史舞台上的發展軌跡，以下分成三個階段說明。

（一）西周初期

如上所述的具區、東甌、甌越、越漚之詞，在西周時期出現。此外還有夷越、七閩等泛稱。《史記·楚世家》：「鎮爾南方夷越之亂，無侵中國。」〔註101〕夷越是針對楚國東邊的越人而言，首當其衝者應是揚越。據司馬遷載，楚王熊渠伐庸、揚粵至于鄂，也就是居住在江漢一帶的越人〔註102〕。不過，按

〔註97〕《呂氏春秋·恃君篇》卷二十頁2，中華書局。

〔註98〕宋羅泌《路史》：「蘭越、越裳、駱越、甌越、甌愷、甌人、且甌、工人、海陽、目深、扶摧、禽人、蒼梧、蠻揚、揚越、桂國、西甌、損子、產里、海葵、九菌、稽餘、僕句、比帶、區吳、所謂百越也。」

〔註99〕《周禮·職方氏》卷三十三，頁498。《爾雅·釋地》卷七第九疏曰：「吳越之間注今吳至澤也。……鄭注云在吳南，地理志云會稽吳縣。」頁111。清人桂馥《說文解字義證》卷四十：「區、甌同聲，《說文》：『甌，區聲』，為烏侯切」故區即甌。

〔註100〕《逸周書·王會解》卷七頁9，中華書局；袁珂《山海經校注》：「甌即東甌，即今浙江省舊溫州府地，又有西甌，即今廣西壯族自治區貴縣地」頁267，上海古籍出版社，1991年。

〔註101〕《史記·楚世家》卷四十，頁1697，新校本。

〔註102〕羅香林在其著《百越源流與文化》〈古代越族分布考〉指出揚越在庸鄂之間，其地非漢水中游一帶莫屬。頁53，同見前註16。

照中原對其四方民族的稱呼慣例而言，夷越應是中原人對南方民族的泛稱。也就是所謂的「概念語」，如同東夷、西戎、北狄。夷越當然不只包括揚越，其涵蓋範圍應是較廣泛的南方民族。

七閩一詞，則首見於《周禮・職方氏》。七的數字與四夷、九夷一樣，為古人表示數目眾多的虛數，並非真有七個閩族〔註103〕。《史記・吳太伯世家》索隱：「蠻者，閩也，南夷之名，蠻亦稱越。」〔註104〕在西周時期越也稱作閩，同是為蠻夷之義。到了閩越族出現後，才慢慢縮小其涵義，轉為族稱，甚至後來成為福建的專用地名稱〔註105〕。

（二）春秋戰國時期

本時期除了仍舊沿襲西周時的族稱外，百越民族還建立了越國與吳國。一般認為「於越」（或作于越），就是越王句踐這一族的先民〔註106〕，其分布地為浙江會稽，紹興一帶。吳國其族源則為句吳族，以江蘇吳縣為其主要活動範圍。句吳一詞於《史記・吳太伯世家》首先出現：「太伯之奔荊蠻，自號句吳。」〔註107〕吳族本為百越民族的一支，非為句吳族。吳亦作干，在古籍中有許多記載顯示兩者其實是合而為一的。如《漢書・貨殖傳》注孟康曰：「干越，南方越名也」〔註108〕《莊子・刻意》：「夫有干越之劍者」郭象注云：「干，吳也。」〔註109〕《荀子・勸學》：「干越夷貉之子」注云：「干

〔註103〕鄭玄注《周禮・職方氏》：「閩為蠻之別也，國語曰閩，芊蠻矣，四八七九五六，周之所服國數也。」賈公彥疏：「鄭玄以閩為正叔熊居濮如蠻，後子從分為七種，故謂之七閩也。」頁498。

〔註104〕《史記・吳太伯世家》索隱，頁1446，新校本。

〔註105〕王新民在〈越王句踐子孫移閩考〉一文中認為閩並不是專指福，而是應包括今浙江南部和贛東等地。福建文化二卷二期，轉引自陳國強等著《百越民族史》頁176，中國社會科學出版社，1988年。

〔註106〕於越一詞見於《左傳》定公五年：「於越入吳」，杜預注：「於，發聲也」正義曰：「於，發聲也」正義曰：「公羊云：『於越者？越者何？於越者未能以其名通也：其意言越與於越立文不同，事有褒貶，左氏無此義。』越是南夷，夷言有此發聲，史官或正其名，或從其俗。越與於越，史異辭，無義例。」通常都將『於』視為發語詞。頁958；十三經注疏。《漢書・地理志》第八下顏師古曰：「句音鉤，夷俗語之發生也，亦猶越為于越也。」頁1667，新校本。《漢書・貨殖傳》第六十一，孟康曰「于越，南方越名」顏師古曰：「于，發語聲也。戎蠻之語則然，于越猶句吳耳。」頁3681。

〔註107〕《史記・吳太伯世家》頁1445，新校本。

〔註108〕《漢書・貨殖傳》頁3681，新校本。

〔註109〕《莊子・刻意》釋文卷六，頁3，中華書局。

越猶言吳越」〔註110〕《淮南子》:「干越生葛絺」高誘注云:「干,吳也」〔註111〕。更有指出「干」原本亦是一小國,後爲吳所滅,故史書有的直稱吳之名,也有的記爲「吳干」〔註112〕之稱。

(三)秦漢時期以後

越併吞吳國,又遭楚國殲滅後,一連串慘痛經驗並未阻斷越人在歷史舞台上的發展。在這時期建立國家的有閩越國(202B.C.～111B.C.)、南越國(206B.C.～111B.C.)、東越國(135B.C.～111B.C.)、東甌國(192B.C.～138B.C.)等。除此之外,還有西甌、駱越等族。

閩越在今福建,南越在今廣東、廣西、與貴州連接地帶,而東越在泉州一帶。根據《史記‧東越列傳》:「閩越王無諸及越東海王搖者,……秦已并天下,皆廢爲君長,以其地爲閩中郡」〔註113〕原本戰國末年,無諸爲閩越王,占據閩中之地。後來漢初平定天下,分秦閩中郡故地爲閩越、東海、南海等國,分別立佐漢有功的無諸、搖、織等爲王。所以此時的閩越、東越爲漢初分封的諸侯國,不過這些國家並非擁有獨立自主權,其屬於秦漢之屬國。

至於南越國,是在秦并天下後八年(214B.C.),平定越地,設置桂林、南海、象郡。南越之地自九疑以南至儋耳皆是。秦亡後,天下大亂,趙佗自立爲南海武王。如《史記‧秦始皇本紀》載:「秦已破滅,佗即擊并桂林、象郡,自立爲南越武王」〔註114〕可見在漢初,南越國是獨立於漢主權以外的國家,與閩越國、東越國性質不同。不過,其命運與閩越、東越一樣,都是爲漢武帝所滅。

西甌、駱越族亦見於秦漢時之典籍,如《史記‧南越列傳》:「佗因此以兵威邊,財物賂遺閩越、西甌、駱,役屬焉」〔註115〕由上言知,西甌與駱越不爲南越所管轄。西甌與駱越,韓振華以爲它應是同一族,其言:「自交阯至會稽,禹后苗裔所統治的百越,亦即甌越;桂林、象郡的百越,即駱越,是百越的兩大系統。……西甌即駱越或西甌即駱越種也。」〔註116〕古籍中更是

〔註110〕《荀子‧勸學》王先謙集解,卷一,頁107,藝文印書館,1994年1月初版。
〔註111〕《淮南子‧原道訓》高誘注頁6,中華書局。
〔註112〕同見前註25,頁157。
〔註113〕《史記‧東越列傳》頁1979,新校本。
〔註114〕《史記‧東越列傳》頁2979;《史記‧南越列傳》頁2967～2968,新校本。
〔註115〕《史記‧南越列傳》頁2969,新校本。
〔註116〕韓振華〈秦漢西甌駱越(甌駱)之研究〉頁159,同見前註44。

明確記載此事：

> 交阯，周時爲駱越，秦時曰西甌〔註117〕

故知西甌就是駱越。其族居於在桂林郡內。故西甌駱越之地，秦雖立郡，仍有甌駱之名。而西甌駱越與南越國遭逢相同的命運，同爲漢武帝所滅〔註118〕。

到了三國時代，僅存一支遺裔─山越。不過，莫俊卿卻認爲除了族稱爲『越』者外，應還有一些稱呼改變的越族族裔存留。其言：

> 後漢以後，除居住于交阯、日南、九眞郡的越人仍保留一段時間稱呼爲駱越外，其它地區已經逐步改稱爲烏滸（唐時寫成烏武）僚、俚僚、蠻僚、洞僚、鳩僚、葛僚。兩宋時稱爲僮、土僚、洞僚、伶僚、白衣、黎、僮、侗、水等。明清時期稱爲黎、佷、僮、仲、侗、水、擺夷、仡佬、姆佬、毛難等等。〔註119〕

爲驗證此說是否有理，我們試圖從古籍記載中去找尋線索，首先從時代較早史策入手，再循序漸進將史料攤開來檢視一番：

> 南蠻雜染，與華人錯居，曰蛋、曰儴、曰俚、曰僚、曰迤，俱無君長。隨山洞而居，古先所謂百越也，其俗斷髮文身。……椎結箕距，乃其舊風……，有鼓者號爲都老，群情推服。本之舊事，尉佗于漢自稱「蠻夷大酋長老夫臣」。《隋書‧地理志》下

> 開皇末年，桂州俚爲亂，詔何稠討之。稠至衡嶺，遣使諭其渠帥莫崇解兵降。《隋書‧何倜傳》

> 唐貞觀十三年，渝州人侯宏仁，自牂柯開道，經西趙，出邕州，以通交、桂，蠻俚，降者二萬八千餘戶。《資治通鑑》卷一九五

> 俚在廣州之南，蒼梧、鬱林、合浦、寧浦、高涼五郡皆有之，地方數千里。《太平御覽》卷七八五

從史籍記載俚僚或蠻俚的事蹟中得知，他們與古越人在風俗習慣上，確實有相似之處，如「椎結箕距」、「斷髮文身」等；再從《隋書‧地理志》言他們的先人是「所謂百越也」一證，可知俚僚或蠻俚除了仍保留有古越人的其俗

〔註117〕《戰國策‧趙二》頁658。

〔註118〕《史記‧南越列傳》：「甌駱相攻，南越動搖，漢兵臨境，嬰齊入朝。」頁2977。

〔註119〕莫俊卿〈試論古越人與壯侗語族諸民族的淵源關係〉頁152～153，同見前註44。

外，還居住在古越人生活的領域上。另外，莫俊卿亦從語言方面指出俚僚所使用的語言即是壯侗語，其道：

> 例如唐代書丹爲容州，經略使，設屯田二十四所，其中六謀、六居、六九、六雲、六奎、六高、六槐、古刹、都泊、羅勃、羅權、思蓋等所及唐置羅辨峒……所有這些用『六』『羅』『都』作爲詞冠的地名，都帶有壯侗語言的含義，如『都羅』意爲鳥類，『都并』意爲鴨，『羅辨』意爲野鴨，『六九』意爲貓頭鷹，『都寧』就是寧氏的居地等等。〔註120〕

上述的詞彙皆是壯侗語族的語言，而且唐代容州爲今日的廣西容縣。然而，唐所設置的羅峒辨爲今日廣西陸川縣，這兩處現今已無壯語族人居住，卻還保留著這些古地名，按莫氏的說法，是因唐代俚僚所居之地，後爲壯侗語族之聚居地，故壯語族之先人爲俚僚，其語言或多或少會有所承襲〔註121〕。照這麼看來，壯侗語族與古代居住在嶺南一帶的越人，似乎淵源頗深，關係非比尋常。不過，這部份並非本文所要討論的重點，遂不贅言。

歷代南方郡縣設置與變遷一覽表：

朝代	秦代	西漢	東漢	隋唐	今日地名
郡名	會稽郡	會稽郡（漢高帝十二年更名爲吳）	吳郡 會稽郡	江南道——蘇州、杭州等	江蘇南部、浙江省
	閩中郡	會稽郡	會稽郡	江南道——福州等	福建省
	桂林郡	零陵郡 鬱林郡 蒼梧郡	桂陽郡 零陵郡 鬱林郡 蒼梧郡	嶺南道——桂州、交州、象州、宜州、柳州、梧州等	廣西桂州 廣西省
	南海郡	南海郡 合浦郡	合浦郡		廣東省
	象郡	交阯郡 九眞郡 日南郡	交阯郡 九眞郡 日南郡		雲南東邊至越南紅河流域爲界

〔註120〕同見前註128，頁158。
〔註121〕同見前註128，頁158。

二、百越族稱

　　從百越人歷史發展演變歷程看來，百越之名有時或爲族名、或爲地名、或爲國名，或兼而有之，教人難以辨識，故有必要將此一問題解釋清楚。一般而言屬國名者有吳國、越國、南越國、東越國、東甌國、閩越國。再者，因趙佗自立爲南越武王，故南越之名除了方位之義，還兼具國名、族名。另外，閩越除了族名外還兼有國名一義。而東甌、西甌、駱越等名稱，則爲貨眞價眞的族名。此外，爲國名者有吳國、越國、東越國等。爲地名者，照理說只有揚越。「揚越」，因歷史時代不同而有所差異，如西周時楚國所攻的揚越在長江中游。至戰國時則有所轉變，吳起南攻的揚越，則爲楚國之南。至於秦代時略定的揚越，就變成嶺南的越人。另外，七閩、夷越則是概稱詞。

　　透過上文的解說，應能釐清史籍所云的各個「百越」名稱意義。其實，不論是族名或國名，其名稱都是約定成俗的，命名方式不外是自取，或是由外人所取的，如「越」一詞，是自取，而「揚越」一詞，則爲外人所取。

第四節　小結

　　百越民族於歷史上的足跡，透過上文的討論已然確立，百越之名稱，亦在春秋時代以後漸爲人所知。而其族何以稱「越」，主要是因新石器古越人喜用扁平穿孔石斧作爲武器所致，故而以工具命爲族名。百越族與四方族裔之關係，源自戰事不斷，造成雙方文化或活動領域遭受佔領、破壞，但透過考古資料仍能區別百越民族與其他民族的差異。百越民族自西周時期，漸爲人所知，其在歷史舞台上亦有表現，直至漢朝才完全爲劉氏政權所控制。百越族裔眾多，有於越、句吳、閩越、南越、東越、東甌、西甌、駱越、山越等，其分佈範圍據《漢書・地理志》及考古資料研判爲江蘇南部、浙江、江西、福建、廣東、廣西、安徽南部、湖南東半部、貴州、及雲貴高原等地。

　　前面所言皆是屬定義界說部份，是爲進入本論文前所作的研究範圍說明，而下面幾章所要作的百越文化研究，皆以本章所界定出的百越民族支系及分佈範圍爲主，時代界限方面則以上古至六朝爲止。

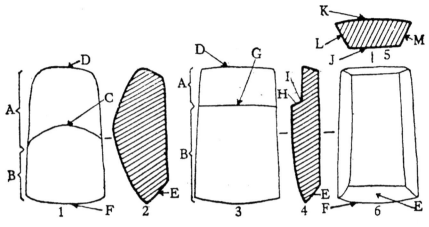

圖一　有段石錛部位名稱圖

1、3.後視圖　2、4.縱剖面圖　5.橫剖面圖　6.正視圖　A.柄部　B.刃部

C.橫脊　D.頂端　E.刃面　F.刃緣　G.台階線　H.台階面　I.台階角

J.正面　K.背面　L.右側面　M.左側面

圖二　傅憲國〈論有段石錛和有肩石器〉《考古學報》1988 年第 1 期。

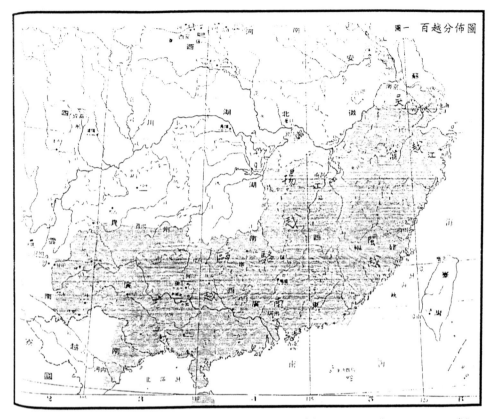

圖三　衛聚賢〈中國古文化由東南傳播於黃河流域〉頁 154，《吳越文化論叢》

第三章　百越文化與族屬溯源

　　在新石器時代，考古文化發展著各式各樣不同文化面貌，如南方百越族的印紋陶文化、北方華夏族的彩陶文化、與東夷族的黑陶文化等。百越文化之源頭，可謂是從印紋陶文化發展起來的。至於族屬，越泛稱百種，但在歷史上較具知名度的，卻寥寥無幾，如春秋時期的吳、越，與戰國末年的南越、閩越、甌越等族。可是，歷來史籍都說吳、越兩族其先祖源自周族與夏人，真相究竟孰是孰非，實有必要先加以釐正，方能建立百越文化的主體性。

第一節　百越文化溯源

一、印紋陶與有段石錛

　　中國境內所出土的考古遺址，蘇秉琦將之分成六區——陝豫晉的中原、以山東為中心的東方、環洞庭湖以至四川的西南方、長江下游以太湖為中心的東南方、鄱陽湖到珠江三角洲為中軸的南方、以及燕山長城的北方〔註1〕。其中以長江下游太湖為中心的南方及鄱陽湖至珠江三角洲為中軸的南方，它們的文化內容最為相近。從下表中所羅列的文化內涵，可以明顯看出這兩區文化主要特徵在於生產工具與陶器上。

〔註 1〕蘇秉琦《蘇秉琦考古學論述選集》頁 225，北京文物出版社，1984 年。

百越地區新石器時代考古文化表〔註2〕：

地區	文化名	考古年代	文物主要特點	主要分佈地
蘇南、浙江地區	河姆渡文化	5000-4000B.C.	1. 生產工具——骨器眾多，石器種類數量較少，以斧、錛為主。木制工具較多。 2. 陶器——多為夾碳灰黑陶，紋飾以繩紋、弦紋為多。已有玉器。	浙江寧紹平原、杭州灣一帶。
	馬家濱文化	4000-3500B.C.	1. 陶器——以夾砂紅陶和磨光石器為代表。種類以腰沿釜、牛鼻式耳的罐為特色。 2. 墓葬——單身俯身葬，隨葬品貧乏。	浙江嘉興馬家濱遺址為代表。
	崧澤文化	3800-3200B.C.	1. 生產工具—多為穿孔弧刃斧、扁平長方形錛、條形鑿為主。 2. 陶器——夾砂紅陶、泥質灰陶、泥質黑板陶。紋飾為三腳形、長方形花紋。器形有鼎、豆、壺。 3. 墓葬——仰身直肢單人葬，隨葬品以陶器、石器為主，已有男女合葬。	青浦崧澤遺址中層為代表〔註3〕。

〔註2〕 本表資料參考自浙江省文物管理委員會〈河姆渡遺址第一期發掘報告〉頁39～94，《考古學報》，1978年第1期；〈碳十四年代測定報告（四）——河姆渡遺址第一期發掘報告〉，《文物》，1979年第12期；姚仲原、梅服根〈浙江嘉興馬家濱新石器時代的發掘〉頁345，《考古》，1961年第7期；夏鼐〈碳十四測定年代和中國史前考古學〉，《考古》，1977年第4期；上海市文物保管委員會〈上海市青浦縣崧澤遺址的試掘〉頁1～30，《考古學報》，1962年第2期；南京博物院〈南京市北陰陽營第一、二次的發掘〉頁7～24，《考古學報》，1958年第1期；〈江西修水背山地區考古調查與試掘〉，《考古》，1962年第7期；〈廣東曲江石峽墓葬發掘簡報〉，《文物》，1978年第7期；福建省博物館〈閩侯曇石山遺址地六次發掘報告〉頁83～120，《考古學報》，1976年第1期；〈廣西南部地區新石器時代晚期文化遺存〉，《文物》，1978年第9期。

〔註3〕 類似的遺存有邱城中層、越城中層、草鞋山五——七層、張陵山下層。參見曾騅〈百越地區的新石器時代文化〉頁31，《百越民族論集》，百越民族史研究會編，北京中國社會科學出版社，1982年第一版。

	良渚文化（文化積壓的上層有馬橋文化）	3200-2300B.C.	1. 生產工具——有段石錛、石鉞、石鐮等。 2. 陶器——夾細砂灰黑陶、泥質灰陶黑板陶。器形貫耳壺、竹節細把豆、帶流寬把杯、高流規。出現玉器等奢侈品。 3. 墓葬——仰身直肢，隨葬品為石器、陶器。	杭州灣區和太湖地區〔註4〕分布在浙江省的北部和江蘇省的南部〔註5〕。
	北陰陽營文化	與崧澤文化相當	1. 陶器——夾砂紅陶、泥質紅陶為主，泥質灰陶和黑陶較少。器形鼎足多變。 2. 墓葬——多為仰身直肢，裝飾品有玉石、瑪瑙制作。	南京北陰陽營下層為代表
閩、粵地區	萬年仙人洞文化、青塘洞穴	8000-6000B.C.	骨類較多、陶器為夾砂粗紅陶。器形簡單。	
	山背文化	2700B.C.-？B.C.	1. 石器——石錛、石鏃占多數。 2. 陶器——夾砂紅陶，器形為多三足、圈足、圓底器。紋飾拍有印痕較淺，重疊錯亂的編織紋。	贛西北修水境內。
	石峽文化	2800-2300B.C.	1. 石器——農業、手工業工具與兵器。 2. 陶器——夾砂陶、泥質陶。器形為盤頂、三足盤、圈足盤。 3. 墓葬有琮、璧、瑗、璜、玦、臂環等奢侈品。	廣東曲江石峽遺址。
	曇石山文化	2300-1300B.C.	1. 陶器——下層為細砂紅陶。紋飾有繩紋、凹點紋、劃紋、堆紋、同心圓紋等中層為粗砂繩紋陶，硬陶。器形有圈足，有釜、鼎、豆、壺、簋。紋飾為回紋、曲折紋。	閩侯曇石山縣

〔註4〕 類似遺存有錢山漾、邱城上層、越城上層、馬橋中層、草鞋山二一四層、張陵山上層等。同見前註3。

〔註5〕 大多數都以為良渚文化的繼承者為馬橋文化，如見董楚平《吳越文化新探》頁122：「馬橋類型與良渚文化分布範圍基本相同，在地層關係上，前者普疊壓在後者上面，……由此可以肯定，馬橋類型，基本上是繼承良渚文化而發展來的。」浙江文化叢書，浙江人民出版社，1990年1月第二版。

			2. 生產工具——石器、雙肩石器。	
廣西境內	廣西丘陵山坡地	2600-1000B.C.	1. 生產工具——磨製、有肩石器、有段石錛。 2. 陶器——夾砂繩紋陶、夾砂紅陶、灰陶、泥質黑陶。紋飾繩紋。器形為釜、罐。	如全州盧家橋和桂南、桂西的石灰岩洞穴如扶綏那淋屯、欽州獨料。

　　從上述文化內容知，它們在生產工具與陶器器形、紋飾、材質方面頗為相似。在生產工具方面，兩區都有有段石錛，少數地方兼有有肩石器；陶器方面，材質有夾碳、夾砂、泥質等，紋飾為回紋、曲折紋、繩紋等。學界將其擁有共同特徵的文化內容，稱之為『幾何印紋陶文化』，時間斷限為西元前 5000～2000 年左右。

　　新石器時代有所謂四大民族集團，分別是黃河中游的華夏集團、黃河下游及淮河流域的東夷集團、長江中游的苗蠻集團與長江下游的百越集團。就上表所之地域得知，幾何印紋陶文化主要出現在長江下游地帶，因此活動在長江下游之民族與幾何印紋陶文化重疊起來，幾乎可以確定百越民族為此文化的主人。但為求慎重，下文將先說明在其周邊圍繞的其他文化交流情形如何。

　　（一）北方——分別是以黃河中游為主的華夏集團，以及蘇北淮海區屬東夷集團之一。華夏集團的文化為二里頭文化，其文化年代約西元前二千年。蘇北的新石器時代文化則為青蓮崗文化、大汶口文化〔註6〕，其年代斷限為西元前 3500～2300 年，其文化面貌，陶器材質以紅陶、褐陶為主。器形有紅陶缽、雙耳小口罐、鼎、盆、釜、罐等。紋飾有劃紋、指甲紋、乳丁紋、錐刺紋等。生產工具方面，早期也出現過有段石錛，其石器都通體磨光，石斧、石鏟扁薄而穿孔〔註7〕。將這些遺址文化與上述印紋陶文化中，年代最接近的良渚文化作比較，即可發現兩者文化的差異性。但也不否認兩者有許多相似的文化因素。如有段石錛、背壺、雙鼻壺等物。據牟永杭的說法，可視為兩

〔註6〕大汶口文化主要分布於山東和蘇北淮海地區，豫中和遼東半島地區也有發現，皆屬於早期的典型遺存。大汶口文化的埋葬習俗，淮南地區與山東西部頭向為向東，山東東部沿海地區則以頭向向西為主。見於紀仲慶、車廣錦《蘇北淮海地區新石器時代諸文化的再認識》頁 206～208，蘇秉琦主編《考古學文化論集》（二），文物出版社，1989 年 9 月。

〔註7〕同見前註6，頁 201，207。

支文化間已有所交流〔註8〕。雖是如此，但基本，長江下游和徐淮地區的新石器時代，是分屬兩個不同文化系統〔註9〕。

（二）西方——以環洞庭湖的長江中游流域為主，也就是苗蠻集團。據楊權喜的研究，這個區域有新石器時代西元前 6000～5000 年左右的柳林溪文化遺存、西元前 5000～4000 年左右的大溪文化與屈家嶺文化、西元前 2000～1000 年的季家湖文化遺存等。其文化特徵在陶器方面有紅、褐陶、淺灰陶，紋飾以拍印的方格紋較多。器形有釜形鼎、斜壁小底杯、壺形器等，墓葬方面以屈肢葬式為其風俗〔註10〕。有一部份文化特徵較類似於黃河流域的龍山文化，如季家湖文化又稱為長江中游龍山文化或湖北龍山文化，相似文物有鼎、罐、盤、豆、盃等〔註11〕。這些文化內容，與上述幾何印紋陶文化〔註12〕內容差異頗大，是以，兩者分別屬其自身之文化系統。

又根據史籍記載，生活在長江下游太湖區域、鄱陽湖至珠江三角州區域等地的民族就是百越族。如《史記・吳太伯世家》記太伯、仲雍奔荊蠻，《索引》注雲：「荊蠻者，閩也，南夷之名，蠻也稱越。」〔註13〕《漢書・地理志》：「自交阯至會稽，七八千里，百粵雜處，各有種姓。」〔註14〕從這些文獻記載，可發現生活在長江下游至交阯等地的民族，就是百越民族。若再將考古遺址文物比附於古史內容，足見印紋陶文化的主人，就是百越民族。因此，我們可以逕自稱呼「幾何印紋陶文化」也就是「百越文化」，這麼一來，就不會與其他地區的新石器時代文化如華夏文化、東夷文化與苗蠻文化混為一談。

〔註8〕 牟永抗在〈試論良渚文化和大汶口文化的關係〉說道：「大汶口文化中，……發現有段石錛，它是良渚文化的遺物。……青墩的發現似可理解為良渚文化的這類有段錛向北影響的一條線索。背壺是大汶口文化獨有的典型器。……在上海福泉山發燕。」又「雙鼻壺是良渚文化常見物……在大汶口文化中出現雙鼻壺的有鄆縣野店、邳縣大墩子等地。」頁 46～47，中國考古學會第七次年會論文集，中國考古學會編輯，1989 年，文物出版社。

〔註9〕 嚴文明以為徐淮地區的新石器時代應屬東夷文化的始原，見〈東夷文化的探索〉頁 60，《先秦秦漢史》，1990 年第 2 期。

〔註10〕楊權喜〈楚越關係初探〉頁 110～112，《百越民族史論叢》，百越民族史研究會，廣西人民出版社 1985 年。

〔註11〕同見前註 10，頁 112。

〔註12〕參見本章第一節百越地區考古文化表，頁 2～5。

〔註13〕《史記・吳太伯世家》頁 1445，新校本。

〔註14〕《漢書・地理志》臣讚曰，頁 1669，新校本。

第二節　百越族屬溯源

壹、越族

一、各家說法

最早記載越族史事與其族屬者，爲司馬遷《史記》。據《史記·越王句踐世家》云越爲夏禹後裔：

> 越王句踐，其先禹之苗裔，而夏后帝少康之庶子也。封於會稽，以奉守禹之祀，文身斷髮，披草萊而邑焉。後二十餘世，至於允常。允常之時，與吳王闔廬，戰而相怨伐。允常卒，子句踐立，是爲越王。〔註15〕

上文提及禹曾到會稽巡視，死後葬於會稽山，故夏帝少康將其庶子封於會稽，以便守禹家〔註16〕。《史記》首開先例，記載此事，爾後史家皆依其說轉載爲文，有甚者增踵其華，如《越絕書·越絕外傳記地傳》：「昔者，越之先君無餘，乃禹之世，別封于越，以守禹家。……無餘初封大越，都秦餘望南。千有餘歲而至句踐。」〔註17〕其說辭比《史記》似乎更加清楚。

由於攸關越人族屬的歸依，是以有必要對《史記》之說加以驗證，處理其內容有無可議之處。首先就大禹有無巡視會稽、死後葬於何地，提出討論。早在東漢時期，儒者王充已提出質疑：

> 儒書言：舜葬於蒼梧，禹葬於會稽者，巡狩年老，道死邊土。聖人以天下爲家，不別遠近，不殊內外，故遂止葬焉。夫言舜、禹，實也。言其巡狩，虛也。舜至蒼梧，禹到會稽，非其實也。……禹東治水，死於會稽。賢盛家天下，故因葬焉。吳君高語：「會稽本山名，夏禹云狩，會計於此山，因以名郡，故曰會稽。」夫言因山名可也，言禹巡狩會計治水，不巡狩，猶黃帝好方使不升天也，無會計之事。
>
> 《論衡·書虛》

〔註15〕《史記·越王句踐世家》頁651，新校本。

〔註16〕《墨子閒詁·節葬》卷六下：「禹東教乎九夷，道死，葬會稽之山。」頁165，台灣商務，1968年十一版；《國語·魯語》：「吳伐越，墮會稽獲骨。仲尼曰：『丘聞之：昔禹致群臣于會稽之山，防風氏後至，禹殺而戮之，其骨節專車』」頁213，台北宏業，1980年9月，（以下所引皆同此）。

〔註17〕《越絕書·越絕外傳記地傳》頁1～2，中華書局據抱經堂本校刊，四部備要子部，1970年10月十三版（以下所引皆同此版本）。

清代梁玉繩在其著《史記志疑》中亦說：「禹巡狩葬會計之事，起自春秋後諸子雜說，不足依據。」又道：「禹會萬國諸侯，定擇四方道里之中。其時，建國都在西北，不宜獨偏江南，若果巡狩所至，總會東南諸侯，亦不應遠來於越。蓋虞夏之世，會稽不在中國，故會稽之山，不書於禹貢，而揚城止於震澤也。」〔註 18〕梁氏是贊成王充的說法而加以衍繹其理，不過卻沒討論到夏禹與越人的關係。因此，只質疑夏禹是否到過會稽的問題，仍無法說明越人的族屬淵源。倒是越為夏後的說法，得到一些人的支持，除了原版的《史記‧夏本紀》、〈越王句踐世家〉外，《吳越春秋》與《越絕書》等古籍皆依上說轉錄文中。另外，近代更將此一見解再做深入的闡釋，如羅香林（1943）〔註 19〕、徐中舒（1979）〔註 20〕、董楚平（1988）〔註 21〕、何光岳（1989）〔註 22〕等人。但是這樣的論點並未成為定論，也引發後人許多不同的意見，今將各種說法歸納如下：

（一）與楚人同源說──贊成此說有蕭璠，其主張為羋姓的民族，由共同祖先分化而成，即〈鄭語〉所說「羋姓夔、越」〔註 23〕。

（二）該地土著說──持此說如陳國強〔註 24〕、蔣炳釗〔註 25〕、吳綿吉、

〔註18〕清人梁玉繩《史記志疑》卷二〈夏本紀〉（一），頁 36～37，上海商務印書館，1936 年。顧頡剛先生在《古史辨》（與錢玄同先生論古書）則假設禹為南方神話中的人物，與夏朝無關，台北藍燈出版社，1993 年 8 月。林惠祥在《中國民族史》中提及史記言越王句踐為夏禹之后，此不過越人託古之辭，頁 112，台灣商務印書館，1965 年。

〔註19〕羅香林提出越族是夏族滅後南遷的遺民。參見《百越源流與文化》第一〈越族源出于夏民族考〉頁 1～7，台灣書店中華叢書，1955 年。

〔註20〕徐中舒認為夏被商滅後，夏族遺民中有兩支分別往南北邊移，一支北遷為匈奴，一支南遷江南為越族。見於〈夏史初曙〉頁 13～14，《中國史研究》，1979 年第 3 期。

〔註21〕董楚平以為中原夏族、夏王朝裡面，頗多南方古越人的后裔，其中良渚文化的先民后裔應占較大比重。參見其著《吳越文化新探》頁 5，浙江人民出版社，1990 年 1 月二版。

〔註22〕何光岳於其著《百越源流史》中指出越人源於黃河上、中游之西羌，與華夏集團的炎帝族、黃帝族有血緣關係，其中一支于越為夏禹之后。頁 1，江西教育出版社，1992 年 4 月二刷。

〔註23〕參見氏著《春秋至兩漢時期中國向南方的發展》第三章第一節，頁 55，台灣大學文史叢刊，1973 年 12 月出版。

〔註24〕參見陳國強等著《百越民族史》第一章、第二章，頁 1～31，北京中國社會科學出版社，1988 年 5 月一版。

〔註25〕參見蔣炳釗撰〈越為禹后說質疑〉頁 69～71，《民族研究》，1981 年第 3 期。

林蔚文〔註26〕等人，他們分別從夏禹與越之關係、越世系、夏的勢力範圍及越人活動區域、考古文化等證明越非禹后，而是活動於東南地區的土著。

　　（三）南洋土著說——持此說者有林惠祥（1958）〔註27〕、凌純聲（1954）等。凌純聲提出南洋土著之中國大陸起源說，主張：

　　　　今日南洋土著中的印度尼西安民族，源出大陸：在大陸上時，中國
　　　　史籍多有記載，其偏於東南者稱百越，偏西南者稱百濮，或稯人、
　　　　獠；百越和百濮，在民族和文化的系統上，極爲相近，至多是同族
　　　　而異支，可以百越一名而概括之。後來百越民族受了華夏系的壓力
　　　　而南退入海，形成今日南洋土著中的印度尼西安民族。……百越民
　　　　族因在中國屢不得志之故，有些族人漸爲華夏人所同化，有些則逐
　　　　步南退，進入南洋群島，成爲南洋土著的來源。〔註28〕

凌氏更提出百越族與南洋土著兩者同源之證據在於文化上的遺產，如鑿齒文身、銅鼓、干欄式住宅等。〔註29〕也有從語言角度去探討，發現古越語與南島語系有著密切的關係，如陳康、王德溫從《越人歌》著手，以上古音擬測發現台灣原住民的膠著型多音節語，與《越人歌》有著同工異曲之妙〔註30〕。這些聯結處處顯示古越人與南島語系實爲同源〔註31〕。

　　（四）從圖騰論斷越人爲夏裔說〔註32〕——持此論者爲聞一多、羅香林。

〔註26〕參見林蔚文氏〈東南越探源〉頁37～45，《中南民族學院學報》，1986年增刊。
〔註27〕林惠祥在〈南洋馬來族與華南古民族的關係〉中說：「今之閩粵人實爲古之古人與中原人之混合民族。」又於〈福建民族之由來〉言：「福建人的祖先應有四支。一爲漢人……二爲古越族，即蒙古利亞種南洋系途經華南的遺種。」兩文皆見於《廈門大學學報》，1958年第1期。
〔註28〕凌純聲《南洋土著與中國古代百越民族》頁36，學術季刊第二卷第三期，1954年。
〔註29〕同見前註28，頁34～46。
〔註30〕陳康、王德溫〈從語言探索高山族與古越人的淵源關係〉頁67～72，《中央民族學院學報》，1988年第6期。
〔註31〕南島語系（Austronesian family）也叫馬來——玻利尼西亞語系（Malayo-Polynesian family），印度尼西亞語、馬來語、高山語、以及菲律賓的Tagalog語等都屬這個語系。此說見於倪大白〈中國的壯侗語與南島語〉，《中央民族學院學報》頁64，1988年第3期。
〔註32〕圖騰制（totemism）的圖騰一詞，係導源於北美洲印度安人奧其華Ojibwa的族語。圖騰原義爲一超自然的保護物，土人即稱作Totem。這段話是引自陳國鈞《文化人類學》第四章，頁160，台北三民書局。圖騰，其實是當時氏族的符號標誌，更是宗教巫術的象徵。原始先民有時會將此標誌轉換成生活日常器物的裝飾紋樣。

聞一多的論據是從圖騰崇拜出發，其言道：「越人，斷髮文身以像龍子。又相傳爲禹后，則與褒同出一源，其爲龍族，也不用懷疑。」〔註33〕因而認定爲越人與夏人同出一源。而羅香林氏在其《百越源流與文化》亦指出：「夏后氏於龍蛇一類水族，有特殊信念，其心靈生活與龍蛇一類水族之崇拜，關係甚深；而古代越人以文身象龍著稱，其心靈生活亦受崇拜龍蛇一信念所支配。」〔註34〕

　　以上各家說法意見紛歧，莫衷一是，是以下文將一一檢視其說之合理性。首先從第一種說法檢驗起。

　　案：據古籍記載，古越人似與楚人同出一系，如下：《國語・鄭語》：「芈姓夔、越」韋昭《吳語》注：「句踐，祝融之後」〔註35〕。《墨子・非攻》：「越王翳兮，出自有蓬，始邦於越。」〔註36〕《路史・國名紀丙》：「越，羊姓，古南越。」〔註37〕古文指證歷歷，對此問題似乎不應有所質疑，不過回溯原文，夔與越怎會同姓芈姓呢？根據舒之梅的研究，《國語・鄭語》中的「夔越」應該以句讀分開爲「夔、越」〔註38〕。因爲，夔與越分別爲不同族裔！早在卜辭中即將夔與越分開稱呼，如郭沫若說：

　　　歸當是國名，……當即是蜀、鄂交界之夔國。〔註39〕

酈道元《水經注・江水》引宋忠亦道：「歸即夔，歸鄉即夔鄉矣，古楚嫡嗣有熊摯者，以廢疾不立而居夔爲楚附庸，後王命爲夔子」〔註40〕，此即其證之一。而越一名亦見於卜辭，如第二章釋越已然論及，但未見夔越合稱，此爲

〔註33〕聞一多《聞一多全集》第一卷頁33，出版者不詳，1948年。

〔註34〕羅香林氏在其《百越源流與文化》亦云：「夏后氏於龍蛇一類水族，有特殊信念，其心靈生活與龍蛇一類水族之崇拜，關係甚深；而古代越人以文身象龍著稱，其心靈生活亦受崇拜龍蛇一信念所支配。」同見前註19，頁115。

〔註35〕《國語・吳語》頁51。

〔註36〕清孫詒讓《墨子閒詁・非攻》頁100，台灣商務，1968年十一版。

〔註37〕宋人羅泌《路史・國名紀丙》頁13，中華書局據原刻本校刊，四部備要史部，1965年。

〔註38〕舒之梅：「不贊成『夔越』說，而同意分開讀爲『夔、越』，因爲夔與越起源都很早，它們在歷史上本來就是彼是彼，此是此。」見於〈‘夔越’乎？‘夔、越’乎？〉頁122～123，《百越民族論叢》，百越民族史研究會，廣西人民出版社，1995年。

〔註39〕《殷契粹篇》第221～222片，頁414，大通書局，1971年。

〔註40〕酈道元《水經注・江水》卷三十三，第六冊，頁18，台灣商務，1968年十一版。

其二。再者從其他古籍中亦不見『夔越』一族，兩者根本不能混爲一談。溯其淵源，夔之所姓芈，或可從幾處記載尋出一些蛛絲馬跡，如《國語·鄭語》言：

> 夔、越，芈姓之別國。夔，楚熊繹六世孫曰熊摯。〔註41〕

再如《潛夫論·志氏姓》言：

> 芈姓之裔，熊嚴，成王封之於楚，是謂鬻熊，又號鬻子。生四人伯
> 霜、仲雪、叔熊、季紃，紃嗣爲荊子，或封於夔，或封於越。

清人汪繼培箋云：〔註42〕

> 鄭語云芈姓夔越，不足命也。……杜注熊摯，楚嫡子，有疾不得嗣
> 位，故別封爲夔子。……此文似以封夔越者爲伯霜、仲雪諸人。

故知夔爲楚的一支，自然爲芈姓。

但是令人訝異的，越爲何也爲芈姓？其實，這是指楚王立其子爲越章王，而越章王所管轄的範圍正是楚人占領揚越部份土地。證據就在《史記·楚世家》裡頭，其言：

> 當周夷王之時，王室微，諸侯或不朝，相伐。熊渠甚得江漢間民和，
> 乃興兵伐庸、揚粵，至于鄂。熊渠曰：『我蠻夷也，不與中國之號謚。』
> 乃立其長子康爲句亶王，中子紅爲鄂王，少子執疵爲越章王，皆在
> 江上楚蠻之地。〔註43〕

據第二章第三節結論知，揚越活動區域遠於鄂之東界，上言「至于鄂」應該是在揚越的西邊，而楚王攻打揚越取得其西的土地，封給了三子執疵，楚人因爲統治此地，古籍才會明言越姓芈，如《世本》道：「越爲芈姓，與楚同祖」〔註44〕而羅泌《路史·國名紀丙》說得更詳盡：

> 夔（歸），熊姓子爵，歸是楚滅之。寰宇記夔之巫山縣，夔子熊摯治。
> 多熊姓，今秭歸城東二十有故夔子城。荊州記稱歸西有楊城，即繹
> 孫所居。〔註45〕

案上述所論，所謂百越與楚同源的說法，便不攻自破。

〔註41〕《國語·鄭語》頁514。
〔註42〕漢王符撰、清汪繼培箋注《潛夫論·志氏姓》卷九，頁243，台灣商務，1968年十一版。
〔註43〕《史記·楚世家》頁1692，新校本。
〔註44〕《漢書》引《世本》，頁1669，新校本。
〔註45〕《路史·國名紀丙》頁12。

　　至於第二說方面，將留待後文與夏文化等問題一同討論。倒是第三說的說法，其內容則傾向於人種學概念而論說，由於迄今仍無確切證據直指古越人即是來自蒙古利亞種，或是與後來的印度尼西安族有關；儘管，凌氏舉出古越人的文化習俗大多與南洋土著相似，但放眼天下，只要是擁有海洋特質文化之民族都會有相似的習俗，故其說法還有待商榷。

　　關於第四種說法是否合理，我們先就蛇紋與龍紋這部份展開說明。在文獻上確實有論到越人文身爲龍紋，如《淮南子・原道訓》高誘注所云：「文身刻劃其體內，默其中爲蛟龍之狀，以入水，蛟龍不害也，故曰以象麟蟲。」〔註46〕再者，如劉向《說苑・奉使》：「剪髮文身，爛然成章，以象龍子者，將避水神也。」〔註47〕似乎十分肯定越人所紋之圖飾爲龍。是以，聞一多與羅香林兩位皆斷定越人以龍子之象文其身，而其圖騰信仰爲龍。但上述兩例畢竟爲少數，仍無法使人十分信服，因此我們將回歸到最早述及越人文身一事的古籍，探看其說法爲何？

　　　　宋人資章甫適諸越，越人短髮文身，無所用之。《莊子・逍遙遊》東
　　　　方曰夷，被髮文身。……南方曰蠻，雕題交趾。疏云：「題，額也。
　　　　謂以丹青雕題其額。」〔註48〕《禮記・王制》

　　　　雕題國、北朐國皆在鬱水南，鬱水出湘陵南海，一曰湘慮。郭璞注
　　　　云：「點涅其面，畫體爲麟采，即爲鮫人也。」《山海經・海內南經》

　　上文只說「文身」，並無對所紋之象做具體說明。反倒是，漢代以後的古籍卻出現「龍文」、「以象龍子」之說，頗令人費解，不知此說從何而來。所以，並不能因此而斷定越人文身之圖像爲「龍紋」。那問題在於越人文身之圖飾，究竟是什麼？

　　若仔細搜羅爬剔古籍中的記載，便會發現越人習俗信仰中有一項特點，就是喜以蛇爲飾。有幾條記載均是透露這方面的訊息，如：

　　　　立蛇門者，以象地戶也。闔閭欲西破處，楚在西北，故立閭門以通
　　　　天氣，因復名之破楚門。欲東并大越，越在東南，故立蛇門以制敵
　　　　國。

〔註46〕《淮南子・原道訓》卷一高誘注頁6，中華書局據武進莊氏本校刊，1993年6
　　　　月六版。
〔註47〕漢劉向撰《說苑・奉使》卷十二，頁122，台灣商務1968年十一版。
〔註48〕所謂雕題就是紋身之意。

越在巳位，其位蛇也，故南大門上有木蛇，北向首内，示越屬吳也。

《吳越春秋·闔閭内傳》

此外，如《句踐陰謀外傳》說越王句踐降吳後，曾使巧工雕神木狀龍蛇，送給吳王夫差。後來句踐獲赦回越國時，吳王夫差送他到「蛇門」之外〔註49〕。這些内容一再顯示越人將「蛇」此種動物視爲國家象徵。但在未有國家體制出現前的原始社會，越族之民也是將蛇看成是其信仰崇拜之物。如許慎《說文解字·蟲部》：「閩，東南越，蛇種。」〔註50〕而《淮南子·原道訓》也說：「九疑之南陸事寡而水事衆，於是民人被髮文身，以像鱗蟲。」〔註51〕既是蛇種，又爲鱗蟲，越人的族類象徵，應是「蛇」。再從越人的後裔觀之，其亦有崇蛇的遺跡，如江、浙、閩南一帶的人民等都是以蛇爲紋身之圖樣〔註52〕，或爲信仰之神明，或稱自己爲「蛇種」〔註53〕。甚至到了後世還流傳著有關蛇的傳說故事，如閩台蛇郎君娶妻的民俗信仰等〔註54〕。另外，依照圖騰信仰理論大膽推測，越人所居住的地理環境爲山谷或水澤，故在其生活中經常出現蛇類，爲了祈求不爲毒蛇所侵害，有可能在他們的身上畫上蛇紋，以示同類，後來演變爲該族的圖騰，因此也有了崇拜蛇的風俗習慣。文身一事，通常是原始部落民族之間所流傳的習俗。每一族都有其族的標識、圖樣。就如越人所紋之像——蛇，則爲其族的圖騰。但較引人側目的是，考古出土文物的圖樣紋飾，皆以蛇類有關。因此，推斷該族圖騰爲這些器物的模仿對象〔註55〕，他們將日常所用器具繪以如蛇般的花紋，或狀似蛇類的幾何圖案〔註56〕，

〔註49〕《吳越春秋·句踐入臣外傳》頁8，中華書局，1977年11月十三版。

〔註50〕《說文解字·蟲部》釋閩字頁680，黎明文化事業版，1991年10月九版。

〔註51〕《淮南子·原道訓》卷一，頁6。

〔註52〕同見前註22，何光岳於《百越源流史》一書中提及現今江浙人依然崇拜蛇，稱之爲「家蛇」，其引顧炎武《天下郡國利病書》說道：「以南蠻爲蛇神，觀其蛋家神宮神像可知」頁15，台灣商務，1976年二版；又海南島的黎民，廣東、福建蛋民等皆有崇拜現象，見於林蔚文〈越人對蛇的崇拜源流考略〉頁4～8，《民間文學論壇》1986年第3期。

〔註53〕蛋民稱自己爲蛇種，福州之婦女還用蛇形銀簪爲飾，《閩雜記》亦記載此事。見於林國平〈閩越人的原始神話與巫術〉頁67，《歷史月刊》，1997年第3期。

〔註54〕參見劉守華〈閩台蛇郎故事的民俗文化根基〉頁19～24，《民間文學論壇》，1995年第4期。

〔註55〕參見陳文華所撰〈幾何印紋陶與古越族的蛇圖騰崇拜〉頁40～49，《考古與文物》，1981年第2期。

〔註56〕同見前註，頁46～49，幾何印紋陶的紋飾據陳文華氏的歸納有：云雷紋、S紋、菱紋、回紋、波狀紋、曲折紋、葉脈紋、三角紋、編織紋、篦點紋、圈

形成一種獨特的修飾風格。

在確定越人圖騰爲蛇後，再繼而延續上文未討論完的問題——越人是否爲夏裔？關於此點，吾人擬從考古文物出發，由於遠在黃河流域的華夏人，其圖騰爲龍並不若越人的蛇飾一樣，自始至終都保持同一型態不曾改變。

龍的圖騰經常一變再變，起初無一固定樣式，有時或類蛇，或類鱷魚，或如豬首，或如馬等物，變幻莫測，故研判龍實爲一種抽象的靈物信仰，並無實體。是以，龍圖騰一開始並無特定模仿對象，經過長期文化累積後才逐漸固定下來。如據考古資料檢驗發現，距今五千年前屬於紅山文化中的龍，爲其最原始的形象——有的頭像豬、有的頸脊長出一條長鬣〔註 57〕。到了新石器時代（4500B.C.～3900B.C.）的龍山文化——彩繪蟠龍，其形象上又不同於紅山文化的龍，轉變爲頭像鱷魚，遍體鱗甲〔註 58〕再到了夏商周三代，許多青銅器常以龍爲雕飾對象，此時龍的模樣多以頭類馬而有角，四腳帶有利爪爲主。綜觀上述，龍的形象十分多樣化〔註 59〕。反觀越人崇蛇，自原始紋身至後世流傳的民間信仰，都展現出其不同於龍形象的專一性。若說越爲夏裔，照理說，在越人的器物上也會出現夏代銅器上的樣式、花紋，至少越文化會遺留夏文化的特徵，但令人訝異的是，將兩者一比對，竟無法找到這類特徵。因此，只以龍蛇圖騰即斷定越人爲夏裔，證據似乎稍嫌不足。

由此觀之，越人所紋之圖案可能是蛇，所崇拜之圖騰亦爲蛇，而非龍。據此來看，越人與夏人應屬兩個不同民族。然而，僅以圖騰不同爲證據，似乎也無法說服眾人，且《史記》記載越爲少康之後，如何反證此說，需要更多的證據及理由。故下文將從兩方活動範圍、文化特徵、考古文化三個範疇題出說明，繼續討論越人與夏人之間的關係。藉此亦順便驗證前文的第二說關於「土著說」是否屬實。

點紋、方格紋等。不過，有人持不同見解，以爲印紋陶上的紋樣是取材自魚體，此說見於龍福廷所撰的〈論幾何印紋陶紋飾的藝術特徵和起源〉頁 95，《南方文物》，1996 年第 1 期。

〔註 57〕紅山文化中的龍分別是 1971 年於內蒙古翁土特旗出土的，另一個是從赤峰市巴林右旗，有人將此龍稱爲玉豬龍。參見劉志雄、楊靜榮《龍與中國文化》頁 39，北京人民出版社，1994 年 4 月二刷。

〔註 58〕同見前註 57，頁 50～52。蟠龍紋的彩陶盤是 1978～1980 時於山西襄汾陶寺出土。

〔註 59〕同見前註 57，頁 19～115。

二、夏、越文化比較

在上文幾種說法爭論不下，撲朔迷離時，吾人以爲若要更清楚、有條理地確認百越族是否就是夏禹的後裔，應該先討論有無「夏」的存在。其實在學術界早已對夏之有無出現數次的激辯〔註60〕，問題出現在對夏的定義不一。一般而言，「夏」至少包涵三種意義：一是傳統史學所說的夏代，其次是指政權，就是夏王朝，第三是建立夏朝的民族，稱之爲夏民族。〔註61〕杜正勝提出討論夏文化的看法：「如果我們能劃出一段約略的時間，在殷商與新石器晚期之間，藉用傳統歷史的『夏代』來標示，在研討這段時間的考古文化，是不是也可以討論夏文化的問題？」〔註62〕是以學術界將二里頭文化聯繫到古史中的夏代，認爲二里頭文化就是夏代文化。年代約略在西元前二千年。在確定了夏文化後，接著我們將從文獻記載中的夏人活動範圍、文化習俗，及考古資料中的夏文化，與百越作一比對，兩者是否有所關聯，即可一見分曉。

（一）夏人、越人的活動範圍

夏人的活動範圍根據古史文獻記載，並未超過長江流域以南，如《戰國策・魏策》：「夏桀之國，左天門之陽，而右天溪之陰，廬、罩在其北，伊、洛出其南。」〔註63〕《漢書・賈捐之傳》：「地東不過江黃，西不過氏羌，南不過荊蠻，北不過朔方。」〔註64〕夏的活動範圍依郭沫若的說法爲：西起今河南西部和山西南部，沿黃河東至今河南、河北、山東三省交界的地方，南接湖北，北入河南和其他氏族部落形成犬牙交錯的局面。今河南西部的河洛流域，是夏人居住中心。〔註65〕雖然其中心區域在河洛流域，但其勢力範圍卻擴大到黃河以南，如《左傳》記載大禹曾會諸侯於塗山：「合諸侯於塗山，執玉帛者萬國」〔註66〕據杜預注塗山是在安徽壽春東北，其他較遠於夏的國家如英、六、有扈、有鬲、有仍等。其地理位置大致如下：「英」在河南南部，

〔註60〕杜正勝《古代社會與國家》夏文化可能討論嗎？頁882，台北允晨文化，1992年10月。
〔註61〕同見前註60，頁882。
〔註62〕同見前註60，頁882。
〔註63〕《戰國策・魏策》頁782。
〔註64〕《漢書・賈捐之傳》頁2831，新校本。
〔註65〕郭沫若《中國史稿》第一冊頁142，人民出版社1976年。
〔註66〕十三經注疏《左傳》哀公七年，頁1009。

今固始附近；「六」則在安徽中部淮河流域；「有扈」在今陝西；有鬲及有仍在今山東。如此看來，不論是勢力範圍或夏人主要的活動區域皆未越過長江流域。若將古籍中所出現的夏人傳說分佈地點歸納來看，亦可發現他們通常不出下列四個範圍：一、豫西地區，以伊、洛、潁、汝四水爲主，事蹟如鯀、大禹、啓母石等傳說；二是晉西南、陝東地區，以山西省西南部的涑水和汾水下游爲主，其事蹟如《左傳》提到的夏墟之說，《史記》的禹都山西說等；三是豫北、晉東地區，如《國語・晉語》所謂「陽人有夏、商之嗣典」之語；四是豫東、魯西地區，此說有帝相居商丘說、帝相居丘說及帝相居斟灌說等。鄒衡以爲：「以上四個地區內與夏人活動有關的地望來看，以豫西地區最集中，根據最可靠，而且能同考古材料相互印證。」〔註67〕

　　如此說來，從這些地區根本找不到越人的蹤跡，如果再從河南偃師的二里頭文化遺址去追蹤，更會發現代表夏文化的典型，主要分佈於鄭州以西，潼關以東的黃河、伊水、洛水等地，北至晉西南的夏縣，南到汝水流域的襄城。〔註68〕這與《戰國策》的記載是相當吻合的。無怪乎荀子會說：「居楚而楚，居越而越，居夏而夏，是非天性也，積靡使然也。」〔註69〕因爲這是兩個截然不同的生活習慣所致。

　　至於，越人的活動範圍據本文第二章所歸結的區域，一直不超出長江下游流域。根據古史文獻記載，籠統一點的說法有：「揚漢之南，百越之際」〔註70〕再具體一點的，則稍稍勾勒出越人的地盤：「自交阯至會稽，七八千里，百粵雜處，各有種姓。」〔註71〕因此兩者生活地域並沒有產生交集。

（二）夏、越生活習俗差異

　　關於越人風俗習慣將在第三章詳加說明，故在此只作簡潔扼要的敘述，以便呈現雙方文化相異之處。

　　從食、衣、住、行等生活基本層面觀之，夏人都與百越民族有著十分鮮明的對比。飲食方面，越人好啖蛇蛤等物，這對於夏人而言是難以想像的。

〔註67〕鄒衡《夏商周考古學論文集》頁220～250，文物出版社，1980年。
〔註68〕林蔚文〈東南越探源〉頁37，《中南民族學院學報》，1986年增刊。
〔註69〕《荀子・儒效》第八頁297，藝文印書館，1994年1月。
〔註70〕《呂氏春秋・恃君》卷二十，頁2，中華書局據畢氏靈巖山館本校刊，1979年2月四版。
〔註71〕《漢書・地理志》頁1669，新校本。

如《淮南子・精神訓》所言：「中國得而棄之無用」〔註72〕由於自然條件的差別，生活在內陸的夏人，當然不會將水產海鮮之物視爲珍饈。而在穿著方面，越人是斷髮文身、錯臂左衽的。夏人則是穿冠戴帽、交領右衽的。交通工具方面，也因自然環境因素而有所不同，如《淮南子・主術訓》云：「湯武聖主也，而不能與越人乘舲舟而浮於江湖。」〔註73〕舲舟爲小船，因越人習水故能乘之，而湯武不能也。又如《呂氏春秋・貴因》載道：

> 如秦者立而至，有車也；適越者坐而至，有舟也。秦、越，遠途也。
> 立諍安坐而至者，因其械也。〔註74〕

這段話，明白地指出北方人與南方人的習慣不同。以此往前推衍，亦可顯示出夏人與越人在生活習俗上有著偌大的差別。

另外，在語言方面，更是相距十萬八千里，最具代表性的莫過於劉向所載的《越人歌》了！《說苑・奉使》記載：

> 鄂君子皙之泛舟于新陂之中，會鐘鼓之音畢，榜枻越人擁楫而歌。
> 歌辭曰：濫兮抃，草濫予？昌枑澤予？昌州州湛。州焉乎秦胥胥，
> 縵予乎昭澶秦逾滲。提隨河湖。〔註75〕

鄂君子皙表示「吾不知越歌，子試爲我楚說之」。於是召來越譯，將此歌的內容用漢語解說一番，內容如下：

> 今夕何夕兮，搴州中流。今日何日兮，得與王子同舟。蒙羞被好兮
> 不訾詬恥。心幾頑而不絕兮知得王子。山有木兮木有枝，心悅君兮
> 君不知。

鄂君雖爲楚人，也已受過中原文化，但對越語是一點辦法也沒有，只好通過翻譯，才能明瞭越歌含義。因此，顯見越人與受過漢化的楚人也得「待譯而後通」。越語與漢語之別，古人早已見識到，如伍子胥之言：「習俗不同，語言不通」〔註76〕。此外，越語還有漢語所沒有的特性，譬如越語發音輕利急速，《淮南子》就將此特質記錄下來：「越人有重遲者，而人謂之訬。」高誘注云：「訬，輕利急，亦以多言者」〔註77〕。其次喜歡用倒裝語法，這個特

〔註72〕《淮南子・精神訓》卷七，頁13。
〔註73〕《淮南子・主術訓》卷九，頁15。
〔註74〕《呂氏春秋・貴因》卷十五，頁16。
〔註75〕《說苑・善說》第十一卷，頁109，台灣商務1968年，國學基本叢書四百種。
〔註76〕《呂氏春秋・直諫》卷二十三，頁5。
〔註77〕《淮南子・修務訓》及高誘注，卷十九，頁7。

性在《越人歌》中已可得見。甚至，對同一件事物的說法，與漢語也有天壤之別，如「朱餘者，越鹽官也。越人謂鹽曰餘」、「治須慮者，越人謂船爲須慮」〔註78〕等，都能顯見其與漢語的差異。再者其他如雕題黑齒、懸棺葬法習俗、宗教占卜採用雞卜等越人風俗〔註79〕，在夏文化習俗中是遍尋不著的。

（三）、考古上的夏、越文化

考古學上的夏文化，經過多年來的努力研究，已公認二里頭文化爲其代表，其數輪校正年代爲 2395B.C.＋160 或 1915B.C.＋115，其文化遺跡如下表：

種類	特點
宮殿基址	全部建築物坐落在略呈方形的夯土台基上，以一座高台正殿爲主，圍繞著正殿四面。
墓葬	分成長方豎穴和無墓室墓兩種。前者均無腰坑，葬式多爲仰身直肢，也有側身直肢。後者多半是叢葬坑，也有夾在灰層中者；葬式有蹲坐式、仰身屈肢、側身屈肢、俯身直肢和身首異處等。
青銅工具	多仿自石、骨、蚌器。兵器不多，禮器有爵一種。生產工具中以鏟和刀較多。
陶器	以夾砂中口罐爲主要炊器，鼎次之，少鬲，甗。有的夾砂罐口鑲以花邊，或捺印繩切紋，通常稱之爲花邊罐。鼎器，則多爲扁足，類型複雜，有盆形、罐形、盤形、方形等。
紋飾	盛行籃狀附加堆紋和點刺紋、葉脈紋，并有各種樣式的印紋。晚期的大口尊等器口常發現有刻劃的符號，有的就是文字。
酒器	盛行觚、爵、封口盉，爵有作筒狀流者，而斝極少見。

（以上資料參引自鄒衡《夏商周考古學論文集》頁 135）

而居於長江下游的良渚文化，其年代與夏文化相近，爲 3300B.C.～2250B.C.，但其文化特徵卻與二里頭文化有所不同，如陶器，其以鬲、鼎爲炊器，紋飾爲獨特的幾何印紋，墓葬方式與青銅工具差異甚大，且不見其有酒器等物出土（參見本章第一節）。故從考古文化上，亦無法找出兩者之間的關聯。

〔註78〕《越絕書·越絕外傳記地傳》頁 6。

〔註79〕黑齒雕題之說見於《戰國策·趙策》：中原人採行土葬，百越人在葬法方面有懸棺葬、土墩葬、石室葬、土坑葬等。關於土墩墓與石室墓，見於陳克倫〈吳越風俗考〉頁 107，《復旦學報》，1989 年第 1 期；懸棺葬之說，見於陳國強等著《百越民族史》頁 61～63，同見前註 24。

　　因此，總結上文所述，越人爲夏后之說應是不攻自破，因爲我們從圖騰崇拜、夏越活動範圍、社會習俗、語言使用等方面來看，處處顯示越人與夏人實爲兩個不同的民族，況且《漢書·地理志》顏師古亦明言：「自交阯至會稽七八千里，百粵雜處，各有種姓，不得盡云少康之後。」〔註80〕所以夏人與越人應爲兩個不同民族。此說既成事實，那越人的族屬問題就必須另起爐灶。回到前文各家說法的第二說中，所謂的「土著說」似乎是比較合理的說法，因爲不論是古籍記載的文化習俗，或是考古出土文物，一再顯示這些文物是土生土長的越人所創發出來的，是故吾人以爲越人的族屬來自應是當地的原住民。

貳、吳族

一、吳爲百越民族之一支

　　吳國自稱爲『工盧』（者減鐘）、『攻敔』（吳王劍）、『攻吳』（吳王夫差鑑）；亦稱『干』，如吳王壽夢之戈。亦稱『禺邗』，傳世有禺邗王壺，即哀公十三年黃池之會後所作。吳自稱王，彝器如此。《國語·吳語》稱爲「吳伯」、「吳公」，春秋則稱「吳子」。〔註81〕可見吳王自稱爲「攻吳」等號，是爲其國名，中原諸夏則稱其爲「吳」。據史載，吳之開國始祖爲周族來奔之太伯與仲雍，就是所謂「太伯奔荊蠻」，此說引來各家質疑，吳族族屬究竟爲何，頗需深究一番。關於吳人之族屬，有幾下幾種說法：

　　（一）周人——認爲吳人爲周人者，其主張皆據「太伯奔吳」之傳說而來。

　　（二）楚人——爲蕭璠所主張，其理由爲與越人同爲芊姓民族長期分化而成兩個不同的民族〔註82〕。

　　（三）、土著吳族——主張這類看法的爲周國榮，認爲居住在吳地的先民乃矮黑人種與蒙古人種混血而成新的人種。據《國語》、《荀子》、《史記》等

〔註80〕《漢書·地理志》注引臣瓚曰：「按世本，越爲芊姓，與楚同祖，故《國語·鄭語》曰：『芊姓夔越』，然則越非禹后明矣。又芊姓之越，亦句踐之後，不謂南越也。」顏師古注曰：「越之爲號，其來尚矣，少康封庶子以主禹祠，君于越地耳。故此志云其君禹後，豈謂百越之人皆禹苗裔。」頁1669～1670，新校本。

〔註81〕楊伯峻《春秋左傳注》頁696，台北復文圖書，1991年。

〔註82〕同見前註23，第三章，頁57。

古籍所載的「夷黎」，指的就是此新人種而言的〔註83〕，稱之爲吳族。

　　（四）、荊蠻族——曾昭燏、尹煥章以爲湖熟文化既是土著文化，其中心地區又在江南，故其人應爲荊蠻族〔註84〕。

　　（五）、東夷的一支——此爲董楚平氏之主張，他認爲「湖熟文化的主人應該是淮夷的一支，寧鎮地區本是淮夷人的聚居地」〔註85〕。贊同此說者有張雲等，其以爲到了吳立國之後則改稱爲「吳族」〔註86〕。

　　（六）、百越民族——大部份都主張吳人爲百越之一支，如辛土成、陳克倫、劉建國等〔註87〕。

　　檢視以上各類意見，第一種說法，吾人以爲「太伯奔吳」是否眞有其事，尚待檢驗，將於下文加以說明。而第二種說法，仍沿襲「太伯奔荊蠻」之說而生。吾人以爲楚在古代亦稱作「荊蠻」，荊蠻應是華夏族人對南方的地理不甚清楚而形成籠統的泛稱，隨著其武力的南下，他們觀念中荊蠻是可以隨之更動的，如吳越聞名於中原後，就不再稱其爲荊蠻了。因此，依據荊蠻一詞，就認定吳人爲楚人可能太過於武斷。至於，第四種說法，已考證得知，荊蠻應爲地名而非族名〔註88〕，故吳人爲荊蠻族之說應是推測之言，無法取信於人，是以不納入考慮外。餘者眾說紛，爲求愼重起見，本文將進一步探討吳之族屬究竟爲何。接下來，我們先從古籍文獻記載去了解一番。

　　　　吳越爲鄰，同俗拜土，西州大江，東絕大海。兩邦同城，相亞門戶。
　　　　《越絕書・越絕外傳紀策考》

　　　　蠡曰：「吳越二邦，同氣共俗，地户之位非吳則越」《越絕書・越絕外傳記范伯》

　　　　吳越比鄰，地帶江海，兵戈相接，必用艫船，戰士隆冬，手多拘坼。
　　　　《莊子集釋・逍遙遊》

〔註83〕參見周國榮〈說吳族〉頁93，《廣州大學學報哲社版》，1991年第1期。

〔註84〕曾昭燏、尹煥章，〈試論湖熟文化〉頁53，《考古學報》，1959年第4期。

〔註85〕同見前註5，第二章，頁165。

〔註86〕見於張雲《春秋時代的吳國》第二章，頁34～35，台大歷史研究所碩士論文1993年。

〔註87〕辛土成〈句吳族源族屬初探〉頁11～17，《中南民族學院學報》，1986年增刊；陳克倫〈吳越風俗考〉頁102～107，《復旦學報》，1989年第1期；劉建國〈吳越文化二論〉頁16～20，《浙江學刊》1990年第6期。

〔註88〕劉惠和《荊蠻考》，《文物集刊》，轉引自辛土成〈句吳族源族屬初探〉頁13，《中南民族學院學報》1986年增刊。

本吳粵與楚接比,數相并兼,故民俗略同。《漢書・地理志》

又《呂氏春秋・貴直》中有一段吳王夫差與伍子胥的對話,子胥說:

> 不可,夫齊之與吳也,習俗不同,言語不通,我得其地不能處,得
> 其民不得使。夫吳之與越也,接土鄰境壤,教通屬,習俗同,言語
> 通,我得其地能處之,得其民能使之。越于我亦然。〔註89〕

看來上文所引之古籍一致透露,吳越兩地習俗風貌十分相似;不僅如此,吳、越之同俗,在《吳越春秋》亦有相關記載:「且吳與越,同音共律,上合星宿,下共一理。」〔註90〕由於吳與越互為鄰之緣故,所以在許多方面是同氣共俗的〔註91〕,如同血濃於水,無法析離出來一般。吳、越兩地在民情風俗方面相似之處,最明顯的莫過於吳人亦有斷髮文身之俗,如《穀梁傳》哀公十三年云〔註92〕:

> 吳,夷狄之國也。祝髮文身。范寧集解:「祝,斷也。」

> 周時舊名吳越也。……禹時,吳為裸國,斷髮文身,考之無用,會
> 計為何?《論衡・書虛篇》

此外,吳越同俗的記載還有:「吳、越之俗,男女同川而浴」〔註93〕、「吳粵之君皆好勇,故其民至今好用劍,輕死易發」〔註94〕等。甚至,在語言方面更是有著同工異曲之妙,如地名、人名皆有發聲語助的地方,像句踐、句吳;無疆、無諸;姑蘇、無錫、句容、蕪湖等。這些語言特徵在古人看來也有些特別,如《左傳》疏引服虔云:「壽夢,發聲。吳蠻夷,言多發聲,數語共成一言,壽夢,一言也」〔註95〕吳、越之語皆有發聲之詞,前文所舉的例子也一一反映出古越語的特點,讓人不容輕率忽略之。漢代揚雄亦有此番見解,其將吳、越兩地的語言劃分在一起,如《方言》指出「輔,吳越曰胥」,「干,吳越曰煦煆」。這些例子指證歷歷,更說明了一個事實,吳越語言確為

〔註89〕《呂氏春秋・貴直》卷二十三,頁5。

〔註90〕《吳越春秋・夫差內傳》第五,頁12。

〔註91〕《越絕書・紀策考》:「吳、越為鄰,同俗共土」,〈記范伯〉:「吳、越二邦,同氣共俗」一再表明吳、越之關係密切。

〔註92〕《穀梁傳》哀公十三年傳,頁204。

〔註93〕孫星衍《孔子集語》論政引尚書大傳語,頁135。

〔註94〕《漢書・地理志》頁1667,新校本。

〔註95〕《左傳》襄十一年傳注頁537。

同一方言區〔註 96〕。此外，兩地人民更是以善於鑄劍、習於舟水、造船等著稱。

由上所述，古籍文獻向來視吳越風俗猶如一體，這種現象並非巧合，而是如此相似的兩個民族，應屬同一個民族。因此，吾人以爲根據古籍所記載的文化風俗來看，吳應是百越民族的一支。另一方面，從考古文化的比較印證，也可以看出吳、越文化同質性十分濃厚。按照百越地區新石器時代文化時間的斷定，代表吳文化的北陰陽營文化（距今約 5000～4000 年）其下層文化應是河姆渡文化；代表越文化的良渚文化（距今約 5200～4300 年）亦以河姆渡、馬家濱文化爲其下層之文化結構〔註 97〕。它們的特點皆在於其陶器製品屬於幾何型印紋陶文化之流，紋飾爲有別於中原素臼的雲雷紋、回紋、波狀紋等。按照印紋陶文化爲古代百越民族之文化來推論的話，同屬於印紋陶文化的吳人，當然也是百越人的一支了。

所以，不論是從古籍文獻去探究，或是拿考古文化當佐證，都一再證明吳人就是百越民族這個大家族的一份子。因此，藉由上文一再討論，我們可以理所當然地說吳人的族屬爲百越民族之一，而非東夷的一支，或是所謂土著吳族了。

二、太伯奔吳考實

吳族的起源及其先祖事蹟，在先秦古籍中未見記載，倒是在《論語》、《左傳》等文獻中記錄著太伯讓國之說。到了《史記‧周本紀》及〈吳太伯世家〉因述及吳國建立的經過，而將太伯讓國一事巨細靡遺地記載下來。其言：吳族的起源完全是因太伯讓國，與弟弟連袂奔走吳地，成爲吳國先祖。據〈吳太伯世家〉所云：

> 吳太伯、太伯弟仲雍，皆周太王之子，而王季歷之兄也。季歷賢，而有聖子昌；太王欲立季歷以及昌。于是太伯、仲雍二人乃奔荊蠻，文身斷髮，示不可用，以避季歷。……太伯之奔荊蠻，自號句吳，荊蠻義之，從而歸之千餘家，立爲吳太伯。太伯卒，無子，弟仲雍立，是爲吳仲雍。〔註98〕

〔註96〕 周振鶴、游汝杰著《方言與中國文化》頁 87，台北南天書局，1988 年 10 月。

〔註97〕 曾騏〈百越地區的新石器時代文化〉頁 39，《百越民族論集》，雲南省民族事務委員會編，雲南民族出版社，1989 年。

〔註98〕 《史記‧吳太伯世家》頁 1445。

　　對於太伯讓國奔走荊蠻一事，古今皆有所懷疑，其說可分成三派，第一是基本上擁護《史記》說法，認爲讓國確有其事；但對太伯仲雍奔逃處所表示質疑。第二說是反駁《史記》的說法，認爲無讓國一事，眞相可能是周人確實到達吳地，此傳說則用以遮掩周人武力殖民的事實。持第三種意見者，主要從考古文物等風俗習慣出發，主張東奔之說不可盡信，更以爲吳與周爲兩個不同民族，全盤否認《史記》的記載，太伯既無讓國，周人亦沒有能力抵達南方經營。今茲此三種意見分述如下：

　　第一種看法，對於《史記》說法照單全收的有蕭夢龍、張荷（1995）、諸漢文（1988）等人〔註99〕。此外，原則上同意《史記》，但對奔逃地望有分歧看法：

　　（一）吳國在山西——認爲太伯仲雍確實讓國給季歷，離開了周人的根據地——岐山，到了距離周人不遠的地方定居下來，堅持此說的有錢穆、呂思勉、童書業等人。錢穆先生認爲「河東之虞，即爲太伯、虞仲之國」因此進一步主張太伯所建之國在山西〔註100〕。呂思勉也認爲太伯建立的國家——句吳，應去周不遠，約在江漢流域〔註101〕。童書業亦持同樣的主張，以爲所奔之地應在山西，與遠在東南方的吳國無關〔註102〕。

　　（二）吳國在陝西吳山——蒙文通（1981）則認爲《穆天子傳》裡的赤烏即是吳，也就是太伯之封國，所在地爲陝西境內的吳山〔註103〕。

　　（三）南奔——尹盛平氏（1988）、袁進（1993）等。尹氏以爲據文獻所載太伯不是奔吳，而是奔「荊蠻」，兩者不可混爲一談〔註104〕。袁氏根據《楚辭・天問》：「南岳是止」，認爲太伯是奔吳的地望，路線應是南奔，而始居於南嶽衡山一帶〔註105〕。

〔註99〕參見蕭夢龍〈初論吳文化〉頁61，《考古與文物》，1985年第4期；張荷著《吳越文化》第一，頁6～7，遼寧教育出版社，1995年；諸漢文〈太伯奔吳及其做用的再認識〉頁102～109，《吳文化研究論文集》，江蘇省吳文化研究會編，廣東中山大學1988年8月一版。

〔註100〕錢穆《古史地理論叢》〈古三苗疆域考〉頁81，台北東大圖書，1982年。

〔註101〕呂思勉《先秦史》第九章，頁195，南京市開明書店，1947年。

〔註102〕童書業《春秋史》第二章、第四章，上海開明書店，1947年二版。

〔註103〕參考蒙文通氏之主張，見於《越史叢考》，轉引自《百越民族文化》頁80。

〔註104〕尹盛平〈關於太伯、仲雍奔荊蠻問題〉頁95～101，《吳文化研究論文集》，同見前註99。

〔註105〕袁進〈吳城文化族屬句吳說〉頁70，《南方文物》，1993年第2期。

　　案：檢視前言，筆者對於史籍所言太伯奔吳之確實地點，不敢驟然斷定為何處。因鑒於古籍上稱吳之地有三處：一為西吳在陝西隴縣，二是東吳在江蘇吳縣，三是北吳在山西平陸縣，故不知太伯奔吳，何處為是。但是，依據上述各家說法，可以確定的是，應該在距離周人活動地區不遠之地。所以，太伯仲雍所奔之地非江蘇之吳國，而是另有其地；若此說屬實，那麼處在江蘇之吳國，則不可直謂其為周裔了。

　　第二種看法，以殖民說為其主張，如徐中舒、許倬雲、張光直、蕭璠、董楚平、顧孟武。徐氏（1938）其根據左傳記載認為吳為周室應是事實，不過卻對太伯仲雍奔吳之傳說，表示不以為然，所持的理由是吳地離周人居住地岐山太遠了〔註106〕，因此主張太伯仲雍並非讓國。相反地，他認為應是帥師遠征南土，收服吳人。許倬雲（1985），其以為丹徒和宜城所出土的器物，皆有西周早期的特徵〔註107〕；張光直亦根據湖熟文化所遺留下來的古物推論「吳為西周殖民」〔註108〕。蕭璠（1973）的主張是因江蘇丹徒縣所出土的宜侯矢簋的出土，而認定宜侯就是周王室分封於吳地的諸侯〔註109〕。董楚平（1988）亦認為太伯奔吳不可信，從宜侯矢簋的銘文研判，虞是指北虞；宜是為南吳為其初名，南吳是康王時由北虞分封出來，後來才遷至丹徒〔註110〕。而顧孟武（1992）從宜侯矢簋出發，以為它雖在吳地發現，但依其製造能力而言非吳人所及，應是周器，且斷定為康王之際的文物。故而，認為這或許是西周初期，一次有計劃的軍事行動〔註111〕。不過話雖如此，仍有許多人對於銘文所云之宜地有不同見解，莫衷一是〔註112〕。

〔註106〕徐中舒《殷周之際史蹟之檢討》頁142～143，中央研究院歷史語言所集刊第七本第二分，1938年。

〔註107〕許倬雲〈周人的興起及周文化的基礎〉頁10，《中國上古史》待定稿第三本，中央研究院歷史語言研究所中國上古史編輯委員會編，1984年。

〔註108〕Kwang-chin Chang，《The Arechaeology of Ancient China》，頁253～255，1963年。

〔註109〕同見前註23，第三章，頁61。

〔註110〕同見前註5，第二章，頁139～151。

〔註111〕顧孟武〈從宜侯矢殷論周初吳的戰略地位〉頁69～74，《南方文物》，1992年第6期。

〔註112〕宜地主張在江蘇丹徒者有唐蘭、陸九皋、李學勤；主張在江蘇儀徵的有董楚平；主張在山西吳山有劉啟益；主張在河南宜陽者為黃盛璋、葉遠雄；主張在陝西隴縣的有尹盛平。見於張雲《春秋時代的吳國》第二章，頁24，同見前註86。

案：檢視此說，由於宜侯夨簋的出土，透露出周人勢力已到達江南的事實。是以，筆者以爲太伯奔吳之說或許只是一個幌子，目的爲了掩飾周人政治軍事行動的事實經過。這個訊息傳達了一可能性，即來到吳地的周人也許是周室分封出來的諸侯，這就符合了吳的君王亦爲「姬姓」之說。

第三，則是全然否定太伯奔吳一事，認爲此傳說是無稽之談，如衛聚賢（1930），其主張有三：(1)就理想上推測太伯不能遠奔吳地，認爲「古公亶父由邠到岐，不過二百里，詩人以其困南，大敍其事」，更何況遠在東邊的吳呢？(2)就技能上觀察吳民族不是太伯後，如吳民族善於使舟而周人不會；相反的，周民族會用弓、車，而吳人對此莫可奈何。(3)就名字不避諱上觀察吳民族不是周民族。衛氏又另撰一文以爲太伯是分封於西吳，無所謂奔吳之事發生〔註113〕。

而周國榮（1991）反駁太伯東奔的理由有四：(1)從吳文化中發現的七座土墩墓，其中隨葬品的擺設與周人習慣不同。(2)墓制不同：周制墓式爲豎穴土坑木槨制，江南地區則無周制墓葬發現，所見的只有土墩墓及淺土坑墓葬。(3)夷不識禮。如《史記·孔子世家》：「吳與魯會繒，徵百牢，太伯嚭召康子，康子使得子貢往，然後得已」索隱曰：「周禮上公九牢，侯伯七牢，子男五牢，今吳徵百牢，夷不識禮故也。」〔註114〕(4)從歷史生活推斷如太王之世，周爲蕞爾小國，自身岌岌可危，不可能遠征東吳。結論爲太伯仲雍哪兒也沒去，只是在涇水附近另作新邦罷了〔註115〕。

案：筆者認爲第三說，從吳人文化與周人之間差異，論斷太伯奔吳的荒謬，亦有其可取之處；但這樣的說法還是未臻圓融，只具備一方面的可信度，因爲他們忽略了宜侯夨簋不談，似乎有些欠妥。

據上所述，筆者以爲第一說與第三說皆無法解釋江蘇丹徒出土（1954），宜侯夨簋銘文所載的內容。再根據古籍文獻所云：「吳爲周後」，似乎不是信筆亂寫的。反觀，只有第二種說法，才能解釋古籍原典所載的「吳爲周後」之說，及宜侯夨簋的出現，以及隱藏在吳文化底下中原商周文化的影子。筆者以爲第二說較爲合情合理。因此本文擬採第二說，推斷之理由與依據的證

〔註113〕衛聚賢〈太伯之封在西吳〉頁15～45，《吳越文化論叢》，吳越史地研究會，上海文藝出版社，1937年7月出版，1990年月重印。

〔註114〕《史記·孔子世家》及索隱，頁1933，新校本。

〔註115〕周國榮〈說吳族〉頁90～95，《廣州大學學報》，1991年第1期。

據，將於下文討論。首先針對古籍原典所云「吳爲周後」之說，作一討論，詳見如下：

> 陳司敗問昭公知禮乎？孔子曰：「知禮。」孔子退，揖巫馬期而進之，
> 曰：「吾聞君子不黨，君子亦黨乎？君取于吳，爲同姓，謂之吳孟子。
> 君而知禮，孰不知禮？」《論語‧述而》

> 秋，吳子夢壽卒，臨於周廟，禮也。凡諸侯之喪，異姓臨於外，同
> 姓於宗廟，同宗於祖廟，同族於禰廟。《左傳》襄公十二年。

> 吳人曰：「於周室我爲長。」晉人曰：「於姬姓我爲伯。」《左傳》

　　若指摘吳王夫差欲成爲中原諸夏之一員，而故意編造自己爲周室後代〔註116〕，實爲有失厚道。因爲，早在夫差之前，定公四年（506B.C.），吳人就對隨人說：「君若顧報周室，施及寡人，以獎天衷，君之惠也。」〔註117〕吳人認爲伐楚是爲同姓的周人報讎。單就古籍文獻而言，我們絕不能忽略上述記載，而直接認爲吳與周無任何關係。因此，筆者以爲周人或許眞正抵達過吳地，也有分封君王留下來統治如周章之類的人物，但吳的族人卻是道道地地的原住民，這一點是不容置疑的。

　　因此，瞭解到「吳爲周後」之說非空穴來風之後，我們將從考古資料出發，針對吳文化本身，以及隱藏其內的中原文化部份，在下文逐一探討之。

三、先吳文化與西周文化

　　在爲文討論前，先就吳的文化作一界定，此處所談的文化並非指吳國建立以後的文化，而是與西周早期相當的吳文化，名之爲「先吳文化」〔註118〕。對於先吳文化，學界一致認爲江南寧鎮地區爲吳人活動所在〔註119〕。故本文亦以寧鎮地區的湖熟文化爲吳文化代表，藉此來討論其文化面貌。

〔註116〕陳橋驛〈越爲禹后說溯源〉頁96～100，《浙江學刊》，1985年第3期。
〔註117〕十三經注疏《左傳》定公四年，頁952。
〔註118〕同見前註5，頁137。
〔註119〕主張寧鎮地區爲吳人活動地點者，有董楚平氏，同見前註5，頁152；辛土成〈句吳族源族屬初探〉頁11～17，《中南民族學院學報》，1986年增刊。陸九皋亦持此主張，認爲南京北陰陽營遺址是代表寧鎮地區的原始文化，見於《吳文化研究論文集》頁85，同見前註99。

　　許多學者對於寧鎮地區的湖熟文化頗有研究，試舉其說如下：

　　（一）李伯謙——其將寧鎮區的印紋硬陶遺存分成四期，以爲第一期有陶鬲、卜骨、卜甲等，與中原商文化相近，約在早商時期。而二、三、四期則都有土墩墓，隨葬品以夾砂陶、洗質陶、幾何印紋硬陶、原始瓷器爲主。炊器以鼎釜爲主，黑皮陶器也常伴隨出現。〔註120〕

　　（二）張荷——其主張寧鎮地區因臨近中原，故受中原文化影響是無可避免。湖熟文化中有與商同樣的龜甲，牛、羊肩胛骨皆用以占卜。這一習俗，明顯受中原商族文化影響。另外，在此文化層中出現大量小件的青銅器，如小刀、漁鉤、鏃等物，表示當時吳人已能製造青銅器。炊器方面，有南方前所未見的鬲與甗，但是造型卻不同於中原的鬲。〔註121〕

　　（三）董楚平——其以爲湖熟文化最密集的地區，是寧鎮地區和安徽滁縣、馬鞍山一帶。此文化層底下通常是龍山文化層，這一帶的龍山文化和山東、蘇北的龍山文化屬於同一類型。在陶器方面，最突出的是作爲炊器的鬲。此物是商文化的主要特色之一，雖然形製花紋與商鬲不盡相同，但作爲炊具是一致的。大體上，湖熟文化含有商文化因素，而商族本是東夷的一支。居住在徐淮一帶的商人影響到淮夷，順勢也波及了寧鎮地區。

　　綜觀前面三位的意見，都不否認湖熟文化底下有中原文化的影子，只是他們對這種中原文化影子有不同程度的理解，如董楚平以爲寧鎮地區，古爲「淮夷」的聚居地，故湖熟文化受到商文化的影響是自然之事〔註122〕。而李伯謙與張荷，則認爲湖熟文化的確受到中原文化的影響，但也注意到湖熟文化中不同於中原商周文化的一面，如鬲的形式，印紋硬陶的出現。張荷對此原因的解釋，則遵循古說，認爲是太伯奔吳之後，在此地努力耕耘所遺留下來的成果〔註123〕。不過，李伯謙持不同意見，認爲黑皮陶器是良渚文化最盛行的陶系，與土墩墓一樣有顯著的地方特色；而鬲器的出現，只能說是受到中原影響而仿制的〔註124〕。

〔註120〕李伯謙〈我國南方幾何印紋遺存的分區分期及其有關問題〉頁 38～50，《北京大學學報》，1981 年第 1 期。

〔註121〕詳見張荷《吳越文化》〈文明的曙光〉頁 4～5，同見前註99。

〔註122〕同見前註5，第二章，頁 164～165。

〔註123〕同見前註99，頁 4。

〔註124〕同見前註23，頁 38～50。

　　爲了便於瞭解湖熟文化與中原文化的關係，尤其是周文化，筆者試圖按考古資料將兩種文化面貌製成圖表，以利對照、說明〔註125〕。此處所舉的湖熟文化，是以南京鎖金村下層、太崗寺上層的遺址和土墩墓一、二期爲代表。〔註126〕

種類	西周早期文化	寧鎮地區的湖熟文化
陶器	灰陶、紅陶、黑陶。	紅色軟陶、印紋硬陶。
紋飾	繩紋、雲雷紋、S紋、重圈紋等。	回字紋、苗字紋、雲雷紋、席紋、複合式紋飾。
炊器	陶鬲、鼎、甗、豆等。	鬲、缸、豆、甗、瓿、甕、壇等。
型態	直耳立於口沿上，柱足、獸足、腹較淺、下腹微脹，雙耳無蓋變爲四耳。	高錐足有分襠、弧襠；高領變爲喇叭矮圈族，多有角狀把手。
青銅器	戈作長援短胡，一穿至三穿，或無胡無穿；青銅匕首，戣。	斧、錛、刀、鐮、穿孔石斧、半月形穿孔石刀、有段石錛。武器：刀、鏃、魚鉤。鴨形尊、飛鳥蓋雙耳壺。
紋飾	饕餮紋、夔紋、鳥紋	雲雷紋、饕餮紋等
銘	正王大丰簋、大盂鼎、子盂鼎。	宜侯矢簋
墓制	木質棺槨墓、長方型土坑豎穴墓	土墩墓
葬法	土坑中放置木棺	平地起封於墩土中，有的基底用石卵鋪砌墓室周圍，有的則否。
隨葬品	以青銅器爲主，又有鬲、折肩罐。	以印紋硬陶與原始青瓷爲主
整體特色	器形製作凝重結實，花紋造型莊嚴典重，文字結構工整嚴謹。	此時湖熟文化才剛開始起步，工藝製作尚談不上水準。

　　從上述圖表中可以明顯看出，「先吳文化」有著自身獨具魅力的風格，它一方面保持著本地文化傳統特色，又涵蘊著中原文化的影響。從兩者文化比較中發現幾個有趣的地方，我們將其列舉其下：

　　1. 西周早期的陶器以灰陶爲主，而「先吳文化」則以印紋硬陶爲主。

〔註125〕參考李伯謙、同見前註120；張荷《吳越文化》，同見前註99；董楚平《吳越文化新探》第二章，同見前註5；林留根〈試論吳文化的多元性〉頁251～260、周大鳴〈試論先吳文化的社會發展歷程〉頁237～250，分別見於《吳文化研究論文集》，同見前註99。

〔註126〕同見前註7，第二章頁164。

2.「先吳文化」的炊器雖也以鬲爲主,不過其形式紋飾與西周的鬲不同。因吸收西周文化之後,還自我創作改造成多有角狀把手;紋飾使用雲雷紋、蟠虺紋等,頗具南方風格。

3. 青銅器方面,「先吳文化」則多仿造西周,不過卻有所變革,出現了鴨形尊、飛鳥蓋雙耳壺,這是江南一大獨特傑作。

4. 兩者墓制迥然不同,土墩墓爲「先吳文化」最鮮明的代表,而周人以木質棺槨墓爲主。隨葬品方面,周人以禮器爲主要內容,其中包括酒器;而「先吳文化」則無酒器。

對於這兩種文化特色,鄒衡以爲既使受到不少中原文化的影響,但先吳文化仍舊是土著文化〔註127〕。筆者以爲應該將問題回歸到起點,就是上文提及的「太伯奔吳」一事爲藉口所做的軍事行動、及「吳爲周後」之說,如此才能把古籍原典的問題,用考古文化的實際資料加以證驗之。吾人以爲比湖熟文化還要早一點的考古資料顯示,先吳文化雖受到商文化影響,而後又有周人的影子;但是大體上,此時的先吳文化已保存著自身獨特的文化面貌,具有本土風格。至於,存有中原文化部份,恰好可以用來解釋因周人的軍事行動而遺留下的蹤跡〔註128〕,以及古籍所言「吳爲周後」的現象。至於什麼樣軍事行動呢?宜侯夨簋的出現或許能提供較合理的解釋。一般而言,宜侯夨簋的主人爲周章,其爲句吳第五代王,武王封其爲虞侯,康王時又改封其於宜地,故虞侯夨又稱宜侯夨〔註129〕。吾人以爲可配合《史記·齊世家》來看,其言:

> 及周成王之少時,管蔡作亂,淮夷畔周。乃使召康公命太公曰:「東至海,西至河,南至穆陵,北至無棣,五侯九伯,實得徵之。」
>
> 〔註130〕

穆陵一地,索隱認爲淮南有故穆陵門,是楚之境,而非舊說會稽〔註131〕。故在成、康之際,周人爲了管、蔡、霍三叔及殷遺民的叛亂,有計劃的南下

〔註127〕鄒衡〈江南地區諸印紋陶遺址與夏商周文化關係〉,《文物集刊》第3期,1981年,轉引自陳國強等著《百越民族史》頁86,同見前註24。

〔註128〕據張雲研究所得,其言:「從考古資料得出結論:周人南下最早活動的範圍,是在寧鎮,皖南地區」同見前註86,頁27。

〔註129〕袁進〈吳城文化族屬句吳說〉頁71,《南方文物》,1993年第2期。

〔註130〕《史記·齊太公世家》頁1480～1481,新校本。

〔註131〕同見前註130。

到淮夷一帶，順便派人到吳地附近管理，擔任起來輔周室的戰略重責。而宜侯矢簋正好是在康王之時，賜給虞侯的，後來被帶到吳地，因此與「吳為周後」之說十分吻合。宜侯矢簋雖於吳地出土，卻非吳器，因為當時吳的青銅文化尚為樸拙，無法製作出這等文物。故知，「吳為周後」須從宜侯矢簋去理解，方能得到答案。經由上文冗長的討論，得到幾下幾個結論：

（一）太伯奔吳為周室欲進入徐淮、吳地之障眼法。

（二）宜侯矢簋即一明證，代表周室曾派人到吳地附近，擔負起夾輔周室之責。

（三）周人因曾到徐淮、吳地附近，故而有吳為周裔之說。

（四）身為統治者吳君可能具有周人血統，但從考古資料證明湖熟文化具有當地文化特質，故被統治的人民並非周族大規模遷徙而來的，而是當地人民，包含在百越族之中。

第三節　小結

出現在長江中下游流域的幾何印紋陶文化，確實為百越民族所擁有，此文化內涵迥異於北方華夏族的彩陶文化與東夷族的黑陶文化。這樣的文化特色也在此地創造出屬於其自身之文明——河姆渡文化、良渚文化等，其民族族屬並非起於夏族或是周族，而是道道地地的百越族，因此百越民族的文化主體性至此建立，不容再三混淆。

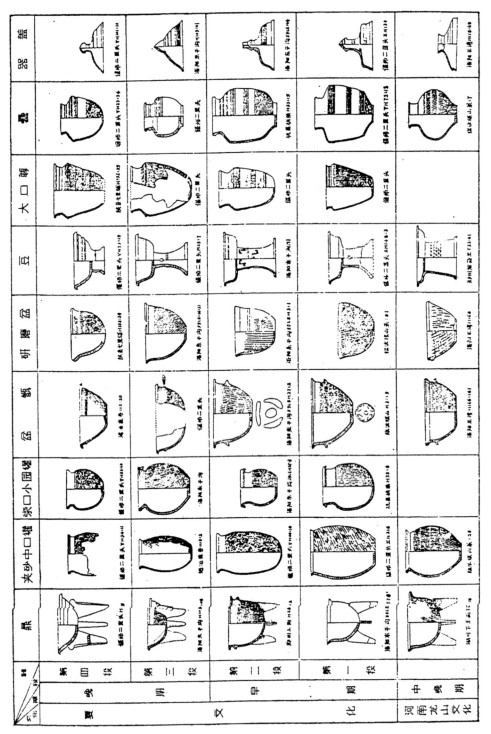

圖一　杜正勝《古代社會與國家》

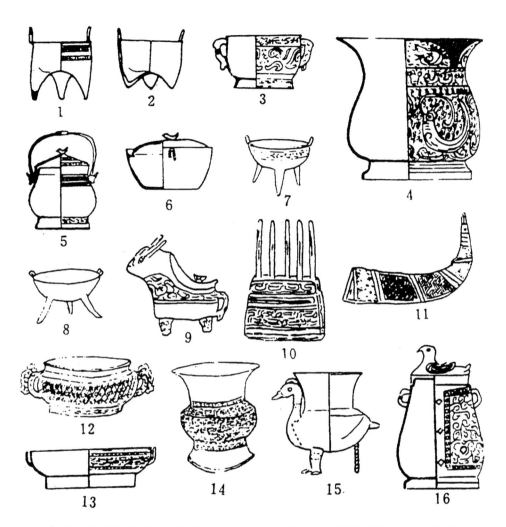

1.雙耳銅鬲（母子墩）2.雙耳陶鬲（包容白蟒台）3.雙獸首耳簋（母子墩）

4.鳳紋尊（丹陽司徒）5.提梁卣（母子墩）6.原始瓷蓋碗（金壇鱉墩）

7.尖足鼎（屯溪一號墓）8.鼎（宜侯墓）9.兕觥（宜侯墓）

10.五柱器（屯溪一號墓）11.角狀器（宜侯墓）12.扁體簋（屯溪一號墓）

13.盤（烏山二號墓）14.尊（屯溪一號墓）15.鴛鴦形尊（母子墩）

16.飛鳥蓋雙耳壺（母子墩）

圖二　蕭夢龍〈吳國青銅器分期，類型與特點探析〉

《考古與文物》1990 年第 3 期。

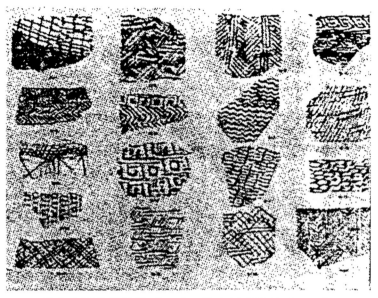

廣東南海灶崗遺址（1-3）、佛山河宕遺址（4-10）
和高要茅崗遺址（11-17）出土印紋陶紋樣

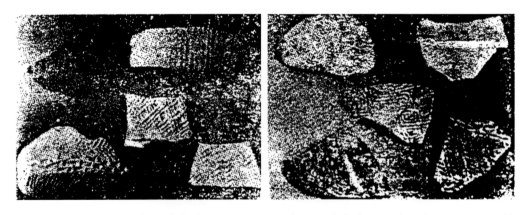

廣東佛山河宕遺址、高要茅崗遺址、曲江石峽遺址和普寧虎頭埔遺址出土印紋陶紋樣

圖三　蔣炳釗、吳綿吉、辛土成著《百越民族文化》頁285

內蒙古翁牛特旗出土的紅山文化　　　　內蒙古巴林右旗出土的紅山文化

「玉龍」（新石器時代）　　　　　　　「玉豬龍」（新石器時代）

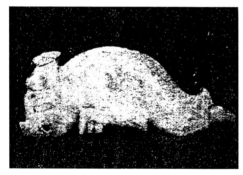
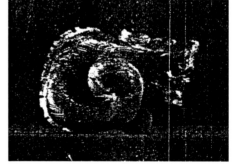

故宮博物院藏玉龍（商）　　　河南安陽殷墟婦好墓出土玉龍

（商中晚期）

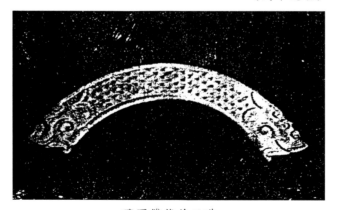

戰國雙龍首玉璜

圖四　劉志雄、楊靜榮《龍與中國文化》

第四章　百越的山水文化

　　百越民族，由於分佈廣闊，有的依山傍水，有的則在山谷、丘陵或平原中生活，造成每個部落遺世而獨立，生活方式存在著些微的差異，也連帶影響了其風俗習慣內容。不過，從物質文化及精神文化層面等領域觀之，仍可發現百越族文化，基本上是有著一貫的文化特色，那就是脫離不了山與水。這是由於百越文化之形成，深受地理條件與因素影響，產生許多有別於北方中原華夏文化的獨特風俗。

　　地理環境、氣候冷暖等自然因素，一直以來都在制約、影響文化特質的生成狀態。而百越文化也不例外，其深具「山水」特質的文化面貌，使其展現出鮮明的文化特點。其山水文化內涵，既廣闊又多元化，據凌純聲的統計，約有五十種此類獨特的文化風俗；而在其論文中則舉出較重要的十種，如祖先崇拜、家譜、洗骨葬、銅鼓、干欄、龍船、鑿齒、文身、食人與獵首、洪水故事等〔註1〕。對百越文化亦頗有研究的羅香林，則簡要地列舉四種，如文身之遺俗及其紋樣、戉之遺留與銅劍使用、銅鼓之製作及其紋式、舟楫之製作及其水師等〔註2〕。另外饒宗頤先生也撰寫過吳越文化的單篇論文，他曾指出吳越文化可分成生活習尚、工藝技術、治劍及用舟等；其所謂生活習尚，則包括了斷髮文身、契臂而盟、同川而浴及機〔註3〕。從三位研究範疇中，可

〔註 1〕　凌純聲〈南洋土著與中國古代百越民族〉頁 37～43，《學術季刊》第 2 卷第 3
　　　　期，1954 年。
〔註 2〕　羅香林《百越文化及其源流》古代越族文化考，頁 115～149，台北中華叢書，
　　　　1955 年。
〔註 3〕　饒宗頤《吳越文化》頁 619～621，中央研究院歷史語言所集刊 41 卷 4 期，1969
　　　　年。

發現有幾種文化是重覆出現的，而這些正與百越的山與水有關。

因此本章以山水文化爲主題，形成百越文化的基本架構，討論其文化內涵中與山水息息相關的特性，如斷髮文身、稻作文化、特殊物產、干欄式建築、習於舟水、精於鑄劍，神秘宗教信仰、語言等範疇。

第一節　民族標誌──斷髮文身

百越的山水文化第一個代表爲斷髮文身，古籍文獻對越人斷髮文身之習俗，皆頗多爲文著墨，如下：

> 越方之地，劗髮文身之民也。《左傳》哀七年
>
> 越王句踐…。斷髮文身，披草萊而邑焉。《史記·越王句踐世家》
>
> 太伯、仲雍二人，乃奔荊蠻，文身斷髮。《史記·吳太伯世家》
>
> 被髮文身，錯臂左衽，甌越之民也。《史記·趙世家》
>
> 越王句踐，剪髮文身。《孟子·公孟》
>
> 履爲履之也，而越人跣行；縞爲冠也，而越人被髮。《韓非子·說林上》
>
> 宋人資章甫而適諸越，越人斷髮文身，無所用之。《莊子·逍遙游》

由於地處溫帶、亞熱帶氣候區，使得百越人習於斷髮文身，這也是海洋民族所共有的特色。所謂斷髮，簡而言之即爲剪短頭髮，既不束髮亦不加冠。《左傳》哀十一年公孫揮曰：「人尋約，吳髮短」〔註4〕可以爲證。《說文》釋斷之義：「斷，截也。從斤，從𢇍。」〔註5〕這和北方華夏民族的習慣是迥然不同的，是以《淮南子·齊俗訓》言：「中國冠笄，越人劗鬋，其于服一也。」〔註6〕由於地理環境使然，天氣炎熱，常有酷暑，又多水澤之地，因而過著「陸事寡而水事眾」生活方式。此外，因爲天氣酷熱，只好經常裸露上身，爲了美觀起見便在身上文身，這與寒冷的北方民族習慣大相逕庭。北方華夏人習慣穿衣戴帽，將自己包裹得密不透風，以驅寒意，但對百越人而言，這種裝扮既不適，更是一種累贅，不若短衣徒跣來得輕鬆自在。無怪乎韓非子要不

〔註4〕十三經注疏《左傳》哀十一年，頁1017，以下所引之《左傳》皆同此版本。

〔註5〕《說文解字》斤部，頁724，黎明文化事業出版社，1991年10月九版。

〔註6〕《淮南子·齊俗訓》卷十一頁6，中華書局據抱經堂本校刊，四部備要子部，1963年。

客氣地指出到越國賣履與帽，無疑是無用武之地〔註7〕。

中原華夏人以束髮戴冠爲禮的文化本位主義出發，看到越國使節斷髮文身之打扮，十分不以爲然，認爲失禮至極。如古籍載：

> 廉稽使楚，楚人派人對其曰：「冠則得以俗見，不冠不得見。」廉稽
> 曰：「夫越亦周室之列封也，不得處於大國，而處江波之陂，與蚖鱓
> 魚鱉爲伍，文身斷髮而後處焉。今來上國，必曰冠得以俗見，不冠
> 不得見。爲此，則上國使適越，亦將剠墨文身而後得俗見，可乎？」
> 《韓詩外傳》

這樣義正詞嚴的反擊、捍衛自己的文化風尚，令人佩服不已，一段話堵得楚人啞口無言。越人對自己文化的堅持還可以在其他例子中看出，如戰國時代，出使梁國的越使諸發「願無變國俗」，堅持以越俗見梁王〔註8〕。又如《淮南子‧泰族訓》描述文身內容：「夫刻肌膚，鑱皮革，被創流血，至難也；然越爲之，以求榮也。」〔註9〕與華夏族視束髮戴冠爲禮一樣，越人以之爲光榮顯耀的象徵，既使是刻劃皮膚、痛苦難當亦在所不惜。是以，從這些故事所衍生出來的意義更是非凡，即使百越文化在秦漢大一統後，逐漸爲華夏文化所同化；但越人廉稽的反唇相譏、諸發的堅持國俗，澆息楚人、梁王的自大，更讓人體會到：當時人們對於文化的互相尊重，是十分缺乏的。總以強勢的文化觀念企圖迫使弱勢者屈從，只爲了滿足其文化優越感！

到了吳王壽夢時，出現了另一種變通的髮型——椎髻。椎髻也是斷髮的一種，只是頭髮較長時，用髮髻固定使其不披髮。《史記》索隱介紹髻這種髮型是「一撮似椎而結」的樣式。《吳越春秋‧壽夢傳》載：

> 壽夢元年，朝周，適楚，觀諸侯禮樂。魯成公會於鍾離，深問周公
> 禮樂，成公悉爲陳前王之禮樂，因爲詠歌三代之風。壽夢曰：「孤在
> 夷蠻，徒以椎髻爲俗，豈有斯之服哉？」〔註10〕

〔註7〕《韓非子‧說林》卷七：「魯人身善織履，妻善織縞，而欲徙於月。或謂之曰：
『子必窮矣。』魯人曰：『何也？』曰：『履爲履也，而越人跣行；縞爲之冠
也，而越人被髮，以子之所長，游於不用之國，欲使無窮其可得乎？』」頁11，
中華書局據抱經堂本校刊，四部備要子部，1963年。
〔註8〕《說苑‧奉使》：「大王有命，客冠則以禮見，不冠則否。」
〔註9〕《淮南子‧泰族訓》高誘注云：「越人以箴刺皮爲龍文所以爲尊榮也。」頁11，
中華書局。
〔註10〕《吳越春秋‧壽夢傳》第二，頁1，中華書局。

此種椎髻之俗，在秦漢以後還存在著，如漢初陸賈出使至嶺南，亦言南越王趙佗行「魋髻箕踞」之俗；《後漢書・南蠻傳》也記錄下這種習俗：「凡交趾所統，……項髻徒跣，以布貫頭而著之。」〔註11〕有關椎髻的形象，可參見戰國、秦漢時的打扮。椎髻的發展，或許可解析為百越人與中原人士經常往來之後，而受其影響的結果。甚至，後世詩人常以散髮為飄逸瀟灑的形象，而寫入詩句之中，如「散髮弄扁舟」，或許就是受到越人風俗的啓發。

至於文身一俗，本為越人圖騰崇拜的表現內涵，這部份已在第三章第二節中討論過，從此不再贅言。它除了可視為圖騰信仰外，文身還有強烈的民族標誌意圖，在原始民族間是一種十分普及的習俗。根據人類學家表示文身的動機，不外與圖騰、宗教、裝飾等有關〔註12〕。不過，越人的斷髮文身，先是因應付漁撈等生活需求而產生的，至於裝飾的含意可能是後來才有的。

百越人還有另一獨特文化——鑿齒，鑿齒就是拔牙，只要是東亞海洋民族都有此習俗。在歷史文獻中亦可見，如：

> 昔者吳干戰，未齔不得入軍門，國子摘其齒，遂入，為干國多。《管子・小問》

摘同擲，義為毀掉，拋棄。而《新唐書・南蠻傳》也有類似的說法：「又有鳥武僚，地多瘴毒，中者不飲藥，故自鑿齒。」〔註13〕不僅在文獻上有此類記載，就連考古研究方面也發現不少拔牙的遺址，如江蘇省邳縣大墩子〔註14〕、廣東省佛山河宕〔註15〕，及台灣圓山、芝山岩、墾丁、卑南等地〔註16〕。依據連照美的研究發現，台灣拔齒習慣有幾個特點，如不分男女，且都在年少時即施行拔牙；而所拔之齒種模式為下顎齒不拔，只拔上顎前齒（門牙及犬

〔註11〕《史記・陸賈傳》頁 2697～2698；《後漢書・南蠻傳》頁 2836，新校本。
〔註12〕人體裝飾，大體上不外是以下幾種作用：如美觀的起源，裝飾身體，增加美觀，作為個人所屬族團的標誌，與宗教崇拜結合，具有巫術的作用。而這些作用也是人體裝飾最初的目的。參見程德棋《原始習俗與宗教信仰》第六章，江蘇教育出版社，1993 年。
〔註13〕《新唐書・南蠻傳》頁 6326，新校本。
〔註14〕韓康信、陸慶任、張振標撰〈江蘇邳縣大墩子新石器時代人類骨骼的研究〉頁 125～140，《考古學報》，1974 年第 2 期。
〔註15〕張榮芳，黃淼章著《南越國史》：「發現遺骨有鑿齒的現象。」頁 337，廣人民出版社 1995 年。
〔註16〕參見連照美、宋文薰撰〈台灣史前時代拔齒習俗研究〉頁 231，《台灣大學文史哲學報》，第三十五期，1987 年 12 月。

齒），並要求左右對稱〔註17〕。至於爲何有鑿齒與拔牙兩種稱呼？這種要是因拔牙的方式不同所致，如以鐵刀或石頭強力敲擊所要拔除之齒類，稱爲鑿齒；若用麻線或木片，將要拔的牙齒絞緊後用力猛拔，則謂拔牙〔註18〕。

　　鑿齒與文身一樣，一開始是爲了生活上的需要而產生的，後來才轉變成裝飾、美觀。不過，鑿齒還與成年儀式有密切關聯，通常進行拔牙的時間，大都在十五、六歲時。它意味著成年即將來到，是人生的轉折點，故以此爲永久標誌。或有說，這類文化習俗源自原始宗教崇拜，如壯族民間流傳的拔牙故事，就是與雷公有關〔註19〕。姑且不論此說眞假如何，可以確定的是百越人的文化風俗，一直與其圖騰信仰、宗教習俗緊緊聯繫在一起。

第二節　經濟生活——植稻與物產

　　稻米文化與特殊物產，爲百越山水文化的第二個特色，分別論述於下。

一、植稻文化

　　由於吳越等地，正處古代揚州區域，濱海臨江，氣候溫暖濕潤；地形有廣闊的平原與起伏連綿的山丘，其間河流眾多，水域密佈，十分適宜農林魚牧私經濟活動。故吳越等民生富饒，就算無千金之家，也不會有凍餒之民。根據《史記・貨殖列傳》云：

> 豫章出黃金，長沙出連錫。然堇堇物之所有，取之不足以更費。九疑、蒼梧以南至儋耳者與江南大同俗，揚越多焉。番禺亦其一都會也，珠璣犀玳瑁果布之湊。……總之楚越之地，地廣人稀，飯稻羹魚或火耕而水耨。果隋蠃蛤、不待賈而足。地埶饒食，無饑饉之患，以故此呰偷生，無積聚而多貧，是以江淮以南，無凍餓之人，亦無千金之家。〔註20〕

　　《史記》言「飯稻羹魚」，一針見血地指出百越人的飲食文化，主要以這

〔註17〕連照美說：「所拔牙齒主要有三種模式：只拔側門齒，或犬齒；或側門齒、犬齒都拔；偶或拔犬齒及前臼齒。不同模式並不囿於性別之故。」頁229，同見前註17。

〔註18〕同見前註17，頁230。

〔註19〕莫俊卿〈古代越人的拔牙習俗〉頁309～310，《百越民族論集》，百越民族史研究會編，北京中國社會科學出版社，1982年一版。

〔註20〕《史記・貨殖列傳》頁3268，新校本。

兩類食物為主。在春秋時代，中原諸夏在農業生產方面，已進入使用鐵器的階段；而吳、越兩地的農業技術發展，基本上與中原各國相差無幾。不過，可能誤以為百越人文化處在十分落後的水準哩〔註21〕！其實，誠如史書所載，江南之地廣人稀，有些地方尚待拓荒開墾，故在農業耕作方面需採「火耕或水耨」的變通之法。火耕者，即用火燒毀田野的雜草，將這些雜草作為肥料。水耨者，則是採用水除草。《鹽鐵論‧通有篇》也將這種耕稼方法記錄下來：「荊、揚……伐木而樹穀，燔萊而播粟，火耕而水耨。」〔註22〕再者，「火耕水耨」並非等同於原始的「刀耕火種」，而是開墾荒地，種植水稻的方法，稱之為「畭田」〔註23〕。《越絕書‧越絕外傳記吳地傳》記載道〔註24〕：

> 吳北野胥主畭者，吳王女胥主田也，去縣八十里。
>
> 吳北也禺櫟東所舍大畭者，吳王田也，去縣八十里。
>
> 吳西野鹿陂者，吳王田也。今分為耦瀆。胥卑盧，去縣二十里。

所謂「大畭」，就是大面積溝渠灌溉的水田。所以，不能僅憑據《史記》只記載了「火耕水耨」，就以偏概全地認為江南之地耕作方法皆是如此。不過，話又說回來，吳、越之地亦不全然都是採「火耕水耨」之法。因為史書也曾記載太伯囂為吳王夫差占夢，言「兩鑮倚吾宮堂，夾田夫也」〔註25〕。鑮，就是犁田所用之工具。而且在當時已普遍使用牛耕，如《左傳》宣公十一年（598B.C.）曾載「牽牛以蹊人之田」〔註26〕。因而，「火耕水耨」只是農耕方法之一；當時耕作主力，主要還是以牛耕為主〔註27〕。

除了「畭田」外，吳、越兩地還發展出獨特的農耕方式，稱之為「塘田」〔註28〕。塘田的形成，是從平原低地開築陂地，橫塘縱浦，以利灌溉。史書載道：

〔註21〕「火耕水耨」代表吳越兩或整體經濟較中原落後，此說見於辛土成《試論春秋戰國時代於越的社會經濟》頁91～98，中國社會經濟史研究1982年第2期。

〔註22〕《鹽鐵論‧通有篇》卷一，頁7，中華書局。

〔註23〕王文清〈春秋戰國之際吳越的經濟型態〉頁55，《先秦秦漢史》，1990年第7期。

〔註24〕引文皆見於頁12，中華書局。

〔註25〕《越絕書‧越絕外傳記吳王占夢》第十，頁1，中華書局。

〔註26〕《左傳》宣公十一年，頁384。

〔註27〕何烈〈中國牛耕技術的起源〉頁86～89，《大陸雜誌史學叢書》第五輯第一冊。

〔註28〕吳國有世子塘、羊中塘、築塘、漁浦、陰江之浦、三江之浦等越國責有練塘、石塘、富中大唐、射浦等。

蛇門外，塘波洋中世子塘者，故曰王世子造以爲田。《越絕書‧越絕
外傳記吳地傳》

富中大塘者，句踐治以爲義田，爲肥饒，故謂之富中。《越絕書‧越
絕外傳記吳地傳》

這種「塘田」由於是依靠修築塘陂進行灌漑，故田地十分肥美豐饒。此
外，史書還說越人居住之地有所謂「鳥田」之稱：

大越海濱之民，獨以鳥田，小大有差，進退有行，莫將字使，其故
何也。《越絕外傳記越地傳》

其實，鳥田就是水田，由於北方人不曾見過白鷺鷥在水田中獵食害蟲，還以
爲鳥飛來耕作，就像古史傳說中大象、鳥獸齊來幫帝舜耕作一樣，認爲鳥兒
耕田是爲聖人大禹分憂解勞的。在江南地方，只要有水田之處必定會有白鷺
鷥在那兒覓食，與祥瑞顯聖之事並不相干。

由於春秋戰國時期，吳越等地的水利灌漑，做得頗有規模，以長江下游
的太湖尤其重要。太湖古名爲震澤、或具區、或五湖等〔註29〕，吳越等地的
吳興、杭州、蘇州、無錫都包含在太湖水系之中；另外又因淮河、泗水、沂
河、錢塘江等河流變遷的緣故，使得吳越境內充斥著大大小小的湖泊，星羅
棋布，帶給當地人民不少灌漑之利。其稻作收成狀況如古籍所言：「春種八穀，
夏長而養，秋成而聚，冬蓄而藏」〔註30〕。也因此更使得吳地等地的稻穀收
成一向不虞匱乏，即如「十年不收於國，而民有三年之食」〔註31〕、「搖城者，
吳王子居焉。后越搖王居之，稻田三百頃，在邑東南，肥饒水絕」〔註32〕，
可見播種面積之大，其產量亦十分驚人。甚至吳越兩國還有能力借糧資助鄰
國，如越國向夫差借貸稻穀萬石，之後還「復還斗斛之數，亦使大夫種歸之」
〔註33〕吳王得越粟因而嘆息說：「越地肥沃，其種甚嘉」。後來越國臣服於吳
時，也曾向吳國進貢稻穀，由此可見當時稻作生產已相當發達。所以，後人
稱吳越之地爲「魚米之鄉」。由上述種種情形觀，確實所言不虛。

春秋末年，吳越兩國相爭激烈，稻穀能否豐收，成爲富國強兵的衡量標
準，也是國家勝敗的根本。如文種向越王句踐獻計借糧，藉以挑撥吳國君臣

〔註29〕 《禹貢》稱太湖爲震澤，《周官》、《爾雅》稱之爲具區，《國語》稱之爲五湖。
〔註30〕 《吳越春秋‧句踐陰謀外傳》第九，頁4，中華書局。
〔註31〕 同見前註30。
〔註32〕 《越絕書‧吳地傳》第三，頁4，中華書局。
〔註33〕 《吳越春秋‧句踐陰謀外傳》第九，頁6，中華書局。

之間的猜疑嫌隙，便是最佳例證〔註34〕。又如越臣范蠡言：「天地之間，人最為貴；物之，穀為貴。」「兵之要在於人，人之要在於穀，故民眾則主安，穀多則兵強。王而備此二者然後可以圖之也。」〔註35〕「穀為貴」、「穀多而兵強」直指國家強盛衰敗的命脈在此。爾後，越王句踐「十年生聚，十年教訓」的復讎計劃之所以能成功，全靠其致勝之道──「辟地殖穀」，重視農業發展所致〔註36〕。

戰國中葉左右，此富庶之地落在楚春申君手中。他繼續整治、擴充，利益十分豐碩，如「無錫湖者，春申君治以為陂，鑿語昭瀆以東到大田。田名胥卑，鑿胥卑下以南注太湖，以瀉西野。」〔註37〕這麼大一片水田由無錫湖到太湖之遼闊，更說明了百越人早期植稻的貢獻非凡。

餘者如儋耳、珠崖等百越人居住之處，亦以稻米為主食。《漢書·地理志》言：「男子耕農，種稻禾，紵麻，女子蠶桑織績」〔註38〕由這些文獻印證了以稻為主食的文化，是百越人之共通習俗。顯而易見，這個特點是不容置疑的。

古越人之善植稻米，實是源遠流長，從考古資料互相印證可知，浙江餘姚河姆渡遺址已證實有稻穀遺跡，而其主人即是越人。所出土的物品有稻穀、穀殼、稻稈、稻葉等物。據考古學家的判斷，這些稻作是屬於人工栽培的。還有一些稻作遺存於浙江桐鄉羅家角、杭州水田畈、湖州錢山漾、上海青浦崧澤、上海馬橋、江蘇吳縣草鞋山等地，分別屬於河姆渡文化、良渚文化、馬家濱文化、崧澤文化的出土文物〔註39〕。另外在廣東、江西、雲南等地皆曾有稻類出土，顯示越人植稻歷史十分悠久長遠〔註40〕。由上言可知，新石器時代的稻作遺存主要都集中在長江中下游流域，這等現象並非巧合；而是如前文所述，因有利的水文條件促成適宜種稻的自然環境，使得百越人因此而受惠。河姆渡文化所出現的稻作，應屬秈稻（亦即蓬萊米）：

〔註34〕 見於《越絕書·請糴內傳》第五，頁1～4，中華書局。

〔註35〕 《越絕書·越絕外傳枕中》第十六，頁3～4，中華書局。

〔註36〕 《戰國策·秦三》「蔡澤見逐於趙」頁215，里仁出版社，1982年。

〔註37〕 《越絕書·越絕外傳記吳地傳》第三，頁4，中華書局。

〔註38〕 《漢書·地理傳》頁1670，新校本。

〔註39〕 參閱董楚平著《吳越文化新探》第四章吳越地區的古代文化成就，頁253～255，浙江人民出版社，1990年1月第二版。

〔註40〕 李昆聲〈百越──我國稻穀的最早栽培者〉《雲南省博物館建館三十周年紀念文集》頁89。

> 秈稻的長寬比一般都在 2 以上，約 2～3 之間（高的可達 3 以上），
>
> 河姆渡稻谷據分兩批測定的結果，偏小的稻谷，其長寬比為 2.71，
>
> 偏大 2.53，平均 2.62，因此，可以認為是典型的秈稻稻谷。〔註41〕

但其他的考古物中當然也發現了粳稻，不過主要以秈稻為較多。植稻的耕作
工具，在新石器時代至青銅器時代也有所轉變，從石斧、石鋤、石鏟，到青
銅犁、青銅鏵〔註42〕。從上述文中沒看到牛耕，牛耕的出現，約在春秋時期；
不過，牛隻的出現頗早，在河姆渡文化中已有水牛的飼養，如《河姆渡遺址
動植物遺存的鑑定研究》所言：

> 水牛的標本數量也較多，我國一些遺址中也多也牛業化石的發現，在
> 我省（浙江省）的嘉興馬家濱、桐鄉羅家角、鄞縣等新石器時代遺址
> 中，牛業化石也普遍發現，河姆渡遺址當時氣候溫熱，有水有草，養
> 水牛是很適應的。因此，我們認為水牛有可能是馴養的。〔註43〕

所以早在七千年前，水牛已在長江流域出現，與北方的牛種——黃牛不同。
不過，在當時飼養水牛並非用來耕種，而是用來食用。到了秦漢時期，黃牛
才慢慢從北方傳輸到南方來，據《漢書》載：「毋予蠻夷外粵金鐵田器，馬牛
羊即予，予牡，毋予牝。」〔註44〕此為明證。另外，伴隨稻作文化而出現的
還有豬，牠是在新石器時代就為人類所馴化，在河姆渡遺址中發現陶片上，
有豬的圖樣〔註45〕；在閩侯曇石山還出土野豬的下頦骨〔註46〕；秦漢以後豬
的飼養更加普遍，從《廣州漢墓》中有豬的陶土塑像、陶屋模型有豬圈〔註47〕
（見文末附圖）。

　　稻作文化還有一個特點，就是干欄式建築。這是百越族人特有的建築物，
其建築結構為房屋建建構其下以木柱架成，使房屋整個懸出地面，正脊兩頭

〔註41〕 蔣炳釗、辛土成、吳綿吉著《百越民族文化》頁 126，上海學林出版社，1988
年。
〔註42〕《百越民放文化》頁 134，同見前註41。
〔註43〕 浙江省博物館自然館〈河姆渡遺址動物遺存的鑑定研究〉頁 95～108，《考
古學報》1978 年第 1 期。
〔註44〕《漢書·兩粵傳》頁 3851。
〔註45〕 黃崇岳〈試論原始農業的經濟地位〉頁 211～222，《農業考古》，1984 年第 1
期。
〔註46〕 福建省博物館〈閩侯曇石山遺址第六次發掘報告〉頁 83～120，《考古學報》，
1976 年第 1 期。
〔註47〕《廣州漢墓》〈西漢後期陶屋〉圖版 86、〈西漢後期陶器〉圖版 87。

往兩邊翹起〔註48〕，這樣的建築結構實因南方氣候潮濕、河流遍佈，所以不得不臨水而居。而且他們更習慣在房屋架空處飼養牛、豬等動物，這樣的居住環境，在北方是見不到的，屬於南方民族的獨特居住方式。在《天下郡國利病書》中，也記載著：「架棚為室，寢室其上，其下雜畜牛馬，犬豕不避腥穢」〔註49〕。雖然此為明清時代的例子，但不難看出從上古越人到百越後裔，干欄式建築為他們獨特的住屋。

綜觀前言，可以清楚看出百越人稻作文化，有其獨特的一面，更迥異於北方的華夏族，如稻作、水牛、豬隻、干欄式建築的出現。這樣的獨特稻作文化，到了吳、越兩國崛起之際，更是以其得天獨厚的地理條件、自然資源擴大發展，使其地盡其利，民生富饒，後來達到「不待賈而足」的地步。

二、獨特物產

百越民族的經濟作物十分獨特，而且還表現在飲食上，就是喜愛水產及山澤產物，如蛇蛤魚蟹之類。此嗜好全靠自然環境所，這也是源自百越人的漁撈業，據《史記‧貨殖列傳》正義云：

> 楚越水鄉，足螺魚鼈，民多採捕，積聚椎疊包裹，煮而食之。〔註50〕

另外，其他古籍亦載：

> 其民必移蒲嬴於東海之濱。韋昭注嬴，蛤類。《國語‧吳語》

> 越人得髯蛇以為上肴，中國得而棄之無用。《淮南子‧精神訓》

> 東南之人食水產⋯⋯食水產者，龜蛤螺蚌以為珍味，不覺其腥臊也。
> 《博物志》

這種視水產為珍饈，嘉啖異食之癖，唯百越人所獨有，且完全拜上天環境之賜！譬如東面臨海的吳地，盛產海貝；江淮流域、太湖流域則盛產魚蛤蟹龜；縱橫於山谷中的河溪等地，常有蛇類出沒。故從《史記‧貨殖列傳》記載中，我們可以具體明瞭：除了居住在中國東南地區的越人有此習性外，連九疑、蒼梧、儋耳、番禺等地亦復如是！此外，人們因此需求而發展出相關的職業，如在太湖流域還有「漁父」這門行業進行捕魚工作。當時從楚逃出，游走於太湖之際的伍子胥，就是接受漁父的救濟、掩護，才得以避開楚人的耳目，

〔註48〕同見前註41，頁210。

〔註49〕《天下郡國利病書》頁1453。

〔註50〕《史記‧貨殖列傳》孔穎達正義，頁3270。

亡命異鄉〔註51〕。

　　此種愛啖異食之癖，更在吳國君王身上得以窺見。如史書記載吳王闔閭爲公子時，欲奪政權置吳王僚於死地，接受伍員之薦用俠客專諸行刺。專諸爲了能達到使命，對闔閭言：

　　　　「凡欲殺人君，必前求其所好。吳王何好？」光曰：「好味」專諸曰：
　　　　「何味所甘？」光曰：「好嗜魚之炙也。」專諸乃去，從太湖學炙魚。
　　　　三月得其味，安坐待公子命之。〔註52〕

果然，在公子光設宴款待吳王時，遣專諸置魚腸劍炙魚腹中進之，吳王僚頓時斃命。到了漢代，武帝因信越巫欲求長生不老，派遣使者至武夷山祭拜武夷君，所用之牲禮即爲乾魚〔註53〕。史籍不厭其煩地記錄了吳王僚之死、武帝信巫之迷，鉅細靡遺的描述，不啻爲越人好食海產的最佳寫照。

　　除了古籍文獻資料外，我們甚至還可從考古遺址得到印證：如分佈於廣東佛山的河宕、福建閩侯曇石山、台灣圓山等地的貝塚遺址〔註54〕，都是由大量蛤蜊殼、牡蠣、蚌等堆積而成的。這些貝塚遺址，正反映了越人飲食文化的內容，且相較之下，與中原華夏族的飲食習慣相差甚遠。

　　百越人的經濟作物除了漁撈業外，在新石器時代還出現有菱角、花生。菱角的遺存在浙江河姆渡、嘉興馬家濱、吳興錢山漾等都曾發現〔註55〕；而花生則出現在吳興錢山漾的遺址中，經鑑定是屬小粒種〔註56〕，可見早在新石器時期，百越民族所居之地已開始種植菱角與花生等物。而這些獨特的經濟物產，與北方的華夏族所慣於食用的小麥、高粱等物，有顯著的差異。

〔註51〕《吳越春秋‧王僚使公子光》第三，頁4。
〔註52〕《吳越春秋‧王僚使公子光傳》第三，頁6。
〔註53〕《史記‧封禪書》頁1386，新校本。
〔註54〕江蘇省文物工作隊太崗寺工作組：〈南京西善橋太崗寺遺址的發掘報告〉頁117
　　　　～120，《考古》，1962年第3期。福建省博物館：〈閩侯縣曇石山遺址第六次
　　　　發掘報告〉，《考古學報》，1976年第1期。楊式挺等撰〈談談佛山河宕遺址的
　　　　重要發現〉頁242，《文物集刊》第3輯，文物出版社1981年。劉詩中、許智
　　　　范、程應琳撰〈貴溪崖所反映的武夷山地區古越族的族屬及文化特徵〉頁26
　　　　～31，《文物》，1980年第11期。張光直〈圓山發掘對台灣史前史研究之貢獻〉
　　　　頁220～225，大陸雜誌史學叢書第一輯第二冊。
〔註55〕《百越民族文化》頁153，同見前註41。
〔註56〕同見前註53，頁155。

第三節 河湖文化——習於舟水

百越的第三個「山水」文化特徵，就是習於舟水。由於越人處於海濱、湖畔，以其地利之便，展現出他們習於水、善於舟的等性；而此等色正與其漁撈業有關。如史書載：

> 夫越性脆而愚，水行而山處。以船爲車，以楫爲馬。往若飄風，去則難從，銳兵任死，越之常性也。《越絕書·越絕外傳記地傳》

> 如秦者，立而至，有車也；適越者，坐而至，有舟也。《呂氏春秋·貴因》

> 胡人便於馬，越人便於舟。《淮南子·齊俗訓》

> 湯武聖主也，而不能與越人乘舲舟而浮於江湖。《淮南子·主術訓》

越人因天然環境所致，不得不與大自然抗爭，久而久之遂成爲越人擅長的技能。如白公問於孔子，曰：「若以石投水中何如？」孔子對曰：「吳越之善沒者能取之矣。」〔註57〕所謂善沒者，就是善於游泳的人，可見越人之習於水性得自於環境所賜。不過，管仲以華夏人的角度說：「越之水濁重而洎，故其民愚疾而垢」〔註58〕在他們的眼裡，越人只不過是在泥濘中打滾的野蠻人罷了。可是，萬萬想不到這些野蠻人，竟有一天也成爲春秋霸主之一。

早在西周之際，古籍即明載越人獻舟給周王一事〔註59〕，由此證明越人已有製造舟楫的能力〔註60〕。因而，以越人熟悉水性與善於操舟的本領來看，他們沒有理由不去開闢水上交通工具與軍事裝備。因爲，尋著人類歷史發展的軌跡去看，如熟悉水性（游泳）→舟楫→舟師→海師，是必然的趨勢，所以不難發現百越人會有這種文化進程。果不出其然，事實亦證明了船舶不只成爲他們的交通工具，還是他門與敵人征伐的主要戰鬥力。再加上太湖流域與錢塘江等水文密佈之利的配合，更讓越人能得心應手地在三江五湖上飄忽往之、悠揚而行〔註61〕。

爲了成爲南方之霸，吳越兩國開始以己所長大規模地造船，將以往製造

〔註57〕《淮南子·道應訓》頁2，中華書局。

〔註58〕《管子·水地》卷十四，頁4，中華書局。

〔註59〕《藝文類聚》卷七十一引《周書》：「周成王時，于越獻舟」頁1230。京都中文出版社1960年。

〔註60〕西周之時，句吳已能製造出十米長的獨木舟，見於謝春祝〈淹城發現戰國時期的獨木舟〉，《文物》，1958年第11期，碳i4測定2800年。

〔註61〕參見張荷著《吳越文化》頁58，遼寧教育出版社，1995年。

小舟楫的功夫投注於造船事業上。在吳王闔閭與越王句踐之時，由於軍事需要，加上兵卒、糧食的輸送，也須靠舟楫來疏通。是以發展出規模相當大的造船工業，並設有官員管理，如《越絕書》中所謂：「舟室者，句踐船宮也，去縣五十里。」及「權溪城者，闔閭所置船宮也。」〔註62〕，還有供吳王使用的大舟——餘皇舟，大翼一艘廣丈六尺，長十二丈，容納戰士十六人，權五十人，艣三人，操長鉤矛斧者四人，吏僕射長各一人，總共能容納九十一人〔註63〕。從這艘餘皇舟還看，當時能製造這麼大的船，其工業技術已相當驚人。此外，也顯示出組織如此龐大的水軍，若無相當造船基礎的能力，根本不可能實現。就此，更不難看出越人善於利用先天環境，製造出適宜他們長久生存的方式來，於日後與中原大國廝殺對抗、一較長短。

　　春秋末年，吳、越、楚、齊等國為了在中原霸主上爭得一席之地，莫不以其精銳之軍打此硬戰，而最常見的作戰方法是以水軍進行。《史記‧越王句踐世家》言：「乃發習流二千人……伐吳，吳師敗」〔註64〕，其意就是習水戰之兵，故知越人已有舟師的裝備出現。且如吳楚之戰（508B.C.、506B.C.），吳齊之戰（485B.C.），吳越之戰（482B.C.）都是利用他們強大水軍，將敵人打得七葷八素，落荒而逃。如《左傳》所記載的十數次戰役，均以舟師出動攻擊較為多數，見下表：

時間	戰役	地點
襄公三年（570B.C.）	春，楚公子嬰齊帥師伐吳。	鳩茲至衡山
襄公十四年（559B.C.）	秋，楚公子貞帥師伐吳。	棠，為江南江寧府之六合縣。
襄公二十四年（549B.C.）	夏，楚子伐吳	荒浦
昭公四年（538B.C.）	楚子以諸侯伐吳	朱方（今江蘇丹徒鎮南）
昭公十二年（530B.C.）	冬，楚子伐徐。	穎水，淮右北道
昭公十七年（525B.C.）	楚子及吳戰于長岸。	長岸（楚地，今當塗縣西南與東梁山夾江相對）
昭公三十一年（511B.C.）	秋，吳侵楚。	夷地（今亳州）、潛地（今壽州）皆在楚邑
定公四年（506B.C.）	冬，十一月庚午蔡侯以吳子及楚子戰于柏舉。	淮汭（今壽州）

（本表參照顧棟高《春秋大事表》所製）

〔註62〕《越絕書‧越絕外傳記吳地傳》第三，頁4：〈越絕外傳記地傳〉第八，頁5，中華聚珍版。
〔註63〕李昉《太平御覽》卷三一五引《越絕書》佚文，伍子胥水戰法，頁1497。
〔註64〕《史記‧越王句踐世家》頁1744，新校本。

襄公三年（570B.C.）「楚子重伐吳，克鳩茲，至於衡山」，襄公十四年（559B.C.）「楚子爲庸浦之役，師於棠以伐吳」等〔註65〕，兩次進攻的路線皆不同，一爲大江南岸，另一爲大江北岸。可見楚軍與吳軍對峙時，並沒有一個特定的路線，但兩軍交戰之地確定都是在淮水流域進行。因爲吳楚之間的長江水域，還未爲當時的人們所充分利用。《禹貢》說：「江漢朝宗於海，九江孔殷」，朱熹以爲「經文所言九江孔殷，正是以其吞吐壯盛，浩無津涯之勢」〔註66〕，浩無津涯，顯示古代江水浩淼，水上交通困難，還不適宜水戰。如定公四年（506B.C.）吳人伐楚，捨舟於淮納，淮汭在光、潁境內，光爲今河南潢川縣，潁爲今安徽阜陽縣，皆在淮水上游，故是兩軍作戰皆在淮水上游展開的〔註67〕。此後的戰役或有水陸兩軍合攻的，如昭四年、五年兩次的吳楚之戰，皆是水陸並進〔註68〕。到這個時候，利用水軍攻伐楚國，對吳人而言，簡直是易如反掌，而且更是將楚國玩弄於股掌之上，節節進攻，逼出楚國都一郢，使其退據至鄀，元氣已然大傷。

至於吳越兩國之爭，發生於哀公元年，史書云「吳王夫差，敗越於夫椒，報檇李也」〔註69〕夫椒在太湖中，即西洞庭山也，亦用舟師作戰，是爲越國用舟師之始。而越人海師，即始於黃池之會時（左傳哀公十三年 482B.C.），句踐命范蠡舌庸，率師沿海泝淮，以絕吳路，敗王子友於姑熊夷；越王句踐則親自率中軍在泝江（今松江），偷襲吳師〔註70〕。這次是越人以舟師爲前導、海師爲後盾，雙管齊下，一舉殲滅吳軍，贏得勝利。另外，有關海師的記載還有哀公十年，吳國帥師自海入齊，由海繞道成山芝罘以入淄水，到達齊國。雖然後來被打敗，但仍想像其於海上暢行無阻之姿，驃悍雄偉，眞正的海上

〔註65〕 《左傳》襄公三年，頁500；襄公十四年，頁563。

〔註66〕 《朱文公文集·九江彭蠡辨》卷七十二，頁1037，中文出版社，1977年。

〔註67〕 魯襄公三年（570B.C.）楚軍攻打吳地，攻克鳩茲直搗衡山，鳩茲與衡山俱在今安徽蕪湖縣附近。楚師又與吳師戰於大別、小別與柏舉等地、按《左傳》定公四年杜預的注解，他引《禹貢》漢水至大別南入江之語來解釋大別的地理位置，並說明大別、小別都在江夏。大別當在今湖北麻城東北的大別山上，小別就在其南之地。參見史念海著《河山集：中國史地論稿》〈春秋時代的交通道路〉頁77～79，弘文書局，1986年。

〔註68〕 《左傳》昭四年秋七月楚子蔡侯陳侯許男頓子胡子沈子淮夷伐吳，頁726；昭五年，頁742。

〔註69〕 《左傳》哀元年吳王夫差敗越于夫椒，頁900。

〔註70〕 《國語·吳語》頁604；泝江在今松江，參見楊伯峻《春秋左傳注》下冊，頁1676。復文圖書出版社，1991年。

男兒！可見，唯有居東海之濱的吳越等國，才有本事乘舟飄洋過海，深入敵方攻城掠地〔註71〕。這在當時中原諸國是極爲罕見的，就連齊國也沒有如此強大的水師，所以，吳越的戰艦應是自己研發製造的。

爲了軍備需要，他們還發展出各式各樣的船艦與戰術，如「不能一日廢舟楫之用」的吳、越兩國，研製出樓船、橋船、戈船等。吳的舟師是以陸軍爲主力來設置的舟師，如大翼、小翼、突冒、樓船等都是爲了配合陸戰而設的。第一支海軍，於是乎正式進入春秋戰國時代的歷史舞臺。《墨子‧兼愛》記載越國訓練水軍的情形，教人大開眼界〔註72〕：

> 昔越王句踐好士之勇，教馴其臣知合之，焚舟失火，試其士曰：「越國之寶盡在此。」

> 昔者越王句踐好勇，教其士臣三年，以其知爲未足以知之也，焚舟失火，鼓而進之，其士偃前列，伏水火而死，有不可勝數也。

除了水師軍事裝備的重視外，史書也記載到越人十分注意內部防衛，如石塘、防塢、杭塢、固陵等港埠的設置，以防吳師來襲。如《越絕書‧越絕外傳記地傳》所載的〔註73〕：

> 石塘者，越所害軍船也。塘廣六十五步，長三百五十三步。去縣四十里。

> 防塢者，越所以遏吳軍也，去縣四十里。

> 杭塢者，句踐杭也。二百石長員卒七十人，度之會夷，去縣四十里。

> 句踐已滅吳，使吳築吳塘，東西千步，名辟首。後因以爲名曰塘。

> 浙江南路西域者，范蠡敦兵城也。其陵固可守，故謂之固陵。所以然者，以其大船軍所置也。

到了戰國之後，越國雖爲楚所吞併，但仍然能夠以其區區東南之地，獻出船艦來：「越王使公師隅來獻舟。始罔及舟三百，箭五百萬，犀角、象齒焉。」〔註74〕當時越國王族雖已非昔日盛況，退居到浙東一處，卻依然有辦法大手

〔註71〕參見程發軔《春秋左氏傳地名圖考》〈春秋時代舟師與海師〉頁99～101，廣文書局，1967年。
〔註72〕《墨子‧兼愛》頁100～101，118，見於嚴靈峰編《無求備齋學術論集》卷四第四，台北中華書局，1969年。
〔註73〕《越絕書‧越絕外傳記地傳》第十，頁5～6，中華聚珍版。
〔註74〕古本《竹書記年》輯證魏紀頁148～149，此事見於魏襄王七年（312B.C.）。

筆的朝貢，可見其造船能力之大。

　　秦始皇爲統一南越，使尉屠睢將樓船之士南攻百越；又如漢初，對地處嶺南的南越用兵，幾乎全用水師〔註75〕；漢武帝時，閩越對南越興兵攻擊，淮南王劉安上書勸諫武帝罷兵，因爲越人用兵必先造船，擴大水軍軍力。可見東南越人亦以水戰見長〔註76〕。甚至，南越相呂嘉叛亂戰敗，「與其屬數百人亡入海，以船西去」〔註77〕，也是乘船才能順利逃脫。另外，如分布在雲貴高原上的越人，在戰國時代成立了夜郎國，古籍文獻上曾記載他們開發牂柯江到南越首都番禺的航道。漢武帝爲了攻打夜郎（112B.C.），派遣水師前往，這個舉動亦反映了夜郎國也派水師應戰，否則武帝不會有這種舉措〔註78〕。

　　除此之外，他們還具有航海的能力。如句踐遷都瑯琊「使樓船卒二千八百人，伐松柏以爲桴」〔註79〕，從江蘇沿海出發到山東膠南一帶，一路浩浩蕩蕩，好不威風，這可是史上第一次航海的記錄，出自百越人之手。

　　不僅吳越人從事海上活動，就連其他越人亦熟悉此道。像閩越、東甌、南越都是濱海而居，航海能力自然不容小覷。因爲凡是百越分佈之據點，都集中在湖泊河道濱海等地，如長江口的吳、南方海港的會稽、句章，甚至閩越、東甌、南越私支的都邑也是在港口附近。如《後漢書‧鄭弘傳》云：「交阯七郡，貢獻轉運，皆從東冶泛海而至，風波艱阻，沉溺相繫」〔註80〕說明了當時在未開陸道方便交通之時，居住在交阯的百越人，皆是以海上航行的方式輸送朝貢品。是以，漢代王朝的海上交通能如此活躍，全得自於百越人之貢獻。

第四節　工業技術——精於鑄劍

　　百越的第四個與「山水」有關的文化，就是工業技術——精於鑄劍，何以見得呢？因爲百越所居之地多山林丘陵之地，其中如銅鐵等礦產頗爲豐碩，吳越兵器之所以能在春秋時代揚名列國，絕非偶然！與此有密切關係，

〔註75〕　《漢書‧嚴助傳》頁2813，新校本。
〔註76〕　《史記‧平準書》：「治樓船，欲與滇王戰」頁2958；淮南王劉安說：「越人習於水鬥，便於用舟。」見於《漢書‧嚴助傳》頁2788，新校本。
〔註77〕　《史記‧南越列傳》頁2976，新校本。
〔註78〕　《漢書‧兩粵傳》頁3837～3839，新校本。
〔註79〕　《越絕書‧越絕外傳記地傳》第十，頁5，中華書局。
〔註80〕　《後漢書‧鄭弘傳》頁1156，新校本。

就像百越人在新石器時代時已善於製造石器，如鉞、有段石錛、有肩石斧等。

到了西周時期，吳、越已成為中國鑄造青銅劍的兩大門戶，史書總不掩其驚嘆的眼光記載著：

> 夫吳干之劍，肉試則斷牛、馬，金試則截盤匜。薄之柱上而擊之則折為三，質之石上而擊之則碎為百。《戰國策‧趙策》

> 刑范正，金錫美，工冶巧，火齊得，剖刑而莫邪已。《荀子‧讓國》

> 夫有干、越之劍者，柙而藏之，不敢用也，寶之至也。《莊子‧刻意》

> 吳粵之劍，遷乎其地弗能為良。《周禮‧考工記》

> 吳東有海鹽章山之銅，三江五湖之利，亦江東之一都會也。《漢書‧地理志》

儘管金石之堅硬、牛馬之體碩，依然不堪吳越之劍一擊，可見所產之劍銳不可當！由於得天獨厚的礦產資源，就在吳國、越國兩地，想不好好利用都說不過去。如《周禮‧考工記》云：「吳粵之金錫，此材之美者也」〔註81〕。吳越二國因盛產銅、錫而且品質優美，難怪《周禮》會說若是遷離此地，恐怕也製不出如此精緻鋒利的劍。可是，若光有良好的金錫材料，而無優異的匠師以其卓越精湛的鑄劍技巧為其雕琢展現，不也是徒然浪費？幸好，在吳國與越國爭霸春秋之際，除了整飭軍備、訓練軍隊外，也十分重視兵器的鑄造。所以，在這種戰火氛圍需求下，良好的匠師亦投身其中，如吳國的干將、莫邪、越國的歐冶子等人。他們所鑄造出來的寶劍堪稱精絕，如《荀子‧性惡》：「闔閭之干將、莫邪、巨闕、辟閭，皆古之良劍也」〔註82〕《越絕書‧越絕外傳記寶劍》亦記載歐冶子的五把名劍：「一曰：湛盧，二曰純鈞，三曰勝邪，四曰魚腸，五曰巨闕」也將純鈞劍作淋漓盡致的描述〔註83〕：

> 手振拂揚其華，捽如芙蓉始出，觀其鈑爛如列星之行，觀其光澤澤如水之溢于塘，觀其斷岩岩如瑣石，觀其才煥煥如冰釋，此所謂如純鈞耶！

這幾把名劍在當時皆被視為無價之寶，越王允常將其中的『魚腸』、『湛盧』獻給吳王，吳王得而寶之〔註84〕。不僅吳越君王愛之，連中原人士更是傾慕

〔註81〕《周禮‧考工記》頁595。
〔註82〕《荀子‧性惡》卷十七頁724，藝文印書館，1994年。
〔註83〕《越絕書‧外傳記寶劍》第十一，頁1～2，中華書局。
〔註84〕同見前註83。

不已！以賜贈寶劍爲重禮，如季札贈劍於徐君〔註85〕。如此卓然出眾的鑄劍技巧，連楚國國君也派人到吳國請干將等人爲其鑄劍〔註86〕。所以，以吳、越金錫之美，加上以工冶聞名的匠師，製作出來的寶劍身價非凡，自然能於春秋戰國時期所向披靡，睥睨世人，得之者寶之愛之，不忍輕於使用呀！

不僅如此，吳王闔廬爲了能製造出好劍，還派遣童男童女三百人鼓囊裝炭，幫助干將莫邪鑄劍。《吳越春秋‧闔閭內傳》：

> 使童女童男三百人鼓囊裝炭，金鐵刀濡，遂以成劍。陽曰干將，陰曰莫邪。陽作龜文，陰作漫理。干將匿其陽，出其陰而獻之，闔閭甚重。既得寶劍，適會魯使季孫聘於吳，闔閭使掌劍大夫以莫邪獻之，季孫拔劍之鍔中缺者大如黍米，歎曰：「美哉！劍也。雖上國之師，何能加之！夫劍之成也，吳霸。有缺，則亡矣。我雖好之，其可受乎！」不受而去。〔註87〕

匠師干將夫婦所鑄出來的劍，果然不同凡響！連吳公子季札都爲之贊歎，認爲此劍之成猶如吳國能霸；若失去它，等於吳國亡矣，更是不敢受之而去。到了後世仍有史籍對這些匠師讚譽有加，如《淮南子‧齊俗訓》：「得十利劍，不若得一歐冶子之巧」〔註88〕等語，令人印象深刻。

吳、越寶劍還有一個特點，就是寶劍上的紋飾。寶劍上所刻的紋飾，具有自己的獨特風格，劍身上刻鑄著精細花紋，如菱形、米字形及火燄狀幾何暗花紋〔註89〕，如「越王句踐劍」整個劍身滿飾菱形暗紋；「吳王光劍」劍身雙面有火燄狀花紋。而且，這些寶劍埋藏自地底兩千多年不會生鏽腐壞，出土後還烏黑發亮、光彩奪目，如越王句踐劍〔註90〕。如此神奇精煉的鑄造能力，至今仍是一個謎團，大家依然不明瞭它們是怎麼作成的〔註91〕。不過據上所言可以肯定的是，吳越人於春秋末年即開始掌握鑄冶技術〔註92〕。

〔註85〕 《史記‧史太伯世家》頁1459，新校本。

〔註86〕 《越絕書‧外傳記寶劍》第十三，頁2，中華書局。

〔註87〕 《吳越春秋‧闔閭內傳》第四，頁2，中華書局。

〔註88〕 《淮南子‧齊俗訓》頁10，中華書局。

〔註89〕 戴遵德〈原平峙峪出土的東周青銅器〉頁69，《文物》，1972年第4期；崔墨林〈河南輝縣發現的吳王夫差劍〉頁71，《文物》，1976年第11期。

〔註90〕 同見前註89。

〔註91〕 蕭夢龍〈試論吳越青銅兵器〉頁24，《考古與文物》，1996年第6期。

〔註92〕 在1964、1972年先後於江蘇六合縣程橋發掘的東周墓中，發現有「攻敔」的銘文編鐘九件、鐵彈丸及鐵條。據此，楊寬以爲「南方首先發展冶鐵，是可

　　依據蕭夢龍的研究發現，吳越青銅兵器的鑄造，是經過長期時間的歷史發展，不斷演進而來的；這些青銅器的鑄造，除了學習中原商周文化的樣式，自己也另闢蹊徑，發展出符合當地所需的武器型態，如從考古出土的吳越兵器看出，他們也善於使用戈這類武器。戈的形體援身狹長，與中原所出產戈不同，較爲削瘦輕薄。這種造型完全爲了配合吳、越地理形勢所致，因爲吳越爲水鄉澤國，江湖密布，河川縱橫，不適宜架車作戰。是故吳、越等地之一不用車戰，其戈多爲步卒所操持〔註93〕。故吳戈（吳鉤），是盛行於吳越地區的兵器之一。《左傳》定公十四年記載吳王闔閭與越人戰，越人以戈襲擊闔閭傷其指。不久，便死於返國途中〔註94〕。

　　而顧詰剛氏亦以爲劍應爲後起之物，在春秋時代初期，諸國所用的武器爲「戈」。戈爲青銅質，其援短，接以柲成矩形，用以勾人頸以拽之，或直刺擊敵人胸部，不興用劍作戰。而劍的真正用途，多在於自縊〔註95〕。如越人爲了戰勝吳國而使兵卒於吳軍之前，以劍自縊，吳軍莫不愕然，越軍才得以出奇制勝〔註96〕。

　　另外，有一種說法，西周早年周人勢力南下，或許就是爲了江南的錫、銅礦產〔註97〕，此說未成定論，但頗值得吾人研究一番。

第五節　神秘宗教信仰

　　萬物有靈的觀念，是原始宗教發展爲其他形式的基本素材，根據這個觀念才逐漸延伸人類各種宗教崇拜行爲，如圖騰崇拜、自然崇拜、祖先崇拜、巫術占卜等〔註98〕，而古越人也不例外。古越人的宗教信仰與原始宗教內容，嚴格來說並無多大的差異，但是古越人的宗教崇拜卻有一個特點，就是因環

以肯定的。」參見其著《中國古代冶鐵技術發展史》頁33～34，上海人民出版社1982年。

〔註93〕同見前註30。

〔註94〕《左傳》宣公四年頁368。

〔註95〕顧詰剛《史林雜識初編》吳越兵器，頁165～166，台北影本，出版地不詳，1962年。

〔註96〕《左傳》定公十四年，頁984。

〔註97〕后德俊〈商王朝勢力的南下與江南古銅礦〉頁81～85，《南方文物》，1996年第1期。

〔註98〕參見程德棋著《原始習俗與宗教信仰》第四章頁140～160，江蘇教育出版社1993年。

境侷限，如山岳重重，與外界交通不易，各區與各區之間殊少往來，形成一點一點的閉鎖性，增添不少神祕感，因此將之列爲「山水」文化的代表之一。也因這樣的特點，使得其信仰習俗較不容易改變，故而能流傳久遠，且對其社會宗族的影響力超乎想像的大。以下就針對這幾個範疇來討論。

一、圖騰崇拜

古越人的圖騰崇拜有蛇崇拜與鳥崇拜，在本文第三章第一小節已針對越人蛇圖騰崇拜的內容作一深入討論，故不再贅言之。倒是越人對鳥圖騰的崇拜，與下文所述的占卜祭祀、生活習俗有著密切關係，頗值得我們多加注意，探究一番。

百越人鳥圖騰崇拜主要表現在鳥田、以鳥爲靈物等方面，首先對鳥田加以探討。先秦時期的越族部落間流傳著鳥田傳說，如《越絕書・越絕外傳記地傳》與《吳越春秋・越王無餘外傳》所言：

> 大越海濱之民，獨以鳥田，大小有差，進退有行，莫將自使，其故何也？曰：禹始也，憂民救水到大越，上茅山大會計，爵有德，封有功，更名茅山曰會稽。及其王也，巡狩大越，見老，納詩書，審銓衡，平斗斛……上以爲居之者樂，爲之者苦，無以報民功，教民鳥田，一盛一衰。《越絕書・越絕外傳記地傳》

> 鳳凰棲於樹，鸞鳥巢於側，麒麟步於庭，百鳥佃於澤……，禹崩之，眾瑞並去。天美禹德，而勞其有功，使百鳥還爲民田，大小有差，進退有行，一盛一衰，往來有常。《吳越春秋・越王無餘外傳》

天帝因體恤大禹的子民，故使百鳥耕作於田，這樣的故事在現代人聽來實屬無稽之談；但若換成古代人民，這些神話傳說卻能解釋他們部族鳥圖騰的淵源及來歷。依人類學家弗雷澤（J. G. Frazer）在其《金枝》（The Golden Bough）一書中，提到「同類相生」（homoeopathy）：「它是在這樣的概念上建立的，事物一旦互相接觸過，它們之間將一直保留著某種聯繫，即使他們已相互遠離。」〔註99〕此語或許也可以用來詮釋上古先民這種特別的作法。此外，與「鳥田」傳說相仿意義的還有「雒田」，如《水經注》：「交趾，昔未有郡縣之時，土地有雒田，其田從潮水上下，民墾食其田，因名爲雒名，設雒王、雒侯。」〔註100〕

〔註99〕 弗雷澤（J. G. Frazer）《金枝：巫術與宗教之研究》第三章〈巫術交感〉頁55，
　　　　上冊，汪培基譯，久大、桂冠出版社，1991年。
〔註100〕《水經注》引《交州外城記》頁62，世界書局，1962年11月初版。

此外，雒田或可說是源於住在交阯山谷中的越人，發展出來的山谷田。還有另一種見解，則爲雒字即是源自壯語的語言一鳥，且駱與雒通，皆從佳，爲小鳥名，同類也，所以雒田理所當然就是鳥田〔註101〕。看法紛歧不一，但若從圖騰崇拜角度解釋或者較爲合理些。

此外，古越人又繼續將鳥圖騰崇拜文化發揚光大，發展出以鳥爲靈物的信仰，如下：

> 國人乃舞白鶴於吳市中，令萬民隨而觀之。《吳越春秋·闔閭內傳》

這種以鳥爲吉祥使者，爲亡魂超渡牽引死者早日升天的文化特質，都是從鳥圖騰觀點出發的。這種文化還延伸到宗教祭祀方面，認爲鳥是越祝之祖，如《博物志·異鳥》說：「越地深山有鳥如鳩，青色，名曰治鳥。……越人謂此鳥爲越祝之祖」〔註102〕。又如《吳越備史》也提到有關鳥主宰人類凶吉禍福，會降臨禍福於人的記載：「有羅平鳥，主越人禍福，敬則福，慢則禍。於是民間悉圖其形以禱之。」〔註103〕這不就是符合原始宗教「萬物有靈」的表徵，在古越族身上即可找到相互印證的例子。後來興起的道教中有一仙人爲青鳥子〔註104〕，不知此青鳥子與越人的越祝之祖——治鳥，是否有密切關聯，頗值得我們深入研究之。

因越人對鳥有著特殊、濃厚的情感，連帶影響到他們的精神生活層面，如鳥相、鳥語、鳥篆等文化現象。如史書載道：

> 南八蠻，雕題交趾，有不粒食者焉。春秋不見於經傳，不通華夏，
>
> 在海島，人民鳥語。《水經注》引周禮

鳥語究竟是何種語言，史書並無明載，故無從得知。至於鳥篆，則有出土文物可資參照，如「越王句踐劍」、「越王戈」、「越王矛」與「越王鐘」等古物上頭都有鳥篆銘文。而最著名的莫過於「越王句踐劍」的劍格附近，鑄有「越王鳩淺自用劍」的鳥篆銘文，而這種鳥篆的特色是在每個字旁邊附有鳥形紋

〔註101〕認爲雒田爲山谷田的有覃曉航，見於《嶺南古越人名稱文化探源》〈物稱探源〉頁58，北京中央民族大學出版社，1995年4月一版。認爲雒田即鳥田的有莫俊卿、石鐘鍵等人，莫氏其說見於〈趙亞雞卜源流考〉頁149，《中南民族學院學報》，1986年增刊；石氏之說見於《百越民族論集》〈試證越與駱越出自同源〉頁149，同見前註19。

〔註102〕《博物志·異鳥》卷九頁3，中華書局聚珍版。

〔註103〕《吳越備史》卷一，頁22，四部叢刊續編史部。

〔註104〕詹石窗撰〈青鳥、道教與生殖崇拜論〉頁60、《民間文學論壇》，1994年第2期。

飾〔註105〕。這些與鳥有關的文化特色,皆從越人鳥圖騰崇拜文化衍生而來,甚至後人還訛傳越王句踐的長相為「長頸鳥喙」〔註106〕,可能與此有所關聯。

在考古資料方面,距今 7000 年前的河姆渡文化遺址中,發現有隻鳥朝陽,雙頭連體鳥紋,鳥形象牙圓雕等圖案。這類作品比較完整的有六件,一件為隻鳥紋蝶形器,五件為立體鳥形匕。〔註107〕河姆渡文化的繼承者良渚文化亦發現類似的器物,在 1986、1987 年於浙江餘杭反山與瑤山的墓葬中出土了大量的玉琮、玉鉞、玉冠狀飾等器物,這些器物上有的鏤刻遮帶羽冠神人獸面的圖像。〔註108〕有的則是以鳥類形象來刻畫,十分精緻美麗,或以飛鳥形體塑造而成的壺器〔註109〕等。玉器上的羽冠神人圖像,充分說明著羽人神話為百越民族所有,或可說為這是鳥圖騰崇拜變異的呈現〔註110〕。

綜觀上文所述,從鳥田傳說、或以鳥為靈物的崇拜到越王的鳥喙,甚至是鳥語、鳥篆等傳說,鳥圖騰崇拜的表現層次廣泛得驚人!從早期虛幻的靈物崇拜,過渡到「鳥田之利」的實用階段,它正透露出越人熱忱愛好長守護他們的鳥獸,也訴說著他們祈求豐收的願望。這樣的特點正是越人鳥圖騰崇拜的一種展現,而唯有從圖騰信仰的角度,方能解釋古越人與眾不同的生活文化習俗。

二、巫與占卜

越人的重鬼神、信巫術,與楚人的巫風文化是眾所皆知,兩者可是不分軒輊。《淮南子·人間訓》:「吳人鬼,越人𩱐」高誘注說鬼,好事鬼也;𩱐,𩱐祥也。《說文》云:「𩱐,鬼俗也。從鬼幾聲。」《列子·說符》亦言:「楚

〔註105〕1965 年湖北江陵望山一號墓出土的越王句踐劍,參見陳國強等著《百越民族史》頁 69。北京中國社會科學出版社,1988 年 5 月一版;辛土成等著《百越民族文化》頁 320,上海學林出版社,1988 年 1 月一版。

〔註106〕《史記·越王句踐世家》頁 1746,新校本。

〔註107〕參見吳玉賢〈河姆渡的原始藝術〉頁 61~70,《文物》,1982 年 7 期。

〔註108〕浙江省文物考古研究所反山考古隊,〈浙江餘杭反山良渚墓地發掘簡報〉頁 1~31,〈餘杭良渚文化祭壇遺址發掘簡報〉頁 32~51,《文物》,1988 年第 1 期。

〔註109〕史廷庭〈論吳文化中的鳥崇拜習俗〉頁 44,《中國史研究》,1992 年第 3 期。

〔註110〕鄭羽平以為羽人形象的出現,與百越崇拜鳥圖騰有密切關係。見於《民間文學論壇》〈羽人探謎〉頁 6~11,1987 年第 5 期;不過亦有以為羽人神話是東夷民族的產物。見於金永平《羽人神話:鳥圖騰崇拜的變異》頁 15~29,《中國民間文化》,學林出版社 1994 年。

人鬼，而越人機」顏師古在《漢書》解釋機的意思：「鬼俗也。」而高誘說：「越人信吉凶之機祥」〔註111〕簡而言之，機祥就是祈求預先察知福妖吉凶之事，可見機或魋爲越人宗教信仰的重心。不過，從古籍隻字片語的描述中，著實難以具體發現上古機祥信仰內容爲何，只知其大抵爲鬼俗而已。

但這些記載至少說明著一個事實，百越人都十分迷信鬼神，故有鬼俗。原始宗教信仰談到鬼神，就離不開人神的媒介——巫覡。在史書有關越巫的記載頗多，尤其以《越絕書》爲大宗。越巫在吳越等地的地位如同史書所載的那般，如有巫門作紀念，巫塚供後人憑弔等，越巫受到越人的重視可見一斑。

> 巫山者，越魋，神巫之官也，死葬其上。《越絕書·越絕外傳記地傳》
>
> 江東中巫葬者，越神巫無杜子孫也。死，句踐於中江而葬之。巫神，欲使覆禍吳人船。《越絕書·越絕外傳記地傳》
>
> 虞山者，巫咸所出也。虞故神出奇怪，去縣百五里。
>
> 巫里，句踐所徒巫，爲一里，去現二十五里，其亭祠今爲和公群社稷墟。《越絕書·越絕外傳記地傳》

最著名的越巫，大概就屬《史記·封禪書》所記載的越人勇之。由於漢武帝頗好神仙之道，重用各地的巫師，其中有越巫勇之。書中云：「是時既滅兩越，越人勇之乃言『越人俗鬼，而其祠皆見鬼，數有效。昔東甌王敬鬼，壽百六十歲。後世怠慢，故衰耗』。乃令越巫立越祝祠，安台無壇，亦祠天神上帝百鬼，乃以雞卜。上信之，越祠雞卜始用。」〔註112〕先秦時期，越巫即揚名天下，再從越人對越巫的崇敬與地位高貴，甚至獲致漢武帝的信任，即可理解到越人鬼神崇拜風氣之濃烈！

伴隨著巫師，當然還有占卜之術。有巫必然有卜的出現，占卜是人們欲求神靈顯示凶吉的法術，並非每個人都能執行占卜這件事，它需由部落中身份崇高的巫覡來主持。百越人的占卜之術與華夏人迥然不同，他們不用龜殼

〔註111〕《淮南子·人間訓》頁2；《說文解字》頁440；《漢書·景十三王傳》頁2420；《列子·說符》頁259；《呂氏春秋·孟冬記·安死》頁201，中華聚珍版。其他有關機祥記載的古籍有：《史記》正義引顧野王：「機，吉凶之先見也。」頁1343；《史記·五宗世家》集解引服虔曰：「機祥，求福也。」頁2099；《漢書·天文志》：「察機福候星氣」頁1300，新校本。

〔註112〕《史記·封禪書》中的兩越即指閩越與南越兩國，頁1399。

獸骨來占卜，而是用雞骨來占卜。

　　雞卜首見於《史記‧封禪書》，幸虧漢武帝重用越巫的關係，登上史冊家以留傳下來，供後人研究。要不然這種與眾不同的占卜方式，就這麼白白地消失實是可惜。這種占卜之術頗爲特別，在中國這塊土地上是獨樹一幟的。以雞骨用於占卜上，主要是源自於百越人鳥圖騰崇拜，因爲越人篤信鳥可以辨凶吉。從《史記》的記載可判斷雞卜爲閩越人的卜筮之法，但卻非閩越人所獨享，根據後人記錄，使我們對此一卜法有更深一層的認識。對於雞卜的實際占卜的方式，《史記》正義記載得十分明白：

　　　　雞卜法，用雞一，狗一，生祝願訖，即殺雞狗，煮熟又祭。獨取雞
　　　　兩眼骨，上自有孔，裂似人物形，則吉，不足則凶。今嶺南猶行此
　　　　法。〔註113〕

《史記‧孝正本紀‧正義》爲唐人張守節所作，由其敘述的內容來看，雞卜法並未從歷史上銷聲匿跡，反而在嶺南存留下來，依舊行此雞卜法。唐人亦有記述：

　　　　南方當除夜夕將發船，皆殺雞擇骨爲卜，傳古法也。……邕州之南
　　　　有善行術者，取雞卵墨畫，視而煮之，剖爲二片，以驗其黃，然後
　　　　決疑禍福，言如響答。段公路《北戶錄》。

《太平寰宇記》引《邕經圖》也說邕州人俗，尚雞卜、卵卜〔註114〕。可見雞卜爲道地的南方卜筮特產，有別於北方龜甲筮草的卜法。唐宋八大家柳宗元亦有詩描寫柳州當地的風俗民情，如「雞骨卜年拜水神」的詩句〔註115〕。

　　到了宋代仍有雞卜流傳著，卜筮的方法更加具體詳細，如范成大與周去非的記載〔註116〕，兩者大同小異。如范成大的《桂海虞衡志》說：

　　　　雞卜，南人占法，以雄雞雛執其兩足，焚香禱所占，撲雞殺之，拔
　　　　兩股骨，淨洗，線束之，……以竹筳長寸餘遍插之，斜直偏正，各
　　　　隨竅之自然，以定凶吉。法有十八變，大抵直而正，或近骨者多吉，

〔註113〕《史記‧武帝本紀》張守節正義，頁478。
〔註114〕《太平寰宇記》卷166，頁438，第二冊，文海出版社。
〔註115〕《柳河東集》卷四十二，峒氓詩：「郡城南下接通津，異服殊因不可親。青裡
　　　　鹽歸峒客，綠荷包人。鵝毛禦臘縫山剡，雞骨占年拜水神，愁向公庭問重譯，
　　　　投章甫作文身。」頁702，台北河洛圖書出版，1974年。
〔註116〕宋周去非《嶺外代答》也將雞卜之法記錄下來。

苗而斜，或遠骨者多，凶……。〔註117〕

明人鄺露《赤雅》也記載僮人善雞卜，其方法與宋代范成大所言相去不遠；清人汪森輯的《粵西叢載》與張長慶的《黎歧紀聞》都提到僮人卜葬以辨凶吉，黎人以雞骸骨占測人心的好壞等等。因此，由古越人的後裔所盛行傳統占卜習俗來看，這種占卜習俗已成為他們文化特有的現象之一。〔註118〕在中國南方及西南地區一些少數民族如侗族、水族、海南的黎族等，至今還使用著雞骨卜、雞血卜或雞蛋卜來斷定凶吉〔註119〕。我們當然不能一口斷定這些使用雞卜的民族，就是百越族的後代傳人，但卻不能忽略他們在文化上或許有某些關聯。

除了雞卜外，古越人還流行占兆與占夢。占兆，如《國語・吳語》：「文種：『天占記兆』」〔註120〕即可攻吳，這不就是後人所謂的占星學嗎？以天象為研究的依據，用以判斷軍事活動適宜與否。又因吳越爭霸激烈，故在出征前夕，兩國的軍事專家常以天象或地理變化來論斷這次戰爭的成敗。如書云：

> 越王入國，有丹鳥夾王而飛，故句踐之霸也，起望鳥臺，言丹鳥之異也。《拾遺記》

丹鳥對越人而言是祥瑞之物，見到此物如同吉祥降臨身上，是好的徵兆。《吳越春秋》亦言「鳳凰棲於樹，鸞鳥巢於側，麒麟步于庭，百鳥佃於澤」〔註121〕。麒麟與百鳥，就是越國將要興起的大好兆頭。故知越人對此事樂此不疲，也顯示他們迷信的文化本質。

占夢的記載見於《吳越春秋・吳王占夢記》，其內容大致為吳王夫差夢到一些怪異的事蹟，請太宰嚭與公孫聖為其解說，這則記載應屬夢兆的一種。由於古人對於夢中所發生的諸多現象、事蹟難以理解，而認為其中必有神秘之處，故需專人加以解釋判明，如《漢書・藝文志》言：「占事知來，占非一，

〔註117〕《資治通鑑》卷二十一注引范成大《桂海虞衡志》，頁683，天工書局印行，1988年9月再版。

〔註118〕轉述自莫俊卿〈越巫雞卜源流考〉頁150～152，《中南民族學院學報》，1986年增刊。

〔註119〕參考聖光廣等著《中國少數民族宗教概覽》頁337，344，412，北京中央民族學院出版社，1988年；莫俊卿〈越巫雞卜源流考〉頁148，《中南民族學院學報》，1986年增刊。

〔註120〕《國語・吳語》句踐滅吳夫差自殺，頁618。

〔註121〕《吳越春秋・無餘外傳》卷六，頁4，中華聚珍版。

而夢爲大，故周有其官」〔註122〕。不過，這種占夢已從早期的夢兆轉變爲人爲的夢占，參雜許多人爲的解釋，使其自圓其說。不過這些迷信的玩意並非百越人所獨有的，在先秦古籍中還可以發現很多相似的例子〔註123〕。

巫師的工作是爲溝通人神，扮演人神的橋樑，故在祭祀之時免不了有儀式與禮器，巫舞與玉琮便是祭拜時最隆重盛大的表現。巫舞如史籍載：

> 越俗祭防風神，奏防風古樂，截竹長三尺，吹之如皋，三人披髮而舞。任昉《述異記》

防風氏神話流傳於浙江武康一帶，古代傳說中亦有防風之國。在出土文物中，也有一幅巫舞圖，而巫舞的作用是祭典時用於娛神、媚神的〔註124〕，這與文獻所載大致是相吻合的。

另外，在出土的古代文物上，也發現有祭典用的法器——玉琮，有的還在其表面刻劃有神秘的獸面紋。玉琮，主要爲祭天禮地的法器，如汪中《述學內篇》云：「諸侯覲于天子，……以玉爲六器，以禮天地四方，以蒼璧禮天，以黃琮禮地，以青圭理東方，以赤璋禮南方，以白琥禮西方，以玄璜禮北方」〔註125〕不過在吳縣草鞋山和張陵山的墓穴中發現的成組玉琮，主要是作爲隨葬之禮器。其相對年代約在西周成王時期，距今有三千多年〔註126〕。玉琮是周文化的產物，後來才流傳到江南等地〔註127〕，不過根據以往出土的玉琮來看，江南地區的確發現四、五千年以前的禮器（良渚文化）〔註128〕，並非虛假，且較周文化爲早，故知文化根源不是單一，應是多元發展！相同的，其所出土玉琮正是古越人宗教信仰的代表物之一。

所以，巫覡的工作不只是爲先民占卜預測未來凶吉，指引他們人生方向，還包括在祭典上以歌舞媚神、娛神，祈求國泰民安，風調雨順。在漳州華安

〔註122〕《漢書·藝文志》頁1733，新校本。

〔註123〕夢兆如《尚書·說命》的高宗，《詩·小雅》的〈斯干〉、〈無羊〉，《國語·楚語》的武丁，《墨子·非攻》下的武王，《國語·晉語》的虢公等。

〔註124〕浙江省文物考古所紹興市文管會，〈紹興360號戰國墓發掘簡報〉頁10～26，《文物》，1984年第1期。

〔註125〕汪中《述學·內篇》頁5，中華聚珍版。

〔註126〕〈江蘇吳縣草鞋山遺址〉，文物資料叢刊3輯，1980年；〈江蘇吳縣張陵山遺址發掘簡報〉，文物資料叢刊6輯，1982年。

〔註127〕朱江〈略論江南地區古文化遺址玉琮等玉器的性質及其年代〉頁176，《吳文化研究論文集》，廣東中山大學出版社，1988年8月一版。

〔註128〕參見前註97。

汰溪邊上的崖壁上有幾處仙字潭摩崖石刻，其內容記錄著閩越人宗教祭祀的岩畫，都是巫術文化的表現〔註129〕。

越巫在漢代十分盛行，除了漢武帝「尤信越巫」外，還立「越祠」〔註130〕。到了東漢時，原本越人居住的地方仍流行著卜筮，如《後漢書‧第五倫傳》言：「會稽俗多淫祀，好卜筮。民常以牛祭神，百姓財產以之困匱」〔註131〕可見越巫的影響十分深遠。

三、祖先崇拜

祖先崇拜和靈魂不死的信仰，是緊密結合，不能劃分開來的。人們出於對祖先的敬仰及萬物有靈的信仰之下，深信在祖先死後若繼續對其生前的尊崇與奉養，就一定會保祐其後代的子子孫孫。古人對祖先的崇拜，主要表現在對亡魂的崇拜與祖神的崇拜。前者是對死者的崇拜，從其喪葬形式、制度方面可以一探究竟；而後者則可解釋作對氏族、部族英雄的崇拜，如母系與父系社會的部落首領。

越人祖先崇拜的現象，最早見於《史記‧越王句踐世家》的守護禹冢，雖然禹與越人的關係，神話傳說的性質大於史實記載，但仍可解讀成越人在當時已有祭祀祖先的活動了。也有些史籍從側面記錄下越人宗教信仰特色，如：

> 吳越之境……好巫鬼，重淫祀。《太平御覽》引《始安記》

在鬼神思想的潛在影響下，無一不反映在古越人的各種文化層面上如葬俗、及部落英雄祭祀等。葬俗方面如越人傳統的懸棺葬〔註132〕，位處閩贛交界的武夷山有不少懸棺葬。何以如此，從顧祖禹《讀史方輿紀要》記載中或許可一探究竟〔註133〕：

> 武夷山在建寧府崇安縣南三十里，有黃亭山麓，始於此。又四十里，

〔註129〕福建省文物管理委員會〈華安汰內仙字潭摩崖的調查〉頁44～46，《文物》，1958年第11期。

〔註130〕見於《史記‧孝武本紀》頁478，此事亦可考，見於《漢書‧地理志》頁1545，於左馮翊雲陽一地有越巫祠三所。

〔註131〕《後漢書‧第五倫傳》頁1397，新校本。

〔註132〕越人傳統之葬俗的名稱有懸棺葬，崖棺、崖葬等。參見林蔚文〈從武夷山懸棺葬探討越族文化〉頁324～333，同見前註19。

〔註133〕顧祖禹《讀史方輿紀要》卷九十五頁3966～3967，台灣商務印書館，國學基本叢書四百種，1965年。

> 乃入武夷，其山綿亙百二十里，有三十六峰，三十七巖，一溪繚繞
>
> 其間，分爲九曲。漢郊祀志有武夷君，即此山神也。

傳說武夷山有著人跡無法到達的仙人葬處，虛無飄渺，讓歷代文人嚮往不已。相同地，古越人必定也懷抱著這樣的想法，不惜花費巨大的人力物力，創造了懸棺葬。他們把亡者裝殮入棺後，將之置於懸崖峭壁的洞穴中，象徵著不死的靈魂早日升天。崖葬之俗，是越人宗教信仰上的一種特色，人們相信唯有如此死去的靈魂才能儘快通往天堂，得到安息。

這種葬法亦見於古史，如《太平御覽》引顧野王道：「仙地之宅，半崖有懸棺數千」〔註134〕《太平寰宇記》：「懸棺仙葬多類武夷」〔註135〕及《太平御覽》引《臨海水土志》言三國時閩越族的後人：「安家之民……，父母死亡，殺犬祭之，作四方函以盛屍，飲酒歌舞畢，乃懸著高山岩石之間，不埋土中作冢槨也。」〔註136〕由於受到環境的影響，並非所有越人都行此葬俗，只有在山區的越人才有辦法做到，如福建、浙江、江西、廣西、雲南等地〔註137〕。

在靈魂不死的觀念引導下，古越人也開始崇拜死去祖先的靈魂。如流傳甚久的太姥與武夷君的傳說，如：

> 太武夫人者，閩中未有生人時，其神始拓土以居民。《漳州圖經》

或許她就是越人在母系社會時的君主，後來成爲閩越人始祖。而位於閩北的武夷君神話傳說，故事內容不一，據《武夷山志》的記載：

> 大王峰，左其麓相連，高稍亞之頂極平曠，相傳武夷君設幔亭宴鄉
>
> 人處。
>
> 古記云：秦始皇二年八月十五日武夷君與皇太姥、魏王子騫輩，置
>
> 酒會鄉人於峰頂，召男女二千餘人。

武夷君稱這些鄉人爲「曾孫」〔註138〕。故知武夷君是爲父系社會時期的部族

〔註134〕《太平御覽》卷四十七武夷山顧野王之言，頁348，台北新興書局，1963年。

〔註135〕《太平寰宇記》卷一百零一，頁13。

〔註136〕《太平御覽》卷七百八十引沈瑩《臨海水土志》頁3397。

〔註137〕洪鐘指出懸棺葬的葬俗場所有著不同樣式，如有用天然的深岩洞藏棺，有的用淺岩洞半藏半露棺木，有的懸岩絕壁之上打木椿露天安置棺木，也有的將船棺放在土中，爲土葬。見〈船棺、懸棺與文化積淀〉頁42，《民間文學論壇》，1986年6期。

〔註138〕《武夷山志》卷七，頁457～458，中國名山勝蹟志第二輯，沈雲龍主編，文海出版社。

酋長，亦爲後人尊爲祖先加以追思拜拜〔註139〕。

也有人以爲武夷君就是越國創國先王——無餘，理由是武夷爲無餘的異寫，在發音上近乎雷同，因此祭拜武夷君就等於是祭祀祖先的意思〔註140〕。不過這類說法並沒有獲得學術界的支持〔註141〕，還未有充分的證據表示武夷君就是無餘，故本文還是將之視爲閩越族部落的君長。如朱熹所言：「頗疑前世道阻未通，川壅未決時，夷落所居，而漢祀者，即其君長。」〔註142〕這種說法即符合前文所述祖先崇拜的第二類形——英雄崇拜。

四、自然崇拜

在萬物有靈觀念的支配下，自然崇拜，是每個民族宗教文化發展的必然歷程，也是普通存在於每個民族間的宗教信仰之一。這種宗教文化雖反映出古代人類對大自然現象的認知不足，但也表現出他們與大自然抗衡的勇氣與智慧，不得不教人歎服敬佩！若就此文化的共通性、普遍性來看百越人，自然也能挖掘出其自然宗教信仰的文化內容爲何了。從古籍文獻的記載中，可以發現古越人對自然崇拜的基本內涵，大致上不出山川崇拜、河水崇拜、土地崇拜以及天道崇拜等範疇〔註143〕。古越人的自然崇拜見於古籍者如下：

> 立東郊以祭陽，名曰東皇公。立西郊以祭陰，名曰西王母。祭陵山於會稽，祀水澤於江洲。《吳越春秋‧句踐陰謀外傳》

〔註139〕參閱林國平〈閩越人的原始神話與巫術〉頁 66～69，《歷史月刊》，1997 年 3月。

〔註140〕石鍾建〈懸棺葬研究〉，《百越史研究論文集》，中央民族學院研究部論文集，1980 年 6 月。轉引自《百越民族文化》頁 374。

〔註141〕蔣炳釗認爲若武夷君爲越人開國先王——無餘的話，漢武帝絕不會聽從越巫勇之的話那麼隆重地祭拜武夷君，因爲他是越人的祖先，與漢武帝無關。而無餘的名號比武夷君還晚出現在歷史上，無餘在東漢時出現，而武夷君卻是在西漢時即已存在於史冊上了；而兩者的管轄範圍似乎毫無交集，無餘是被封於浙江的會稽，武夷君則是在福建，更何況無餘此人是否真實存在還是一個謎，只能說漢武帝所祀之人應爲山神，這個解釋較爲恰當。參閱蔣氏〈武夷山崖洞墓問題的探討〉，《民族學研究》第四輯，民族出版社 1982 年。

〔註142〕《朱文公文集‧武夷圖序》卷七十六，頁 1045。

〔註143〕朱天順以爲按照原始宗教來說，其可分爲三類：一爲對自然的崇拜，其次是爲精靈鬼魂的崇拜，第三是占卜、巫術之類的迷信。若拿越王祭祀東皇公與西王母的例子來看，這是屬於人格神的祭祀而非對天體的崇拜。與西周時代崇拜上帝的性質是一模一樣的。見於《中國古代宗教初探》頁 5，上海人民出版，1982 年。

　　　吳王故祠江漢於棠浦東。江南爲方牆，以利朝弘水。古太伯君吳，
到闔閭時絕。《越絕書・越絕外傳記吳地傳》

　　　越欲滅吳，……殺三牲以祀天地，殺龍以祠川海。《太平御覽》引《拾
遺記》

　　　祠天神上帝百鬼。《史記・封禪書》

　　東皇公之崇拜亦見於《神異經・東荒經》，其載：「東荒山中有大石室，
東王公居焉，長一丈，頭髮皓，人形鳥面與虎尾，載一黑龍左右顧望。」〔註
144〕舊說《神異經》是漢東方朔所撰，西晉張華作注。從「立東郊以祭陽」、「立
西郊以祭陰」等文句判斷，其有陰陽五行之思想；且戰國作品《山海經》也
只出現西王母一神，無東皇公。在西王母神話的流傳過程中，西王母由一個
豹尾、虎齒的老婆婆變成天姿掩靄，容顏絕世的美女，當然要有能與其相配
的對象才是，因而創造出東皇公來，故祂應是漢以後之產物，成爲道教之神
祇〔註 145〕。甚至，近代學界也懷疑《神異經》這本書是爲六朝文士所爲，假
託漢朝作品。故是從這些理由推斷，東皇公信仰並非是百越人獨創的宗教信
仰之一。

　　不過，從上述引文仍展現出越人多神崇拜的特質，他們信奉多種神靈，
因此有著五花八門的崇拜形式與祭祀儀式。這樣的崇拜內涵，實與古越人生
活的環境有著密切關係，他們分佈的地區包含河川平原、山川峽谷、丘壑高
原等地。是故，有這些自然崇拜的文化現象產生，實是不難理解。就拿與越
人生活習俗息息相關的河水來說，河水雖帶給他們生活上的便利與富庶，相
對的也懼怕河水的變化莫測；若依原始宗教「萬物有靈」的文化發展歷程來
看，他們將河水淹沒農田、吞食漁夫等現象看作是神靈發怒，進而擔憂駭怕，
只好加以供奉祭祀，安撫神靈以求平安。這樣的文化現象，我們可以在古籍
中發現許多相關的線索：

　　　春祭三江，秋祭五湖。《越絕書・越絕德序外傳記》

　　古越人因生活關係，特別重視水神祭祀，從《越絕書》的記載即可研判，
古越人一年有兩次水神的祭祀典禮，他們似乎希冀從莊嚴隆重的祭典中，獲

〔註144〕《神異經・東荒經》頁 1，周次吉《神異經研究》，文津出版社，1986 年。
〔註145〕東王公並非憑空捏造出來，而是從原始太陽崇拜而來，後來爲道教所吸收。
　　　　它的演變軌跡爲太陽神→東王公→玉皇大帝。參見鄭土有〈東王公的原型及
　　　　其演變〉頁 84，《民間文學論壇》，1988 年第 5 期。

得水神保祐與守護。凌純聲因而以爲賽龍舟的習俗並非起於紀念屈原，主張
此習俗應爲古越人習於水性之故，而發展出來的文化現象。賽龍舟，即是越
人爲了祭祀水神而形成的儀式，他還引用溫庭筠《河瀆神詞》及許渾《送客
南歸詩》，顯示其詩大內容主要是描寫南方民族祭水神賽龍船，藉此說明賽龍
舟與古越人的淵源〔註146〕。持相同論點者還有，其主張文身、龍燈、龍船即
源於對水神的崇拜，以期獲得水神的庇護〔註147〕。

　　此外，吳越地區還有潮神的傳說流傳，潮神者何許人也？就是被吳王夫
差賜死的伍子胥，其神話傳說形成之時約莫在司馬遷之後，因據《史記‧伍
子胥》記載：「乃取子胥尸盛以鴟夷革，浮之江中。吳人憐之，爲立祠于江上，
因命之胥山。」〔註148〕只說立祠於江上，並無提到其成爲潮神一事。到了東
漢時，《越絕書》的作者與王充《論衡‧書虛》皆提到伍員是爲潮神的經過。
《越絕書》說：

> 吳王將殺子胥，使馮同徵之。胥見馮同，知爲吳王來也，洩言曰：「高
> 置吾頭，必見越人入吳也。我王親爲禽哉，捐我深江，則亦已矣。」
> 胥死之後，吳王聞以爲妖言，甚咎子胥，王使人捐於大江口。勇士
> 執之，乃有遺響，發憤馳騰，氣若奔馬，威凌萬物，歸神大海，彷
> 彿之間，音兆常在。後世稱述，蓋子胥水僊也。〔註149〕

潮神之說，大抵因錢塘江一帶大潮波濤洶湧，民眾咸信是伍子胥恚恨而驅水
爲之，此說漸漸成爲民間信仰。同爲東漢人的王充卻以爲潮神之說：「違失道
理，無神之驗也。」直斥此說爲虛妄〔註150〕。但從其言可知，潮神之說確實
是東漢時的產物。潮神之說成立後，吳越之地普遍流傳，迎神賽會，蔚爲風
俗，一直到後世仍有潮神顯靈的故事記載。如《後漢書‧曹娥傳》記載曹旰

〔註146〕參見凌純聲撰〈南洋土著與中國古代百越民族〉頁41，學術季刊第二卷第三
　　　　期，1952年。
〔註147〕滕復、徐吉軍、徐建春、盧敦基、葉建華、楊建華編著《浙江文化史》第二
　　　　章先秦時期的浙江文化，頁40，浙江人民出版社，1992年。
〔註148〕《史記‧伍子胥列傳》頁2180，集解：「胥山在太湖邊，去江不遠百里，故
　　　　云江上。」正義《吳地記》云：「胥山，太湖邊胥湖東岸山，西臨胥湖，山有
　　　　右丞胥二王廟」頁2181。
〔註149〕《越絕書‧越絕德序外傳記》第十八，頁2～3，中華書局據抱經堂本校刊，
　　　　四部備要子部，1970年10月十三版。
〔註150〕《論衡‧書虛》頁5，中華書局據抱經堂本校刊，四部備要子部。

「訴濤迎婆娑神」，就是潮神傳說的延續。〔註151〕潮神信仰本為吳越一帶的民間信仰，後來擴大到揚州等地，荊楚以西，甚至安徽、閩、廣也普遍設立伍子胥廟以供祭拜〔註152〕。

　　儘管越人對自然神的祭祀儀式於古史文獻中，找不到一點蛛絲馬跡，我們卻可以從古越人的崖畫去揣度當時祭典的盛況。如廣西花山壁畫，其內容為祭祀水神和慶典時的歌舞場面，花山崖畫有一部份是表現祭水神的開幕儀式，主要人物為巫師，正在進行祭拜儀式；另一部份是描繪祭典過程，及男男女女狂歡熱舞的模樣，顯見慶典的熱鬧與高潮。〔註153〕所以，經由這些實物的說明，更讓人能一窺越人自然崇拜的真實情況。

第六節　語言

　　最後代表百越的「山水文化」是語言，百越人所操的語言，與北方華夏族是兩種截然不同的語言，吾人在本文第三章論證到越人與夏族之關係時，曾稍加舉例說明古越語的特性，但都只是浮光掠影，為泛泛之論，故在此立以專節，欲深入探究其語言之獨特風貌。

　　如此古老而遙遠的語言，就算是口傳，也終將隨著民族融合而逐漸消失不見，僅能在文獻上「看」到古越人所說的語言是什麼模樣，如《說苑·越人歌》所載：

> 鄂君子晳之泛舟于新陂之中，會鐘鼓之音畢，榜枻越人擁楫而歌。
>
> 歌辭曰：濫兮抃，草濫予？昌枑澤予？昌州州湛。州焉，乎秦胥胥，
>
> 縵予，乎昭澶秦逾滲。提隨河湖。〔註154〕

其意用漢語來說，內容如下：

> 今夕何夕兮，搴州中流。今日何日兮，得與王子同舟。蒙羞被好兮

〔註151〕潮神事蹟可見於典籍者如《水經注》：「江漢朝宗于海，唐虞之前也。其發海中之時，漾馳而已，入三江之中，殆小淺狹，水激沸起，故騰為濤。」《古今圖書集成·神異典》卷二十七：「見伍子胥頭巨若車輪，目若耀電，鬚髮四張，射于十里」《異苑》：「永嘉中，吳相伍員廟，吳郡人叔父為臺郎在洛。值京都傾覆，歸途阻塞，當濟江南，風不得進，既投奏，即日得渡。」

〔註152〕參見宗力、劉群等著《中國民間諸神》，頁345，河北人民出版社，1987年。

〔註153〕參見於周宗賢〈花山崖壁畫是古越人祭水神之作——兼論花山崖壁畫研究的種種說法〉，南方民族研究集刊，《中南民族學院學報》，1985年第1期。

〔註154〕《說苑·善說》第十一卷頁109，台灣商務1968年，國學基本叢書四百種。

不訾詬恥。心幾頑而不絕兮知得王子。山有木兮木有枝,心悅君兮
君不知。

鄂君雖爲楚人,也已受過中原文化,但對越語是一點辦法也沒有,只好
通過翻譯,才能明瞭越歌含義。因此,顯見越人與受過漢化的楚人也得「待
譯而後通」。越語與漢語之別,古人早已見識到,如伍子胥之言:「習俗不同,
語言不通」〔註155〕。諸如此類的例子,已在第三章討論過,此處不再多言。

究竟漢語與古越語差異在那?儘管《說苑》是採記音方式,將〈越人歌〉
寫下來,卻無法原音重現,使得後人無從得知其發音爲何?不過,現代研究
語言學的學者大都採用語言底層理論的方法,從其地域性語言中去找出保留
下來的古老語言,且獲得不錯的成績。〔註156〕因此,本文在處理古越語與漢
語之間相關問題時,將擬採用語言底層理論來說明之。

從語言底層理論來看,即可發現吳語、台語、粵語、壯侗語及畬語〔註157〕
等,與古越語在語音、量詞、詞匯與構詞方面,關係極爲密切,頗有淵源。
藉此還能略見古越語當時的構詞方式,是故,我們可依尋此線索,進一步挖
掘出古代越語的語言特色。根據戴慶廈〔註158〕與歐陽覺亞的研究,發現粵語
受到古越語的影響頗深,主要表現在幾方面:

(一)在語音方面:粵語將其輔音韻尾皆保留下來,如 m、n、ŋ、p、t、
k,且聲調與壯侗語一樣,有四聲各分陰陽兩類,共有八個調類。〔註159〕

(二)在詞匯方面,粵語與壯語有許多詞匯是具有對應關係的,如想,
粵語爲 nam3;壯語 nam3。剛剛,粵語 na:m1;壯語 na:m5。蓋,粵語 kham3;

〔註155〕《呂氏春秋・貴直篇》卷二十三頁 5。

〔註156〕底層語言理論或稱爲底層遺存,有關這部份研究有成的像游汝杰〈論台語量
詞在漢語南方方語中的底層遺存〉頁 33~45,《民族語文》,1982 年 2 月;趙
加〈試探閩方言中的壯侗語底層〉頁 45~56,《民族研究》,1991 年 1 月;李
敬忠〈粵語是漢語族群中的獨立語言〉頁 138~146,《語言文字學》,1990
年 4 月;吳安其〈漢藏語歷史比教擇詞〉頁 6~13,《民族語文》,1997 年 3
月;董忠司《早期台灣語裡的非漢語成份初探》頁 383~405,新竹師院學報
第七期,1993 年 12 月,《畬語與閩南語的關係》頁 231~249,新竹師院學報
第十期,1997 年 2 月。

〔註157〕畬族主要是居住在閩南與廣東東部的百越族群,故其語言中含有相當多成份
的特性,是與漢語不同的。

〔註158〕戴慶廈〈粵語在漢藏研究中的地位和作用〉頁 22~28,《廣東民族學院學報
社科版》,1991 年 2 月。

〔註159〕同見前註158,頁 23~24。

壯語 kom5。按，粵語 kam6；壯語 kam6 等。另外，指示詞一「這」與結構助詞「的」，其用法及語音皆不見於古漢語，這或許也是古越語所遺留下來的痕跡。如「這」，粵語讀作 ni55～nei55，侗台語為 nei～ni～nai。〔註 160〕

（三）在語法方面，其構詞有相同的特色，喜歡將修飾性詞置於後面，與漢語的習慣不同，如人客、菜干等〔註 161〕。這樣的語言特色，也是受到侗台語的影響而產生的。〔註 162〕

由上述例子可知粵語與壯侗語，在語音、詞匯、語法方面有著密切的關聯，又因為語法是構成語言最基本的要素，它的變化比起語音或語匯要來得慢，因此其語法與古越語是相差不遠的。所以，藉此可以說明：這些關聯或許正表現著古越語可能擁有的面貌。

若再以台語為對象來討論的話，更可以發現它與古越語有許多相似的地方。如董忠司先生的研究指出，台語所保存的非漢語成份有二，一是名詞的修飾語後置的現象，二是詞頭，即名詞前綴〔註 163〕。首先，就第一項來說，所謂名詞修飾語後置現象，是指句子在構詞時所表現的特色，如下：

漢語	台語
公雞	雞公
客人	人客
長條椅	椅條
燥肉	肉燥

這在粵語中也可見到一樣的表達方式，而漢語卻無此語法。不過，有人用漢語的倒裝句來解釋台語構詞的方式是出自於此，吾人以為這可能是誤解，因為漢語的倒裝句只表現在句子中，而台灣卻是表現在詞匯上，故兩者是不同的。

至於，第二項名詞前綴，在台語中可以找到大量的例子，本文將之歸納如下：

〔註 160〕歐陽覺亞〈運用底層理論研究少數民族語言與漢語的關係〉頁 28，《民族語文》，1991 年第 6 期。
〔註 161〕同見前註 158，頁 24。
〔註 162〕同見前註 160，頁 28。
〔註 163〕董忠司在其論文中採用名詞前綴，而游汝杰則用詞頭一語，兩者所指的概念一樣。

（一）ta1：如查甫──ta1po1、查某──ta1bo1、公公──ta1kua1、婆婆
──ta1ke1。〔註164〕

（二）ka33：如蟑螂──ka33tsua?4、草編籃子──ka33tsu21、蟬──
ka33tse24。〔註165〕

從上述的例子中發現它們皆有共同特色，即是第一個音節，無法考證其義，
這正是名詞前綴的表現。由於名詞前綴只是虛義，根本無本字可考，因此，
游汝杰先生以爲這樣的情形常見於動物名稱中，像蟑螂、蒼蠅〔註166〕等詞，
他甚至還指出吳越故地有些令人不解的地名、人名，或許可以用此來解釋，
如于越、句容、句章、姑蔑、姑末、烏傷、烏程、餘杭、餘桃等。這種說法，
提供吾人一些啓發，原來古越語當中都有名詞前綴的特性，這是漢語所沒有
的，要是用漢語強加解釋的話，恐怕是行不通的。

　藉由上文的說明討論，再回過頭來看〈越人歌〉，更可以明顯找出上述語
言的特徵，如修飾詞置於後，〈越人歌〉：濫兮（夕這），濫予（夕哪），縵予
（天哪），昌州（中間王府），昌桓（中間船）等等〔註167〕。前文所言，皆是
語言底層最明顯的表現，而語言底層既是語言的化石，因此透過上文的說明，
相信已能逼近古越語的真正面貌罷！

第七節　結語

　百越的「山水文化」所展現的內涵，可明顯看出與山水有極密切的關係
者，如稻米的種植，雖然江南「魚米之鄉」之稱，晚於中古時代始有，但不
可否認的是早在河姆度時期，百越人已懂得種稻，這全是自然環境所賜；又
如喜啖異食、特殊物產，如果不是因爲百越部落散居於丘陵、山谷、江水之
旁，何來各式各樣的物產異食可供享用？鑄劍的材料與神秘的宗教信仰，皆

〔註164〕參引自董忠司《早期台灣話裡的非漢語成份初探》頁385～386，新竹師院學
　　　　報第七期，1993年12月。

〔註165〕同前註153，頁387。

〔註166〕見於游汝杰〈論台語量詞在漢語南方方言中的底層遺存〉，蒼蠅──ho6sin2，
　　　　其第一個音節類似於虎、戶、滸、烏等字，游氏舉《方言》之說爲證：「『虎，
　　　　陳魏宋楚之間或謂之李父，江淮南楚之間謂之李耳，或謂之于麷』于爲詞頭，
　　　　到郭璞時代已經脫落了。」頁40，《民族語文》，1982年4月。

〔註167〕參引自韋應穩〈試論百越民族的語言〉，收入《百越民族論集》，頁300，同
　　　　見前19。

是因爲居住在山林之中，才能有如此豐富的資源與想像空間，取之不盡、用之不竭。至於舟水，那更不用說！百越之所以有山水文化特色，不外乎是地理環境、氣候條件等因素使然，且十分具體而微地體現在古代百越人的日常生活中，令人不得不說百越人是靠山水過活。

廣西貴縣羅泊灣漢墓出土銅鼓上「被髮」圖象

廣西西林普馱墓葬出上銅鼓上「被髮」圖象

圖一　蔣炳釗、吳綿吉、辛土成著《百越民族文化》頁349

圖二　蔣炳釗、吳綿吉、辛土成著《百越民族文化》頁 181

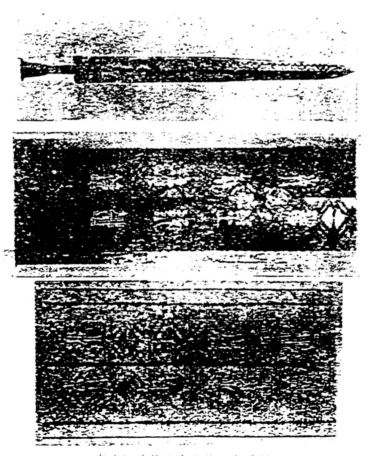

湖北江陵望山出土越王句踐劍

圖三　蔣炳釗、吳綿吉、辛土成著《百越民族文化》頁 269

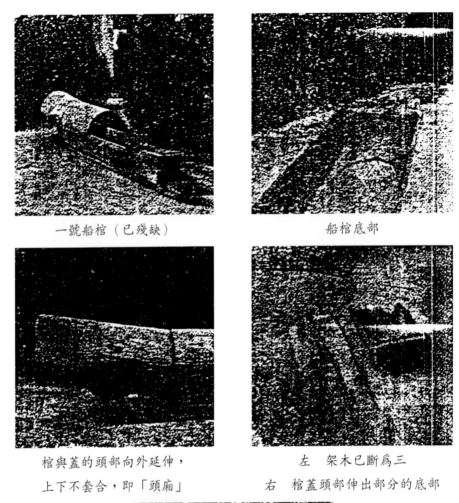

一號船棺（已殘缺）　　　　　　　船棺底部

棺與蓋的頭部向外延伸，　　　　左　架木已斷爲三
上下不套合，即「頭廂」　　　　右　棺蓋頭部伸出部分的底部

全雞洞及其殘存木板

圖四　《福建崇安縣架壑船棺調查簡報》頁 97，廈門大學學報 1978 年第 4 期。

圖五 《廣州漢墓》下冊，圖版71，木倉，87、豬、牛

圖六 《廣州漢墓》下冊，圖版 85，陶器

圖七　《廣州漢墓》下冊，圖版 86，西漢後期陶屋

第五章　百越族之吳越文化發展

　　本章節主要處理百越族在春秋時期形成封建國家體制後，所發展出來的政治、經濟、軍事等文化面貌。而此時，只有東南海濱之百越族人——吳與越發展為封建國家，因此以其為研究對象，餘者則不論。奠定吳越兩國國家基礎的早期文化，在此時期仍將繼續發揚下去，為吳越兩或爭霸時的利器，如習於舟水發展成水軍等。此外也由於戰爭之故，使得中原文化因而不斷流通進來，致使吳、越兩國學習不少中原文物，甚至仿傚，如參與中原會盟、聯姻、修築城池仿照周禮等，甚至有《孫子兵法》的誕生，使其爭霸野心推向更高峰。這個由國家體制開展出來的政經文化，可謂是百越文化最耀眼璀璨的「黃金時期」。

　　不過，隨著吳被越滅，趙又為楚所滅後，其原有的國家規模縮滅不少，越王句踐之後代雖還能於東南之地繼續生存，但畢竟不能與吳、越當時的文化盛況相提並論，也就是說百越人自身獨特的文化，發展至此階段已大不如前，且漸漸失去原有的光彩。

第一節　吳、越崛起之因

　　春秋時期，百越族中已有封建國家體制出現，如吳國與越國，其崛起之因約有兩項，是為經濟發展與外來文化影響，分述如下。

一、經濟發展

　　吳越兩族所居住環境，位於長江下游平原，丘陵地與沿海地區，土壤肥沃、氣候溫暖，十分適合種稻，正如上一章所言的——百越民族植稻的歷史十分悠久，早在新石器時代已有水稻出現。此外，本地物產亦頗為豐盛，如《史記·夏本紀》載道：「淮海維揚州，彭蠡既都，陽鳥所居。三江既入，震

澤致定。……貢金三品，瑤、琨、竹箭、齒、革、羽、髦，鳥夷奔服，其篚
織貝，其包橘、柚錫貢。」〔註1〕除了糧食物產，吳越也盛產麻、葛、麻等經
濟作物，而畜牧業與漁產更是不在少數，如《越絕書》記載樓門外有雞陂墟、
爲吳國專門養雞之處，越國也有豕山，專門爲慰勞軍隊所養的，還有養牛、
養麋鹿等等；加上生產工具日益發達，如農作所用的鐮、鋤、耨等，也使得
吳越的社會經濟開發更快。一個國家是否富強，主要是視它的經濟狀況發展
如何；而吳越兩國之所能在春秋中期脫穎而出，所憑藉的就是其經濟能力，
而發展經濟的後盾正是這些寶貴豐沛的資源，如農業、畜牧業、魚業、礦業
等，這正是吳越兩國得天獨厚之處，也讓人們明瞭「魚米之鄉」一詞，絕非
虛言。

二、外來文化影響

吳、越受到外來文化影響層面頗多，如晉、楚分別聯手，欲制服對方而
強大，在這種互蒙其利、攀附的關係上，吳、越有充分的機會學習外來的軍
事、武器、作戰方法等等，再加上各國會盟，與吳、越聯姻與外交使節等，
讓他們建立完善的官職、外交關係，國際威望，如此一來，更快速促進他們
的興起。

（一）晉聯吳制楚，楚聯越制吳

所謂「鷸蚌相爭，漁翁得利」，吳、越之所能不懼諸國強勁武力，無後顧
之憂地壯大起來，全拜晉、楚兩國長年爭霸所賜。原本吳、越兩小國是楚國
的附傭，由於楚彊而吳、越服從之。《左傳》曾記載楚國：「伐舒蓼，盟吳越
而還」〔註2〕後來晉國爲了能制衡宿敵——南方的楚國，遂找上居於東海之濱
的小國——吳，盡其所能地培植此小國成長。公元前584年，晉派巫臣通吳，
「教吳乘車、教之戰陣、教之叛楚」，其子狐庸任於吳國的行人（外交官名）。
此後吳國日益強大，開始攻伐楚、巢、徐等國〔註3〕，獲得佳績。面對此番情
勢，不僅讓楚國的大夫子重、子反忙於奔命，還曾創下在「一歲中七奔命」
的記錄〔註4〕。

令人驚訝的是，從周簡王二年到周景王二十四年（584B.C.～521B.C.）短

〔註1〕《史記·夏本紀》頁58，新校本。
〔註2〕十三經注疏《左傳》宣公八年，頁379，以下所列皆此版本。
〔註3〕《左傳》成八年，頁444。
〔註4〕同見前註3。

短六十年之間，原本屬於楚國的蠻夷之地全變爲吳的囊中之物，成爲楚國肘腋大患、頭號敵人〔註5〕，有如芒刺在背。這個發展透露著某種訊息，也標毫著吳、楚雙方軍事態勢已有明顯的轉變，就是東南方的蠻夷小國竟能威脅楚國，與之相互抗衡。而吳國亦藉此與斷絕了二十餘世的中國，開始有所接觸往來，也漸漸嶄露頭角，發揮其意想不到的影響力。

不同於吳的叛楚，越國早就是膺服於楚國的藩屬國。當大國有求於越人時，當然是接受楚國的幫助，並且逐漸擺脫蠻夷之制，走向國家體制化的發展。如公元前 518 年，《左傳》記載：「越大夫胥犴勞王於豫章之汭，越公子倉歸王乘舟。倉及壽夢帥師從楚王」〔註6〕此舉明顯得知越與楚之關係匪淺。另外，越國也經常負起屬國該有的責任，如楚卒師伐吳，越也列師其中：「楚子以諸侯及東夷伐吳，越大夫常壽過帥師會楚子于瑣」〔註7〕這正是楚通越制吳的起始點。可見越本與楚國友好，而楚聯越制吳，只是順水推舟而已。

（二）會盟、聯姻與使節

最常見的有會盟、聯姻、使節。會盟方面〔註8〕，在吳王壽夢時較爲頻繁，也是吳國與中國開始往來直接管道。在其任內有五次會盟，主持會盟者多爲晉國國君，且對壽夢十分禮遇。壽夢之四子繼位，也有幾次會盟，但會盟的重要性，已漸爲聯姻或派遣使節等方式所取代。但將吳國的聲譽推向國際舞臺的會盟，是吳王夫差時的黃池之會。從這些例子看來，透過會盟這種國際性活動，使得吳國有了更多與中國諸夏往來的機會，甚至對各國文化的交流有所影響。

在聯姻方面，《左傳》記載有：

晉將嫁女子吳，齊侯使析歸父媵之。《左傳》襄公二十三年。

此舉開啓中原大國與吳國通婚之先例，其餘小國如徐、莒、魯、蔡、齊等國也相繼與吳國結親。如書言：

莒犁比公生去疾及展輿。……去疾奔齊，齊出也。展輿，吳出也。

《左傳》襄公三十一年

〔註5〕同見前註3。
〔註6〕《左傳》昭二十四年，頁886。
〔註7〕《左傳》昭公五年，頁748。
〔註8〕關於會盟之起源，據《左傳》晉叔向：「明主之制，使諸侯歲聘以志業，間朝以講禮，再朝而會以示威，再會而盟以顯昭明。志業於好，講禮於等，示威於眾，昭明於神，自古以來，未之或失也。」文公十五年頁337。

徐子，吳出也。《左傳》昭公四年

夏五月，昭夫人孟子卒。昭公娶于吳，故不書姓。〔註左傳〕哀公

十二年

從「吳出」一語知，吳國曾嫁女于莒國、徐國。至於魯昭公娶同為姬姓諸侯之女，顯然已違「同姓不婚」之禮，故不書其姓〔註9〕。藉此，仍能清楚知道魯昭公所娶的女子為吳孟子。與蔡國聯姻是發生在王僚時期及吳王光（闔閭）時，王僚娶蔡昭侯之姊——大孟姬，而吳王光則嫁女給蔡侯。此二事雖不見於史籍，但卻可從安徽壽縣西門內的蔡昭侯墓中，所出土的青銅器銘文得到印證，其言「敬佩吳王」〔註10〕。這些聯姻的舉動，顯示出吳國的國力已強大到成為眾人欲攀附的程度〔註11〕。最明顯的例子，莫過於《孟子‧離婁》所載的齊景公因畏懼吳而「涕出而女于吳」〔註12〕。

不僅吳國善用聯姻來加強自家的勢力，連越國也不甘落於人後，原本楚、越就十分友好，所以雙方通婚更是水到渠成，如《左傳》記載哀公七年時，楚昭王薨，楚人立子章為楚惠王，此人正是越女之子〔註13〕。《史記》也說：「莊王左抱鄭姬，右抱越女」，由此二例顯示出楚、越雙方早已是聯盟、友邦的關係。

根據《禮記‧昏義》解釋婚姻之作用說道：「昏禮者，將合二姓之好，上以事宗廟，下以繼後世也。」〔註14〕不過從上述聯姻的情形來看，諸侯除了連結兩姓之好外，最主要的還是藉婚姻以鞏固兩邦友好關係、或緩和、消除對方疑慮為目的。一言以蔽之，就是外交手腕。〔註15〕是以，諸侯之間的聯姻，是為服務政治利益而存在的。古有明訓：「同姓不婚」，儘管如此，當著眼於自身政治利益時，這些禮制規範都是可以拋諸腦後、置之不理的。如上文所舉的魯昭公娶吳孟子之例，清顧棟高認為是因昭公畏吳之故，以與為婚。不過，近人陳寧則以為此時吳國已為強國，而魯國可能欲尋求靠山，或是吳

〔註9〕 楊伯峻《春秋左傳注》下冊，頁1670，復文圖書出版1991年。

〔註10〕 郭沫若〈由壽縣蔡器論到蔡墓的年代〉頁301，《文史論集》，人民出版1950年。

〔註11〕 與吳國聯姻者，如晉嫁女子吳、蔡與吳互為婚、魯昭公娶吳女、齊景公與吳婚、宋景公嫁妹于吳。

〔註12〕 《孟子‧離婁》頁127。

〔註13〕 《左傳》哀公元年，頁1007。

〔註14〕 十三經注疏《禮記‧昏禮》頁993。

〔註15〕 《國語‧魯語》載臧文仲語：「夫為四鄰之援，結諸侯之信，重之以婚姻，申之以盟誓，固國之艱急是為。」已清楚表示聯姻的目的，頁157。

為了交通上國，主動嫁女于魯。〔註 16〕按上文所述情勢，吾人以為吳國強大以後，諸國莫不欲與之示好，以便聯手對抗勁敵——楚國。故聯姻一事，正凸顯出其外交的實質作用，消弭敵意也好，拉攏對方也好，都是列國國君最希冀之事。

　　吳、越兩國為了增強國家作戰能力，在縱的方面，政治、軍事與經濟的發展與努力、顯得更具規模；在橫的方面，國與國之間的互動關係亦產生微妙的變化。這種互動關係不論是友好或敵對，久遠或短暫，皆使吳越兩國與中原諸夏的往來更為密切、頻繁。有鑒於此，吳、越兩國亦仿照中國制度，設有「行人」一職，以便聯繫各國往來之國際事務。所謂「行人」者，即為使節，據古籍解釋。

　　　行人，掌國賓客之禮籍，以待四方之使，賓大客，受小客之幣辭。《史
　　　記‧吳太伯世家》集解

　　　行人者，挈國之辭也。《穀梁傳》襄公十一年

從上言知，行人是傳國之辭令者，繼好結信，謀事補闕，使命至重，一國安危所繫焉。〔註17〕古時所謂「行人」，即是今日所說的外交官。《周禮‧秋官》設有大行人、小行人之職〔註18〕。而列國承襲周制，亦設有行人之官。「行人」之職掌內容，大抵為「居則擯相應對，出則朝覲聘會，所以撫輯萬國，踐修盟好，要結外授以衛社稷者也。」〔註 19〕至於吳、越兩國究竟於何時開始有「行人」的出現？據《左傳》記載，是在巫臣教吳人叛楚之際：

　　　（屈巫臣）寘其子狐庸焉使為行人於吳，吳始伐楚、伐巢、伐徐。《左
　　　傳‧成公》七年

　　　狐庸，巫臣之子也。成十年，適吳為行人。《左傳‧襄公》三十一年

越國則起步較晚，從《左傳》始記越國之事後，才慢慢有執行「行人」職司

〔註16〕顧棟高《春秋大事年表》卷十六，頁 1917，北京中華書局，1993 年；陳寧、春秋時期大國爭霸對諸侯婚姻制度的影響，頁 80，《河北師院學報》，1990 年第 1 則。

〔註17〕劉伯驥之言，見於《春秋會盟政治》頁 290，中華叢書臺灣書店，1962 年。

〔註18〕《周禮‧秋官》言：大行人由中大夫所掌，其職務有掌大賓、朝宗覲見之會、時聘與以結諸侯之好、間問以諭諸侯之志、以夷儀辨諸侯之命等屬王事所需之禮。而小行人則由下大夫所掌管，其職務為掌邦國賓客之禮，以待四方之使者、使之四方、成六瑞、合六幣、若有小國喪前去弔問等。參見黃寶實《中國歷代行人考》第一章，頁 2～4，台灣中華書局出版，1969 年。

〔註19〕同見前註18。

的出現，如胥犴對楚之勞軍、文種之謙卑求和及諸鞮聘問於魯國等。即使史書中無明載越國「行人」之官爲何人專任，但無論如何，仍改變不了越國已有行人職司之實。

由於看來，吳、越兩國能於春秋中期崛起，所憑恃的就是自身富裕的經濟能力，與吸取外來文化經驗如會盟、聯姻、使節等，成爲發展自己國力的有利條件，躋身於當時的國際舞台上，與中原諸夏競相爭美。

第二節　吳越治國思想與措施

任何一個國家之所以能傳國久遠、締造盛世，必得經過長期的延續，及數代的辛苦經營，吳、越自是不例外。能讓吳越兩國能在短期間快速竄起，主要是靠君臣絞盡腦汁、努力規劃與徹底執行，方能有所展現。吳越對於國家未來發展的規劃，可從其君臣的治國理念與思想看出來；至於執行部份，則展現在吳越的內政措施之中。故本節將分兩方面論述，首先談論兩國的治國思想內容，如吳王闔閭、越王句踐與范蠡等人；第二部分，要談的是兩國的內政措施，其內容分爲五類：一、城池修築，二、興修水利，開鑿運河，三、軍事謀略，四、重視經濟活動發展，詳見下文：

壹、治國思想

吳國的治國思想，始見於吳王闔閭新官上任之時。吳國在面對前君王被弒，民心猶未安定，一片慌亂之際，闔閭問伍子胥該如何治國？伍氏回答說：「安君理民，是其上者。」「凡欲安君治民、興霸成王、從近至遠看，必先立城郭，設守備，實倉廩，治兵庫，斯則術也。」〔註20〕這段話爲闔閭所採納，此後成爲吳國政治改革的最高指導原則，我們可以從下文看到吳國的各種成就。不過，一個國家的興亡盛衰，最重要的是倚賴君王是否有智慧、有領導才華、能否富民愛民、能否傾聽人民的心聲。吳王闔閭，就是符合這幾個要求的明主，我們從當時各國大夫對他的評價即可看出端倪：

子西：「吳光新得國，而親其民，視民如子，辛苦同之，將用之也。」
《左傳》昭公三十年。

子西：「昔闔閭食不二味，居不重席，室不崇壇，器不彤鏤，宮室不

〔註20〕《吳越春秋·闔閭內傳》第四，頁1。

觀，舟車不飾，衣服財用，擇不取費。在國，天有菑癘，親巡孤寡，
而共其乏困；在軍，則熟食者分，而後敢食；其所嘗者，卒乘與焉。
勤恤其民，而與之勞逸。是以民不罷勞，死不知曠。」《左傳》哀公
元年

楚梁公弘：「夫吳君恤民而同其勞，使其民重上之令，而人輕其死，
以從上使，如虜之戰。」《說苑》

國政革新就要從民心著手，爭取人民爲其效命，而闔閭正是朝這方面去實行
的人，自奉甚儉，愛民如子，就是爲了爭取民心。像《吳越春秋》曾說吳王
聽從軍事專家孫武的建言「民勞未可恃也。」〔註21〕而不敢興兵伐楚。另外，
再從楚子西及梁公弘的評論相互印證，更可以理解吳王闔閭之能成其偉業，
不是沒有原因的。

　　至於越國的治國思想，則由越王句踐主導。其在夫椒之戰，爲夫差所敗
後，一直汲汲營營於雪恥強國，奮發圖強。是以，越國的政治改革，大體上
與吳國相似，若要強國先要富民、愛民、以民之所欲爲優先。這些特徵可從
史籍記載中一窺究竟：

夫越王好信以愛民，四方歸之，年穀時熟，日長炎炎。《國語‧吳語》

今越王句踐恐懼，而改其謀，舍其怨令，輕其征賦，施民所善，去
民所惡。身自約也，裕其眾庶，其民殷眾，以多甲兵。《國語‧越語》

孤獲辱連年，勢足以死，得相國之策，再返南鄉。今欲定國立城，
人民不足，其功不可以興，爲之奈何？《吳越春秋‧句踐歸國外傳》

由於人民不足，其功無法致勝，故越國之改革，無一不以民爲重，推行捨怨
令、輕徵賦、裕眾庶的政策。楊寬以爲「所有的民或『眾庶』，不但是農業生
產的主要承擔者，也是賦稅、兵役的主要負擔者，說明這時越國的封建經濟
已佔主導地位。」〔註22〕這種以復興國力，強化生產力的作法，可從《國語‧
越語》中找到例子：

今壯者無娶老婦，令老者無娶壯妻，女子十七不嫁，其父母有罪；
丈夫二十不娶，其父母有罪。……生丈夫，二壺酒，一犬；生女子，
二壺酒，一豚。生三人，公與之母；生二人，公與之餼。〔註23〕

〔註21〕《吳越春秋‧闔閭內傳》第四，頁7。
〔註22〕楊寬著《戰國史》上冊，頁168，谷風出版社，1986年。
〔註23〕《國語‧越語》上，句踐滅吳，頁635。

　　儘管如此，各國國君王對於其國家各項政治改革措施，不可能事事躬親，故需要賢達的人才加以輔佐，才能達到成效。相同地，吳越兩國的改革皆是借助於國內優秀的人才，是以能在諸國爭霸中脫穎而出，一枝獨秀。吳、越兩國遐邇馳名的賢士有季札、伍子胥、孫武、范蠡、文種、計然等，他們在改革行列中，鞠躬盡瘁、鍥而不捨地為國家努力、付出。因此，吳越兩國得此賢才，可謂幸運！

　　相對於吳王闔閭與越王句踐以「愛民」為首要的儒家思想，越國臣子──范蠡的政治思想，則傾向於道家思想。當年越王句踐即位三年，不聽范蠡諫言，便興師攻吳，落得慘敗，棲於會稽之上；誰知氣走絲游的越國，竟能起死回生，成了吳國的勁敵。這些功勞，應算范蠡一筆。要不是憑藉范蠡的諫言與堅持，越國早已消失。因此其政治思想，正是影響越國存亡的主要關鍵，我們應該加以研究討論一番。

　　范蠡的治國思想，簡而言之，約有：陰陽、守柔、非戰、守時，其思想的中心架構為「天道」，它們皆是圍繞著「天道」思想而展開的。其治國思想讓我們有似曾相識的感覺，這可能與其故鄉有關，《史記》正義引《會稽典錄》云：「范蠡，字少伯，越之上將軍也。本是楚宛三戶人。」《越絕書》亦言：「范蠡，其始居楚也，生於宛或伍戶之虛。」〔註 24〕故知范蠡原為楚人，後為越王所用，是以不難理解其治國思想與道家〔註 25〕，甚有淵源，詳見下文說明。

（一）天道，如書載

> 持盈者與天，定傾者與人，節事者與地。……天道盈而不溢，盛而不驕，勞而不矜其功。夫聖人隨時以行，是謂守時。天時不作，弗為人客；人事不起、弗為之始。《國語・越語》下

> 時將有反，事將有間，必有知天地之恒制，乃可以有天下之成利。（同上）

> 因陰陽之恒，順天地之常。（同上）

〔註 24〕《史記・越王句踐世家》頁 1741；《越絕書・外傳紀策考》第七頁 12，中華書局。

〔註 25〕有關道家，莊師萬壽在其〈道家起源新探〉中表示：「以老子其人其事為首的道家，固然有些思想、文字與南方楚國有地緣上的關係，但包括無神思想、經驗主義、辯證法、批判精神、寬柔思想在內的道家主要思想部分，卻是來自北方」因此，他認為道家思想淵源與黃淮流域關係較密切。國立台灣師範大學《國文學報》第十七期，頁 85，1988 年。

盡其陽節，盈吾陰節而奪之。（同上）

從原文可知，范蠡的「天道」，與神祕學說或信仰無關，其義爲從天象，陰陽中，預測自然規律、歷史經驗對人事的影響。此說與道家的「天道」相去不遠，同指爲自然規律。而陰陽，正包含在天道之中，且會互相轉化，以此導出「戒驕矜」的思想。因此，從這裡看出，范蠡的政治思想瀰漫著濃厚的「天道觀」。在他的心中，治理國事的不二法門，其實就是「因陰陽之恒，順天地之常」，只要能夠持盈、定傾、節事，就可以讓國家步上正軌，順利運作。道家的始祖老子，亦有類似的思想，如：

持而盈之，不如其已。……富貴而驕，自遺其咎。功成身退，天之道。《老子》九章

（二）守柔

柔而不屈，彊而不剛。《國語‧越語》

上帝不考，時反是守，彊索者不祥。得時不成，反受其殃。（同上）

近則用柔，遠則用剛。……用人無藝，往從其所，剛柔以御，陽節不盡，不死其野。（同上）

范蠡以爲「柔而不屈」是治國方略中主要的思想，在其思想中柔略勝於剛，此外，他還拿剛柔來論用兵之道。這與道家的柔弱思想頗爲相近，如下：

柔勝剛，弱勝強。《老子》三十六章

天下莫弱於水，而攻堅強者莫之能勝。其無以易之，弱之勝強，柔之勝剛。（同上，七十八章）

守柔曰強。（同上，五十二章）

（三）非戰

兵者，凶器也。……陰謀逆德，好用凶器，始於人者。《國語‧越語》

范蠡以爲古來善用兵者，不是一味仗勢著勇猛剛強，挾槍帶刀、砍砍殺殺就能成大業，因此好用凶器，害人以利己，實非長久，因此在戰爭謀略上，他強調「強陽」之說，有關此方面的內容，將在第貳份加以討論。不過，令人訝異的是，這樣的思想在《老子》書中亦可找到：

夫佳兵者，不祥之器；物或惡之，故有道者不處。君子居則貴左，用兵則貴右。兵者，不祥之器，非君子之器，不得已而用之。《老子》三十一章

兵器是不祥之物，戰爭是不得已之事，有道者捨棄不用的，可見老子以不戰
爲貴。

（四）守時

　　所謂「守時」，即掌握機先，在事情未發生徵兆時，即等待機會；迨機會
至時，不能輕言放棄，否則反爲災害。

> 得時不成，反受其殃。《國語・越語》

> 夫聖人隨時以行，是謂守時。（同上）

> 逆節萌生。天地未形，而先爲之征，其事是以不成，雜受其刑。（同
> 上）

> 時得無怠，時不再來，天予不取，反爲之災。（同上）

> 聖人之功，時爲之庸。得時不成，天有還形。（同上）

老子重應變，故亦教人把握事情的關鍵，如：

> 其安易持，其未兆易謀，其脆易泮，其微易散。爲之於未有，治之
> 於未亂。《老子》六十四章

老子以爲處世之道就是掌握機先，若能如此，即可以防範於未然，簡而言之，
就是「事不妄爲，機不妄動」的意思。

　　從上文處處可見，范蠡治國思想與老子學說，有不謀而合之處；而「守
柔」、「非戰」、「戒矜」，正是老子思想的實踐學，也就道之用〔註26〕。范蠡並
未被史家歸入道家之流，但其思想確實與道家頗爲相似，推究其因，以陳鼓
應之說較符合當時情形：

> 與老子同時或年歲略晚於老子的范蠡，他的思想與老子極多一致。
> 老萊子和范蠡，或由於當時的思想氣候，或由於時代使然，他們的
> 思想和老子有頗多相合之處（在地域關係上，他們同處於淮楚之鄉，
> 這也可能是一個重要因素）。〔註27〕

從地緣上來說，老子原爲陳國苦縣人，爲楚所滅〔註28〕，其地位在長江流域

〔註26〕王力《老子研究》第一章，頁3，天津市古籍書店，1989年。

〔註27〕陳鼓應《老莊新論》〈老子與先秦道家各流派〉頁113，五南圖書出版社，1993
年。

〔註28〕《史記・老子韓非列傳》集解引地理志曰：「苦縣，屬陳國」，索隱曰：「按地
理志，苦縣屬陳國者誤也。苦縣本屬陳，春秋時楚滅陳，而苦又屬楚，故云
楚苦縣。」頁2139。

一帶，近於楚地。再從范蠡為越國雪恥復仇後的舉動來看，正是道家理想的展現——瀟灑乘輕舟浮於五湖，絲毫不肯戀棧〔註 29〕，這與老子所倡言功遂身退的觀點一致。在春秋戰國那個戰事紛亂的時代，常有楚材晉用的情形發生，更不用說百越與楚如此相近的鄰國，因此儘管史料有限，但百越文化受到道家的影響，確是無庸置疑！

貳、內政措施

一、城池修築

每一個有為的君臣都希望自己能做到「富國強兵」，而這一切的行動，都要依據行政措施的最高指導原則，付諸實行。而「立城郭」，就是伍子胥以為要「安君治民、興霸成王」的重要手段之一。

在「立城郭」之前，必先選定一處好地再加以築城，故遷都的動作當然免不了。根據史籍所言，吳國遷都數次，如《史記·吳太伯世家》所言，在太伯之時已築城在梅里平墟〔註 30〕；到吳王壽夢之前，吳的國都仍設在此地（今無錫縣），不曾改變過；到了壽夢始霸後，即向吳國的東南方擴展其勢力，開始築城為宮室，設置都驛以招四方賢客，並且「鑿湖為池，置苑為囿」，慢慢有些規模出現〔註 31〕。而壽夢之子諸樊則南徙吳，具體地點則無明言〔註 32〕。到了闔閭時，即遷都至姑蘇。選擇姑蘇為建城之地，主要是因為蘇州枕江倚湖，土壤肥沃，「食海王之饒，擁土膏之利，民殷物繁，田賦所出」〔註 33〕。這裡交通方便，四通八達，東有長江之天險，西有太湖之利，既可兵威楚蔡，又可進攻齊魯，集眾多好處於此。不過對此有研究者卻表示不同看法，如鄒衡認為：

> 當時選擇王都的地點，不能不考慮到作戰的方便……成湯居亳，顯然是為了戰勝夏王朝及其殘餘勢力。盤庚遷殷……就是為了對付北

〔註 29〕《國語·越語》下頁 658～659。

〔註 30〕《史記》正義：「太伯奔吳，所居城在蘇州北五十里，常州無錫縣界梅里村，其城及冢見存」頁 1445。

〔註 31〕《吳地記》言：「壽夢始別築城為宮室，於平門西北二里」，同見前註 30。

〔註 32〕《史記》正義，頁 1445；但據楊伯峻《春秋左傳注》說：「今之蘇州市。」頁 843，同見前註 9。

〔註 33〕顧祖禹《讀史方輿紀要》卷二十四，第四冊，頁 1098，台灣商務。

方和西方的強大敵人。〔註34〕

蕭夢龍以此觀點再加以衍生，發揮得更深入，認爲：

> 當時長江中下游楚、吳、越三國并立，楚國最強，越國較弱，而吳
> 國自西周以來奮發向上，發展很快，……所以採取了欲克之必先防
> 之的正確策略，……出於「地戶之位，非吳則越」，吳國把對越的鬥
> 爭擺到「有吳則無越，有越則無吳」的高度重視。所以吳王闔閭一
> 上台，就一面布署以「擾楚」，「疲楚」戰術對楚作戰；同時新建蘇
> 州『吳大城』再次南遷都，以造成對越國的最大威脅。〔註35〕

故蕭氏以爲遷都姑蘇之主要考量在於與楚、越兩國的戰爭。吾人以爲，這確
實也是闔閭上任後亟需有所擴展的表現之一。除了提升都城戰鬥力之外，不
可否認的是，如前文所言姑蘇城的種種便利，亦是當初選定它爲遷都的原因
之一。

此外，對於吳國遷都次數及地點一事，亦有不同見解，如商志譚說：

> (1) 自太伯定居吳地後，歷經仲雍、壽夢、諸樊三遷，最後闔閭定
>   都於蘇州，也就是說，從文獻記載，自太伯始，至于闔閭定，
>   吳國的都城至少歷經五遷。
> (2) 吳國早期的都邑在丹徒一帶，到闔閭始在蘇州，其都城遷徙路
>   線是從北到南，即從寧鎮地區向太湖流域移動。〔註36〕

他以爲吳國遷都共有五次，早期都邑在丹徒一帶。而蕭夢龍氏則持不同意見，
其言：

> 吳從太伯立國到晚期的定都蘇州，……其都城由北漸次而南，根據
> 目前考古材料所顯示情況判斷，起碼有三次遷移。

蕭氏更以爲西周時期吳國都邑當在宜，所持的證據爲矢簋銘文：「王令虞侯矢
曰：『遷侯于宜』」。而西周中期吳國都邑則在淹城，約在壽夢之時遷徙的理由
是因對越國戰爭所需東遷至此地。晚期則遷都於蘇州城。〔註37〕由於兩位所

〔註34〕鄒衡《夏商周考古學論文集》第肆篇論湯都鄭亳及其前後的遷徙，頁210，北
　　　　京文物出版社，1980年。
〔註35〕蕭夢龍〈吳國的三次遷都試探〉頁29，《吳文化研究論文集》，廣東中山大學
　　　　出版社，1988年。
〔註36〕商志譚〈吳國都城的變遷及闔閭建都蘇州的緣由〉頁1～13，《吳文化研究論
　　　　文集》，廣東中山大學出版社，1988年。
〔註37〕蕭夢龍〈吳國的三次遷都試探〉頁14～32，《吳文化研究論文集》，同見前註
　　　　36。

持的證據皆是出土文物，只能加以推測，實在無法得知吳國遷都次數的正確數字。不過吾人以為從其推論中，倒是有相同的看法，即是吳國在闔閭時遷都於蘇州，這也是史書有名的伍子胥築城。

　　伍子胥擴建吳都，可能是仿照《周禮》王城規劃的模式進行，而非依楚都紀南城。隨著楚都紀南城的出土，更可以確定其建造時間約是春秋晚期至戰國早期左右〔註38〕，而早期的郢都據史載似乎未有如此大的規模：「楚始都郢，未有城廓」（《左傳》襄公十四年杜注）。因此，伍子胥築城可能仿造周王都。其築城一事如下：「子胥乃使相土嘗水，象天法地，造築大城。周迴四十七里。陸門八，以象天八風。水門八，以法地八聰。」「築小城，周十里，陵門三。」「造築大城，周回四十七里」〔註39〕所謂相土嘗水，並非舊解的勘察城址地形與了解水文，而是相宅，選澤新都要先卜宅。如《尚書・召誥序》：「成王在豐，欲宅洛邑，使召公先相宅」《召誥》：「太保朝至于洛，卜宅。厥既得卜，則經營」召公因得到吉兆而決定在該定築起新邑。〔註40〕而呂王闔閭恪守周禮，遷都是大事，築新城更是大事，所以一定會遵循周禮相土，經過一番祭祀後才動土興建。至於嘗水，該作何解釋？姬郁逸以為嘗水應為嘗禾之訛誤，嘗實為祭祀之名〔註41〕。如《詩・小雅》：「祠蒸嘗，于公先生」《毛傳》言：「秋日嘗」；《史記・封禪書》：「四大冢：鴻、岐、吳、岳，皆有嘗禾」所以「相土嘗禾」實為古代興建城郭的禮儀。〔註42〕

　　除了「相土嘗禾」學自周禮，還有「設陸門以象天八風，設水門以法地八聰」亦是仿傚的證據之一。像《左傳》隱公五年道：「天子用八……以舞所以節八音，而行八風」〔註43〕。故知吳王有意居以天子之位。其八門之名如東有婁門、匠門；西有閶門、胥門；南有盤門、蛇門；北有齊門、平門。這

〔註38〕湖北省博物館〈楚都紀南城的勘查與發掘〉（下），頁504，《考古學報》1982年第4期。

〔註39〕《吳越春秋・闔閭內傳》第四，頁2；吳大城、小城的格局大小的相關記載，可參見《越絕書・越絕外傳記吳地傳》：「吳大城周四十七里二百一十步二尺」卷二頁1。

〔註40〕《尚書・召誥》頁218。

〔註41〕姬郁逸〈春秋時期姑蘇城營建制度出探〉頁36～40，《吳文化研究論文集》，同見前註36。

〔註42〕《詩・小雅》毛傳頁330；《史記・封禪書》頁1372。

〔註43〕《左傳》隱公五年，頁61。

八門的名號其實來頭不小，各有其象徵意義，更足見吳人之野心〔註44〕。以天象設計都城，正好展現著吳人的政治思想，其以爲國家興亡、人事休咎與政治之間有密不可分的關係。

根據姬郁逸考證，姑蘇城約方九里，宮城約方三里，具有王城的規模，而城郭的周垣長與洛陽王城相近，說明其繼承性。宮城位于大城的中部微偏蠻，採取以宮城爲中心。城內按功能分區進行規劃，已知的宮廷區、貴廷居住區和市肆等，體現「前朝後市」的傳統格調，還根據南方的特點設立水門。〔註45〕此外，小城即是宮城，是吳王及大貴族所居之處，內有東宮、西宮及姑蘇臺。由於姑蘇臺爲全成最高之地，在戰時爲軍事指揮中心。吳大、小城不僅是王室的中心，也是吳國的經濟、軍事的重要樞紐。因此，從姑蘇城仿照王城的整個結構及其規劃，即可明瞭闔閭的用意，其欲在江南之地建立屬於自己的天下，將周王室取而代之。

姑蘇城建於周敬王六年，也就是闔閭元年（514B.C.），歷時三年完成（512B.C.）。這座城成爲吳國政治、軍事，及經濟文化中心。交通方面更有三條要道，如北上中原之道：「出平門，上郭池，入瀆，出巢湖，上歷地，過梅亭，入楊湖，出漁捕，入大江，奏廣陵」〔註46〕《越絕書》說這是吳古故水道；其二是西向伐楚之通道，通胥溪入水陽江達長江；其三是用來與南方越國爭雄之道——西起太湖，東經淀山湖，泖湖而達浙江北部，由此可看出姑蘇城地理位置的重要性。自從姑蘇城建好之後，吳國的城堡便如雨後春筍般豎立在吳國境內，文獻記載的城名有「吳大城」、「吳小城」、「伍子胥城」、「麋湖城」、「欐溪城」、「巫欐城」、「搖城」〔註47〕、「古城」〔註48〕、「武城」〔註49〕、「無錫城」、「齊鄉城」、「毗陵縣南城」（古淹君地）等。由於城市的興起，會帶動商業發展繁榮，因此這些城堡也發揮其不同性質的功能，如主管軍事有北邊的闔閭城，及南邊的磨盤山吳城；有「闔閭所置船宮」的欐溪城；專營畜牧業的鴉城與麋城；更有專門接待外客的離城。諸如此類的城堡在蘇州

〔註44〕根據《吳越春秋·闔閭內傳》第四，說：「闔閭欲西破楚，楚在西北，故立閭門，以通天企因復名之破楚門」，此爲闔門之象徵意義；又言：「欲東并大越，越在東南，故立蛇門，以制敵國。」頁2，中華書局。

〔註45〕同見前註44。

〔註46〕《越絕書·越絕外傳記吳地傳》第三頁2。

〔註47〕搖城，原爲吳王子居所居，後爲越搖王所居。

〔註48〕此城爲闔閭置美人離城之處。

〔註49〕此城爲闔閭所以候外越之處。

附近可考者不下十餘座之多，可見當時對城市興建的重視！

　　吳國滅亡之後，此地雖遭致破壞，「城郭丘墟，殿生荊棘」、「吳宮為墟，庭生蔓草」等不堪的景象。後來由楚春申君接掌，「春申君因城故吳墟，以自為都邑」〔註50〕才得以繼續發展；到了西漢時期，它更是江東重要都會之一。

　　越國亦曾遷都，據史書載，當句踐在吳國卑躬屈膝，伺俸吳王取得其信賴，不加防範後，就被遣送回國。此時句踐欲雪前恥，非得有一番改革與作為不可。《吳越春秋》載越王自吳歸國國，謂范蠡曰：「寡人之計未有決定，欲築城立郭，分設里閭，欲委屬於相國」〔註51〕於是范蠡擇山陰之地築城。原本依句踐的意思是要在會稽山築城，利用其地理形勢發揮防禦的功能，但後來聽從范蠡的話而作罷。關於此次築城，《吳越春秋》與《越絕書》皆有詳細的記載，其言：

> 范蠡乃觀天文擬法於紫宮。築作小城，周千一百二十一步，一圓三方，西北立龍飛翼之樓，以象天門；東南伏漏石竇，以象地戶。陵門四達，以象八風。外郭築城而缺西北，示服事吳也，不敢雍塞；內以取吳，故缺西北，而吳不知也。北向稱臣，委命吳國，左右易處，不得其位，明臣屬也。《吳越春秋·句踐歸國外傳》第八句踐小城，山陰城也。周二里二百二十三步，陸門四，水門一。今倉庫是其宮臺處也，周六百二十步，柱長三丈五尺三寸，霤高丈六尺。宮有百戶，高丈二尺五寸。……山陰大城者，范蠡所築治也。《越絕書·越絕外傳記地傳》

從二書所記載的內容看來，此城面向北，內之小城即宮城，外之大城即郭城。但小城的大小，二書則有所差異。而此城的名號，根據《越絕書》所言：「（秦始皇）因徙天下有罪氏吏民置海南故大越處，以備東海外越。乃更名大越為山陰。」〔註52〕原稱為越城或大越城，後來才改稱為山陰。而在此之前，越國的國都在何處，倒是眾說紛紜，據《水經注》言有二處，一曰「埤中」，在諸暨北界；其二在秦望山南的「焦峴」，峴里有大城，是越王無餘之舊都〔註53〕。由於前朝史書並無詳細記載此事，故《水經注》的說法僅供參考。

〔註50〕《史記·春申君列傳》頁2394。
〔註51〕《吳越春秋·句踐歸國外傳》頁2。
〔註52〕《越絕書·越覺外傳記地傳》頁6。
〔註53〕《水經注》：「吳越春秋所謂越王都埤中，在諸暨北界，山陰康樂里有地名邑中者。」頁499～500，世界書局，1962年。

越國其他素有勝名的城郭，還有固陵城。春秋末期，爲了防範吳國來犯，范蠡在錢塘江南岸築城固守，名固陵城，也稱屯兵城。此地後來更成爲歷代兵家必爭之地。如東漢太守王朗拒孫策於固陵，三國吳太守鍾離徇拜偏將軍戍守固陵。到了晉代才改名爲西陵〔註54〕。范蠡因而被民間尊爲固陵的守護神，也就是城隍之意，這可是范蠡始料未及的。

綜上所述，有道是英雄所見略同，句踐與伍子胥一致認爲立國須先築城，這才是穩固根基的最好方法。至於吳、越城垣的命運終究如何？吳城後來爲江東士人冠蓋雲集之地，爲江南富庶之都也。另一支百越人，則於句踐徙會稽山北邊而始築越城，此城在今浙江紹興縣。秦漢時爲山陰縣所治，東漢則改爲會稽郡。歷代各朝有所更迭，古城原貌已不復得見，但時間的長流卻淹沒不了古越人非凡的成就。

二、興修水利、開鑿運河

春秋時期，各國已開始注意水利的興修，位處南方的吳、越、楚三國亦把水利開鑿視爲國家公共事務，加以重視。史籍中曾記載的吳越運河，有百尺瀆、古江南河、胥溪、邗溝、黃溝等。有兩條是吳王夫差爲了爭霸與會盟所需而開鑿的，如邗溝與黃溝。以下就簡單介紹這幾條攸關吳、越政治、軍事，及經濟發展強盛與否的水利及運河。

「百尺瀆」，又稱百尺浦，疑是運河的前身。《史記・河渠書》：「于吳，則通渠三江、五湖」〔註55〕其功用在於運送兵糧。如《越絕書》云：

　　百尺瀆，秦江，吳以達糧。

它是由吳城通向古錢塘江北岸的河庄側（今浙江海寧縣），主要溝通吳越之間的渠道。越王句踐舉兵伐吳，就是利用這條河道北上，打了一場史上有名的戰爭——「吳師敗於檇李」〔註56〕。

與百尺瀆有相同功能的「胥溪」，是吳王闔閭時，伍子胥所開鑿的運河，也是爲了方便作戰而設。根據《天下郡國利病書》道：「春秋時，吳王闔閭用伍子胥之謀伐楚，始創此河，以爲漕運，春多載二百石舟，而東則通太湖，

〔註54〕《三國志・吳書》：「太守王朝拒策於固陵」頁1205，新校本；《水經注》亦云：「晉太守王朗拒孫策，數戰不利，……破朗於固陵」頁498，同見前註53。

〔註55〕《史記・河渠書》頁1407，新校本。

〔註56〕《史記・越王句踐世家》頁1739，新校本。

西則入長江。」〔註 57〕即鑿通今江蘇高淳縣東長江支流水陽江和太湖分水嶺的東壩。如此一來，吳國的舟師即可以從姑蘇循運河入淮水，以避開長江險惡的濤水〔註 58〕。這條運河也闔閭攻楚時，發揮強大的效用，取得五戰五捷的勝利。

古江南河就是「吳古故水道」，《越絕書》：「出平門，上郭池，入瀆，出巢湖，上歷地，過梅亭，入楊湖，出漁浦，入大江，奏廣陵」〔註 59〕其渠道自今江蘇西北行，穿過蠡湖、陽湖，在常州以北、江陰以西的利港入長江，到達揚州（見附圖）。這條水道，應該在吳王闔閭修築城池之時已有。其主要功用，是用來溝通吳國與西境陸地的。

邗溝，是吳王夫差打敗楚、越之後，意欲北上中原爭霸而在長江、淮河間開鑿的。《左傳》哀公九年記載：「秋，吳城邗，溝通江淮」〔註 60〕早在西元前 486 年前，吳人就十分重視水上的交通運輸要道。這一年吳人先修築邗城（今揚州），然後從此城為出發點鑿溝東北通到射陽湖（今江蘇淮安縣），再從射陽湖西北通到末端入淮〔註 61〕。它是利用當時江淮之間眾多湖泊的自然形勢，巧妙聯結而成（見附圖）。陳槃引日人竹添氏說：「吳人此舉，江、淮相通，為千古運河之始。」〔註 62〕此話不錯，這的確是中國史上運河最早開鑿的一段。吳王夫差開邗溝以通江、淮，目地就是要利用它直通齊國境內。

四年後（亦為哀公十三年，482B.C.），隨著邗溝的完成，吳國又緊接著開鑿新運河，後人稱為「黃溝」，目的是為了參加黃池會盟。在其先王夷昧時，盟會曾因水道阻礙而無法成行〔註 63〕，有此前車之鑑，吳王夫差則特別注重水上的交通問題。《國語‧吳語》道：「乃起師北征，闕為深溝，通於商、魯

〔註57〕《天下郡國利病書‧蘇下》第五冊頁 9585，台灣商務，1976 年。

〔註58〕詳石璋如《中國歷史地理》第六章運河頁 244，中華文化，1954 年。

〔註59〕《越絕書‧吳地傳》第三，頁 2。

〔註60〕《左傳》哀公九年，頁 1014。

〔註61〕《左傳》哀公九年杜預注：「於邗江築城，穿溝，東北通射陽湖西北至末口入淮，通糧道也。今廣陵韓江是。」頁 1014；《漢書‧地理志》江都縣注：「高帝六年屬荊州，十一年更屬吳，景帝四年更名江都，武帝元狩三年，更名廣陵，莽曰江平，屬徐州」，頁 1638。

〔註62〕詳陳槃撰《春秋列國的交通》頁 471，中國上古史待定稿第一本，中央研究院歷史語言研究所編，1972 年。

〔註63〕《左傳》：「秋，晉侯會吳子于良，水道不可。吳子辭，乃還」頁 809；楊伯峻在《左傳春秋注》指出：「由吳至良，須船上溯邗溝，至今清江市轉入淮水，再上溯泗水沂水，其道難通。」頁 1353，同見前註 9。

之間，北屬之沂，西屬之濟，以會晉公午於黃池」〔註 64〕黃池位於今河南封丘縣，當時正在濟水沿岸〔註65〕，也就是從淮河為起點，開鑿運河通到商（宋）魯兩國間。這條運河溝通了濟水和泗水（即《禹貢》所言的菏水），越淮水與邗溝相連，故而此運河流經今河南、山東、江蘇三省〔註 66〕，這麼一來就把黃河水系與長江水系連接在一起。

對於吳國為何又再度開鑿運河，或許是因邗溝沒有發揮預期的功能，故又再開鑿這條黃溝〔註 67〕。這種說法或許可從邗溝完成後，吳師並沒有馬上利用它去攻打齊國的舉動得到印證，因為當時是取海道北上攻打齊國的〔註68〕；不過，翌年，吳與齊在艾陵開戰，吳師就是利用邗溝將齊國打敗的：「今吳乃濟江、淮，踰千里而來我壤土，戮我眾庶」〔註 69〕從齊人的話看來，吳國確實收到開鑿邗溝的成效，只是來得有些遲。

吳國開鑿這兩條運河，固然有其政治的考量，如運兵、運糧、征戰、會盟等，但也在某種程度上促進了交通便利與農業、經濟發展。關於此方面的問題，我們將在下文「重視經濟發展」中述及。此外，吳國運河的開鑿與水利的興修，也為後世江南水利運用開啟嶄新的一頁，如楚春申君治蘇州、無錫的運道，秦漢以後所修築的運河如茱萸溝，甚至隋代的大運河，莫不受這些古運河的影響。

三、軍事謀略

囿於當時國際情勢的轉變——霸者為王，各國諸侯莫不躍躍欲試，而吳、越兩國也亟需藉由強大的軍事能力，確保自己在國際上的地位。在第四章第三節中已討論過吳、越兩國的舟師、海師的創立，在本節則側重於兩國軍事戰略戰術運用與軍事家思想方面，加以說明探討。

在春秋時代一個國家若要壯大強盛，所憑恃的除了君臣同心，及強大的經濟力量作後盾外，最重要的還是在第一線的軍事管理。既是管理，那非得有專才者能加以駕御、操控。是以，人的因素，在軍事管理中扮演著優勝劣

〔註64〕《國語・吳語》頁 604。
〔註65〕《左傳》杜預注，頁 1027。
〔註66〕參見史念海著《河山集：中國史地論稿》〈春秋時代的交通道路〉頁 83，弘文出版社，1986 年初。
〔註67〕同見前註 66。
〔註68〕《左傳》哀公十年，吳徐承率舟師，自海入齊，頁 1015。
〔註69〕《吳越春秋・夫差內傳》第五頁 7。

敗的角色。據《漢書・藝文志》記載兵家共有一百八十二家，刪取要用者則有三十五家，而吳越兩國就佔其中的四家，如著名的軍事專家——孫武、伍子胥、范蠡與文種等人〔註70〕。以下我們就針對這幾位軍事專家的軍事戰略、戰術運用及其貢獻，擇要說明之。

關於孫武其人，史籍的說法相去不遠，《史記・孫子吳起列傳》道：「孫子者，名武，吳人也。」〔註71〕班固在《漢書・藝文志》說孫武爲齊人，將吳〔註72〕。在《漢書・古今人表》則作吳孫武，又在《漢書・刑法志》道：「吳有孫武，齊有孫臏」〔註73〕雖然史籍已明白指出孫武的國籍，但仍有許多人對孫武的出身感到興趣，爲此撰文討論，但見解卻不一。其意見可分成四類，如完全否認孫武此人的存在，第二種爲前人誤認孫臏爲孫武，第三種則主張認爲孫武爲齊國陳書之後，第四種爲孫武爲齊國孫氏之後，非陳書之後。僅將這些主張簡述於下：

（一）第一種意見，主張無孫武此人者，如姚際恒等，其論點爲孫武其人不見於《左傳》。〔註74〕

（二）持第二種看法的是錢穆先生，其言：「疑凡吳孫子之傳說，皆自齊湣子來也。」可見孫子其實是孫臏，而無孫武此人。〔註75〕

（三）第三種看法爲沈寶順所主張，其根據孫武入吳之年代及爲將年齡，推論其爲陳書之後純屬合理之說。其言「他在吳國活動的最明確記載是吳王闔閭三年，……可見，孫武入吳是在公元前512年之前。」「孫武入吳爲將時的年齡約在十八歲左右。」依古人早婚習慣來推測，與其父陳書年齡約差三十四歲。是以才會有吳王考驗孫武能否領兵爲作戰一事發生。〔註76〕

（四）最後一種看法爲近代壽涌，其認爲最早說孫武爲陳書之後的是杜

〔註70〕　《漢書・藝文志》：「吳孫子兵法八十二篇，……范蠡二篇，大夫種二篇，……右兵權謀十三家，二百五十九篇。」「伍子胥十篇，右兵技巧十三家，百九十九篇」頁1757～1763。
〔註71〕　《史記・孫子吳起列傳》頁2161。
〔註72〕　《漢書・藝文志》頁1757。
〔註73〕　《漢書・古今人表志》頁929；《漢書・刑法志》頁1085。
〔註74〕　參自鄭良樹〈論孫子的作成時代〉頁153，《台灣大學文史哲學報》第28期，1979年。
〔註75〕　見於《先秦諸子繫年》卷三，頁260，三民書局，1980年。
〔註76〕　沈寶順〈孫武入吳的年代及爲將年齡〉頁99～100，《復旦學報》，1992年第4期。

預，杜預將陳書與孫書誤視爲同一人，且從魯昭公十年陳氏始大一事看來，陳氏並沒有如杜預所言的那般奔吳避難，故是孫武當出於齊國孫姓氏族之人。〔註77〕

上述四種說法眾說紛紜，幸虧，在一九七二年四月，山東臨沂銀雀山一號及二號漢墓出土漢簡中所發現兵書若干種，幫我們釐清這些疑慮，解決了一些困擾，如確實有孫武其人，且與孫臏爲不同時代之人。故上述四種意見，其中兩個已可以完全摒除，不列入考慮。剩下的問題則爲孫武究竟爲何人之後，吾人以爲從孫武身世及其一生經歷的史料來看，應不是如杜預所言的爲齊國陳書之後，故本文贊同第四種看法。

孫武雖爲齊國之後，但後來因遭變故入吳，辟蔭深居，與伍子胥相識，受其推薦爲吳王闔閭之軍事參謀，爲吳楚之戰貢獻良多。值得一提的是其著作《孫子兵法》有許多謀略，是針對吳國之軍事情勢而談的。由於孫武觀見吳王時，已著有此書〔註78〕。而這十三篇兵法，正是其隱居於吳國時，觀察吳地形勢多年，縝密思考，長期醞釀而成的軍事理論。是以，此兵書內容全圍繞著吳國地理環境、文化特性而展開的，故深具實用性，也難怪吳王闔閭在其以兵法觀見時，便決定重用之。

此十三篇，是如何與吳、越地理形勢及文化互相結合的呢，我們從書中幾處即可一目了然。在地理特徵方面，如其書言：

> 不知山林險阻沮澤之形者，不能行軍。《孫子·軍爭篇》
>
> 軍旁有險阻、潢井、生蒹、山林、蘙薈者，必謹復索之，此伏姦之所也。《孫子·行軍篇》
>
> 故善出奇者，無窮如天地，不竭如江河，終而復始。《孫子·兵勢篇》
>
> 夫兵形象水，水之形避高而趨下，兵之形避實而擊虛，水因地而制流，兵因敵而制勝。故兵無常勢，水無常形，能因敵變化而取勝者，謂之神。《孫子·虛實篇》

吳越地形極爲複雜，江河、山川、丘陵散佈，孫武以爲行軍作戰前應先對地

〔註77〕壽涌〈論春秋孫武非齊國陳書之後〉（對孫子研究一個定論的質疑）頁35～43，《先秦秦漢史》，1996年第1期。

〔註78〕《史記·孫子吳起列傳》：「子之十三篇，吾盡觀之矣」頁2161，《吳越春秋·闔閭內傳》頁7。鄭良樹以爲《孫子》一書應在496B.C.～453B.C.的四十三年間完成的。見〈論孫子的作成時代〉頁175，同見前註74。

形有一番認識與了解，才不會因此冒然出兵，招致危險。在此書，還有一節專論及地形的巧妙運用，可見吳越地形給予的啓發頗多。再者，如上言行軍必須小心雜草叢生之地，此處最易埋伏陷阱。另外，他還針對吳越人民習於水的特性，指陳用兵應如變幻莫測之江水，出奇不意，無有窮竭，隨敵而異，神不可測。這種從地理環境出發的謀略，固然有其獨到之處，但也脫離不了吳越文化特性的影響〔註79〕。

　　此外，他還仔細觀察吳越人民的習性，如在〈夷地篇〉以吳越民風譬喻對軍事互援自救的情形：「夫吳人與越人相惡也，當其同舟而濟，遇風，其相救也如左右手」〔註80〕。若非孫武居住吳國多年有此番體驗，又怎可能會寫出如此道地的吳越風俗？

　　孫武在吳國亦親身經歷幾次戰役，如闔閭三年（512B.C.）帶兵伐楚，同年十二月，其以水淹法滅徐國，進佔楚國舒地〔註81〕，得到第一次勝利。翌年，又領軍攻打楚國，吳軍由孫武指揮，此次亦有所斬獲〔註82〕。最著名的一次戰役，也是使孫武聲名大噪的是吳楚柏舉之役，吳軍重挫楚師，直搗郢都，迫使楚昭倉皇奔，無怪乎《史記·孫子吳起列傳》說吳用孫武：「西破強楚，入郢，北威齊、晉，顯名諸侯，孫子與有力焉」〔註83〕。因此，孫武的兵法一直與當時的戰役結合在一起的，他利用實戰經驗修正一些計謀，使其兵法更加完善詳備。而這些經驗，卻是從吳楚相爭及吳越文化中汲取養份的，故知《孫子兵法》中充滿著吳越文化特色。

　　吳國除了孫武長於軍事謀略外，還有一位軍事專家不容小覷，此人即是伍子胥〔註84〕。《漢書·藝文志》將他歸類於兵技巧家，其言：「技巧者，習手足，便器械，積機關，以立攻守之勝者也。」〔註85〕早在吳王闔閭時，他就提出國家戰略目標：「撓楚、疲楚」，作法如下：

　　　　吳子問於伍員曰：「今余將自有之矣，伐楚何如？」對曰：「楚執政眾而乖，莫適任患。若爲三師以肆焉，一師至，彼必皆出。彼出則

〔註79〕參見劉亦冰〈孫子兵法與吳越文化〉頁66，《文史哲》，1994年第1期。
〔註80〕魏正帝注《孫子·九地篇》第十一，卷下頁20，上海商務出版1937年。
〔註81〕《左傳》昭公三十年頁927。
〔註82〕《左傳》昭公三十一年頁929。
〔註83〕《史記·孫子吳起列傳》頁2162，新校本。
〔註84〕參見楊範中〈從吳楚戰爭看伍員的軍事思想〉頁66～70，《江漢論壇》，1984年第7期。
〔註85〕《漢書·藝文志》頁1763，新校本。

歸，彼歸則出，楚必道敝，多方以誤之。既罷而後以三軍繼之，必

大克之。」闔閭從之，楚於是乎始病。《左傳》昭公三十年

依照伍氏的分析，由於楚之執政者為多頭馬車，無人敢負重責大任，故以此
先決條件不正面與楚軍衝突，而是採突擊戰。其將吳軍分成三路，輪番襲擊
楚軍，騷擾對方，誘其出兵，楚軍因不明敵情必會全軍出動應戰。藉著我軍
屢進屢退，出其不意，使其疲於奔命，搞不清我方意圖，最後再以三軍繼之，
必能大獲全勝。果不出其然，從隔年戰役中隨即得到印證，楚國在數次突擊
戰後，已精疲力盡，元氣大傷，其從居於優勢轉變成劣勢。如翌年（511B.C.）
吳人侵楚，就是實際運用伍子胥之謀略：

吳人侵楚，伐夷，侵潛，六，楚沈尹戌帥師救弦，吳師返，楚師遷

潛于南岡而返。吳施圍弦，左司馬戌，右司馬稽帥師救弦，及豫章，

吳師返。始用子胥之謀也。《左傳》昭公三十一年

從史書記載中，更可以看到兩位軍事專家共同運籌帷幄，聯手進攻楚國的事
蹟，如西元前 506 年，吳王闔閭欲再舉兵攻打楚國，詢問伍員、孫武之意見，
其言：「楚將子常貪，而唐、蔡皆怨之，王必欲大伐，必得唐、蔡乃可」〔註
86〕這種將軍事問題提升到國際外交上，分化楚之屬國，爭取小國的支援，激
起其國民怨的做法，讓國際各國責難楚國無道，為伐楚找到合理的理由。適
時，蔡請救於吳，吳國師出有名，堂而皇之進軍楚國，這就是歷史上著名的
「柏舉之戰」。《新序‧善謀篇》：「於是興師伐楚，遂敗楚人於柏舉，而成霸
道，子胥之謀也。」〔註87〕他們兩人的貢獻到了吳王夫差時，仍深具影響力。
當越國在吳師前往黃池之會時加以偷襲，吳師仍能從容佈陣以待，以步卒百
人為一「徹行」，十行由嬖大夫率領，百徹行由將軍統領，臨危受命，井然有
序，絲毫不受越軍挑釁而大亂陣腳，由此可見吳國的軍事能力確實十分強大
〔註88〕。故而，史書莫不贊歎他們兩人富有慧智且善於謀略的本領：

吳以伍子胥、孫武之謀，西破強楚，北威齊晉，南服越人。《史記‧
伍子胥列傳》

闔閭舉伍子胥、孫武為將，戰勝攻取，興伯于諸侯。《漢書‧地理
志》

〔註86〕《史記‧吳太伯世家》頁 1466，新校本。

〔註87〕劉向《新序‧善謀篇》卷九頁 141，台灣商務，1968 年。

〔註88〕《國語‧吳語》「吳欲與晉戰得盟主」頁 608。

　　至於越國軍事戰略戰術運用方面，則以范蠡爲主要運籌帷幄的決策者，誠如范蠡自己對越王句踐說：「四封之內，百姓之事，蠡不如種也。四封之外，敵國之制，立斷之事，種亦不如蠡也。」〔註89〕故知范蠡之專長在於軍事謀略上。同是善於謀略，范蠡卻有別於伍員與孫武，伍員與孫武較偏重在軍事戰略實際運用上，而范蠡則長於軍事思想，如《漢書‧藝文志》將他列入兵權謀家之中，即是例證〔註90〕。范蠡與其二人的差異，可從他隨越王入吳爲僕一事找到答案。當時越王急於雪恥復仇，屢次詢問范蠡可否舉兵攻伐吳國，其言見於《國語‧越語》：

　　　　『夫國家之事，有持盈，有定傾，有節事。』『持盈者與天，定傾者與人，節事者與地。……天道盈而不溢，盛而不驕，勞而不矜其功。』

范蠡深諳物極必反，福禍相因的道理，認爲人事務將與天地相參，然後才能成功〔註91〕。故當務之急不是舉兵攻打吳國，而是先委身於吳國君側，讓其放下戒心，再捲土重來。是以，「十年生聚，十年教訓」由是生焉。范蠡在這段期間所運用的謀略思想，一直與其政治思想「天道觀」緊緊扣在一起，如下：

　　　　因陰陽之恒，順天地之常，柔而不屈，彊而不剛。《國語‧越語》

　　　　彊索者不祥，得時不成，反受其殃。（同上）

　　　　人事至矣，天應未也，王姑待之。（同上）

　　　　逆節萌生，天地未形，而先爲之征，其事是以不成，雜受其刑。（同上）

　　　　古之善用兵者，因天地之常，與之俱行。（同上）

　　　　凡陳之道，設右以爲牝，益左以爲牡，蚤晏無失，必順天道，周旋無究（同上）

　　范蠡籌劃興越滅吳之計，在西元前 478 年之前皆伺機而動，到了圍吳師「三年而待其潰」的戰略中，才有較顯著的軍事戰術運用。如其言：「後則用陰，先則用陽；近則用柔，遠則用剛」「盡其陽節，盈吾陰節而奪之。」

〔註89〕《國語‧吳語》頁 644。
〔註90〕《漢書‧藝文志》頁 1757，新校本。
〔註91〕《國語‧越語》：「范蠡謂人事與天地相參乃可以成功」頁 650。

〔註 92〕這是說當吳之陽節已盡時,越國不戰就可以勝之。這些觀點皆依據天道運行,效法自然而來的〔註 93〕。因此《漢書·藝文志》道:「權謀者,以正守國,以奇用兵,先計而後戰,兼形勢,包陰陽,用技巧者也。」〔註 94〕包陰陽,正是范蠡軍事思想的特色所在。

果然,等待是有代價的,在笠澤之戰(478B.C.),吳國先遭受旱災,當時「大荒荐饑,市無赤米,而囷鹿空虛」情況十分悽慘,越王便在此時率軍大舉攻吳,最後越師入吳國,將吳國姑蘇臺團團圍住。包圍吳軍三年後,吳軍不戰自潰。夫差因求和不成而自殺,吳國遂亡(473B.C.)。雖然,范蠡軍事方面的名氣不及伍員及孫武,但史書對他亦有所稱道:「越句踐染於范蠡、大夫種,……所染當,胡霸諸侯,功名傳於世。」〔註 95〕所言甚是!

縱觀上文,吳越兩國在其爭霸、復仇意念的驅動下,舉兵作戰無數次,在這種環境的需求下,軍事謀略就顯得相當重要。因此,伍員、孫武、范蠡等優秀的軍事專家出現,絕非僥倖偶然,這正是「時勢造英雄」的結果!

四、重視經濟活動

春秋時代,社會經濟單位與血緣宗法的關係逐漸鬆弛〔註 96〕;隨著生產力的提升,私人工商業也日益勃興,加上許多城市的興起,更帶動了經濟活動的蓬勃發展。而地屬富庶的吳越兩地自不例外。由於吳越都邑的修築皆採「面朝後市」的格局,因此,較具規模的市場漸漸發展起來。都城外面原本就容易聚集人潮,也是政府與人民交易買賣活動的地方。利用這個優點,使得吳、越經濟活動亦發展得十分快速,如吳國有「吳市」可容納萬民,如闔閭女死,白鶴舞於市,「令萬民隨而觀之」〔註 97〕。此等工商業發達的趨勢,

---

〔註 92〕《國語·越語》頁 653。

〔註 93〕參見魏啓鵬〈范蠡及其天道觀〉頁 87～101,陳鼓應主編《道家文化研究》第六輯,上海古籍出版 1995 年。

〔註 94〕《漢書·藝文志》頁 1758,新校本。

〔註 95〕《墨子·所染》頁 12,《墨子閒詁》卷一。

〔註 96〕楊師群在〈春秋戰國之際社會發展原因新探〉一文中以爲西周時期,因嚴格的宗法制度下而有層疊式社會結構。如天子、諸子、卿、大夫、士、庶人等。當時的社會經濟單位也與血緣結合在一起。但「隨著各國政治鬥爭的日趨激烈和社會各方面的發展,貴族的宗法制度到春秋中葉開始全面崩壞。」頁 111～112,《社會科學戰線》,1995 年第 3 期。

〔註 97〕《吳越春秋·闔閭內傳》第四頁 7。

是因原本爲周王室及各諸侯國官府所壟斷的經濟制度，逐漸傾毀，故而出現由民間經營的工商業，形成官商、民商并存的現象。

　　市場，是聚集天下財物的地方。市場的熱絡、活躍，使得吳越兩國的經濟型態，需有專人管理，所以有「官市」出現，管理者謂爲「市正」〔註98〕。面對越國富國強兵的需要，越大夫計倪指出治國之道在於經濟。他還針對市場交易，提出管理及調節的辦法，欲藉以平穩物價波動問題，增加國家財政稅收。如《越絕書》載：

> 糴石二十則傷農，九十則病末。農傷則草木不辟，末病則貨不出。
> 故糴高不過八十，下不過三十。農末俱利矣。故古之治邦者，本之
> 貨物，官市開而至。〔註99〕

根據計倪的意見，農商兩造的價格須由「官市」裁定，而「官市」若有合理的糧價，不但能發展農業，更有助益商業行爲。而合理的價格就訂在「上不過八十，下不過三十」的範圍內，他的觀念類似於今日所謂的「浮動價格」。貨物經由這個價格上下調節，讓物價趨於平穩，使「農末俱利」。

　　由此可知，吳越之政府自身亦經商又兼控制市場的物價。除了官商，私商的記載可從《國語·吳語》越國大夫文種口中略知概況：「聞之賈人，夏則資皮，冬則資絺，旱則資舟，水則資車，以待乏也」〔註100〕這些私商總是等待市場缺乏這些商品時，再高價售出，以牟取暴利。有些私商也有從官商出身的，最著名的莫過於越大夫范蠡例子了。范蠡在越王句踐霸業完成時，隨時急流湧退，「浮泛出游齊」定居陶地，自稱陶朱公，成爲當時富有的商賈，而留下一段佳話〔註101〕。

　　由於城市興起與經濟發展之間的關聯性，造成社會生產分工逐漸擴大〔註102〕，我們可從下文看出吳越兩國，在當時已有農、畜、紡織、冶煉、造船等手工業。

　　由於江南爲稻米的大倉，是以不難想像設置倉庫儲藏米糧，如吳國有東

〔註98〕《越絕書·楚荆平王內傳》頁2。
〔註99〕《越絕書·越絕計倪內經》第五，頁3。
〔註100〕此言與計然之語相似：「水則資車，旱則資舟，物之理也。」見《國語·吳語》頁631。
〔註101〕《史記·越王句踐世家》頁1752，新校本。
〔註102〕參見張鴻雁著《春秋戰國城市經濟發展史論》第三章，頁159～172。遼寧大學出版社，1988年。

西兩大倉，西倉一名「均輸」。不過，吳越的糧食並不是只有稻米而已，從計倪對越王句踐的談話中，得知還有粢（小米）、黍、赤豆、麥、大豆等農產品。在畜牧業方面，吳、越官府與民間的農畜牧業皆十分發達，如吳都附近有畜養麋鹿的「麋湖城」，都城東南邊與西邊有「周數百里」用以養鴉的「鴉城」，在東桑里，則有王室所養的牛羊豕雞等動物，稱之爲「牛宮」〔註103〕；至於越國都城外，卹有雞山、豕山，是越王句踐攻打吳國時，用來慰勞士兵的〔註104〕。由上述幾項畜牧業可知，吳越兩國頗重視這些民生必需品，而且也有相當大的發展，如史書載：越國因「國民家有三年之畜」，而有能力舉兵攻打吳國。

除了上述基本的民生產業外，還有紡織業如葛、桑等，史書云：

> 葛山者，句踐罷吳，重葛，使越女織治葛布，獻於吳王夫差，去縣
> 七里。《越絕書・越絕外傳記地傳》

> 干越生葛絺。《淮南子・原道訓》

越人的葛布不僅在當時頗負盛名，還流傳於後世，如《文選・吳都賦》注：「蕉葛，葛之細者，升越，越之細者。」《後漢書・明德皇后》注：「白越，越布」。〔註105〕「越布」之名實起於春秋時之越國，還有出土文物可以佐證，在吳縣草鞋山發現了用葛編織成的殘片〔註106〕。史書亦載吳楚邊邑之女因爭桑地而起怨隙，大動干戈〔註107〕。從其反應知，吳越之絲織品爲其國家經濟命脈的一環。

在上一章第四節提到百越人優良的工業技術，皆爲吳越所出，與此相關的行業自然是冶煉業。由於百越人活動的地區都有礦冶原料的分布〔註108〕，

〔註103〕《越絕書・越絕記吳地傳》第三，頁5。

〔註104〕《越絕書・越絕外傳記地傳》頁4。

〔註105〕《文選・吳都賦》頁91，藝文印書館，1991年12月；《後漢書・明德皇后》頁410，新校本。

〔註106〕中國南京博物院《吳縣草鞋山遺址》，文物資料叢刊第三集。

〔註107〕此事見於《史記・吳太伯世家》、《楚世家》、《呂氏春秋・察微》等文。

〔註108〕姚方妹道：「商周之際，……百越族活動地區湖北、湖南、江西、廣西、安徽、江蘇等地均發現了古代礦冶遺址」其指出的遺址有銅綠山古礦冶遺址（湖北），湖南麻陽古銅礦遺址（時代爲戰國），湖北陽新古礦冶遺址（時代爲春秋中期），皖南古礦冶遺址，廣西北流縣古銅礦遺址（東漢時期），江西瑞昌銅嶺礦冶遺址（商中期至戰國早期）。〈商周時期古越人的礦冶技術〉頁34～35，《南方文物》，1994年第4期。

史書亦載在吳地有「炭瀆」；在越地則有姑中山，是銅官之山也，越人謂之銅姑瀆，都是用來鑄造寶劍及其他銅器。當時開採礦產的技術，約有露天、平巷或斜巷和豎井等開採方法〔註109〕。由於百越人活動的地區，正是青銅原料的盛產地，因而不難想像吳越寶劍及青銅器大受青睞的情況〔註110〕。另外，其他工業還有造船業，如吳之「權溪城」，爲闔閭的船宮，而越的船宮稱之「舟室」；鹽業有鹽官如「朱餘者，越鹽官也」〔註111〕。不過，這些經濟產業皆是國營事業，並非私人所有。

談到此處，已明瞭吳越兩國各項經濟活動的內容。下文將繼續討論促進這項發展的功臣。正當吳越君王皆重視經濟發展的同時，在這種氛圍下，自然培養出一位通曉經濟貿易理論的專家來，也就是上文曾提及的計倪。

計倪這個人在歷史上是個神秘人物，史書有的說他又名辛研，是范蠡的老師〔註112〕，或曰名爲計倪〔註113〕。更有人直接說他就是范蠡〔註114〕。由於其他說法晚於《史記》，不足爲據。故本文仍根據《史記·貨殖列傳》的說法，計然者，爲范蠡的老師，越王句踐採用計倪之策，取得霸業。如其言：「越用其五而得意」〔註115〕！誠然，觀計倪的經濟理念不外乎幾個觀念，簡言如下：

（一）通習源流——其意爲貨物必須流通，藉由運輸與貿易，可使千里之外的貨品進到本國；同樣的，本國的貨品也能到外國去。不過市場的管理由「市正」來處理，國君只要坐鎮宮中即能掌握貨物流通的狀況。

其主能通習源流，以任賢使能，則轉穀乎千里，外貨可來也，不習
則千里之內不可致也。《越絕書·越絕計倪內經》

（二）供需與價格關係——早在一千多年前的計然，已認識到商品價格受制於供需平衡的問題。他所謂的「知貴賤」，就是貨品若供過於求（有餘），

〔註109〕同見前註108，頁35。
〔註110〕關於此內容已在第四章第四節詳加探討。
〔註111〕以上產業名稱見於《越絕書·越絕外傳記地傳》。
〔註112〕此說見於《史記·貨殖列傳》與集解，頁3256，新校本。
〔註113〕《越絕書》作者認爲其名爲計倪，見於〈越絕計倪內傳〉。
〔註114〕巫寶三在其著《中國經濟思想史資料選輯》（先秦部分）之范蠡簡介中明白說
　　　　道：「凡有計然曰、計倪曰之類的話，我們都作爲范蠡的思想資料來處理。」
　　　　頁399，中國社會科學出版，1985年。
〔註115〕《史記·貨殖列傳》頁3257，新校本。

價格就下跌；若供不應求的話，價格就上漲。在這段話中，看到了計然深曉市場價格受供需影響的規律。

> 論其有餘不足，則知貴賤。《史記‧貨殖列傳》

（三）政府適時介入——隨著上述的供需問題，計然以為只要政府適時介入運用經濟手段，買賤賣貴，調節市場價格。這麼一來，便可使物價平穩，穩定生產，使「農末」皆獲利。

> 貴上極則反賤，賤下極則反貴。貴出入糞土，賤取如珠玉。（同上）

（四）資金流通順暢——「無息幣」，這個觀念像似今日的「資金周轉」。這句話的概念是注意貨物的品質，與資金的靈活運用，這可謂是積聚財富之理！

> 積著之理，務完物，無息幣。（同上）

《越絕書》所記的計倪之策，多沿襲自《史記‧貨殖列傳》。一覽上文，儘管計然的經濟理論篇幅不長，但卻有著先進的經濟概念，讓越國鹹魚翻身，一掃蠻夷之名，榮登霸主之列，計然的貢獻可謂不小。

回溯前文，可以明瞭：春秋時期吳越兩國的經濟型態，已由早期奴隸社會向封建經濟往前邁進，擺脫落後、尚未開發、自給自足的經濟生活〔註 116〕。王文清甚至以為吳、越兩國與齊、晉、楚三國的經濟形態相同〔註 117〕，同屬較進步的封建體制經濟。吾人以為從本小節一連串的探討，這個見解是可以接受的。眾所周知，戰國時期城市大量興建，商業活動亦日趨頻繁，為人類文明更向前推進一步。但這些文明進步的現象，要不是因前有春秋中晚期的都邑、市場發展，也不可能平白的出現。因此，面對這個歷史環節，吾人以為吳越經濟活動內容，頗值得深入研究！

〔註 116〕葉國慶、辛土成在〈西漢閩越族的居住地和社會結構初探〉一文中說：「越族社會尚處在向階級社會過渡階段」故而主張越族的社會性質為原始性質。頁 79～80，《廈門大學學報》，1963 年第 4 期；不過蔣炳釗持反對意見，其提出考古文物及古籍文獻說明，以為在春秋戰國之際各諸侯先後邁向封建經濟制度，怎可能唯獨越國還尚停留在原始社會且剛要過渡到階級社會？其說法見於〈關於春秋戰國時代越國社會性質之商榷〉頁 132～140，《廈門大學學報》，1979 年第 2 期。

〔註 117〕王文清撰〈春秋戰國之際吳越的經濟形態〉頁 53，《先秦秦漢使》，1990 年第 7 期。

第三節　吳、越滅後情勢

一、吳國滅亡之因

　　或說吳國之所以滅亡，是導源於吳公子季札不願接受王位而始亂，如董份、鍾惺、獨孤及、胡安國之輩所言：

> 季子歷之列國，決其興亡，如兆響應；……蓋札自潔之士，而於身任社稷或非其才所能耶？豈止潔其身而不顧社稷耶？《史記評林》董份語

> 季札，古之篤于有者也。所至以人才爲念，不識其賢者不已。……獨愛身一念太重耳，故凡事皆不肯犯手。當闔閭弑立之際，趨避圖捷，與晏子處崔杼之亂同一機權，是古今一大鄉愿也。《史記評林·補標》鍾惺語

> 以季子之閎達博物，慕義無窮，而使當壽夢之眷命，接餘眛之絕統，則大業用康，多難不作，闔閭安得謀諸窟室，專諸何所施其匕首？乃全身不顧其業，專讓不奪其志，善自牧矣，謂先君何？吳之覆亡，君實階禍。（獨孤及語）

> 札者，吳之公子。何以不稱公子？貶也。讓國而生亂者，札之爲也，故因其來聘而貶之示法焉。《胡氏春秋傳》襄二十九年「吳子使札來聘」條

> 札之能委千乘者，以此；而其不能綏定吳國者，亦以此，尚何貴焉？若其觀詩而知列國之興亡，入境而辯晉邦之將亂，當時名聞諸侯，所至傾動，顧不翩翩濁世之賢公子哉？惜其知經而不知權，過讓以生亂，春秋所以備責賢者也。《左傳紀事本末》附論季札，高士奇語

吾人以爲若將吳之滅絕全歸咎於季札讓國而皆禍，實失允當。檢視前人之言，所述及的論點皆未曾把吳國連年爭霸，使倉廩空乏，百姓苦不堪言等民生問題納入，只是一昧地圍繞在季札不肯當國一事加以鞭撻，豈不是太過偏執？況且春秋經書季札爲其名，下爲公子，並非如胡安國所言因讓國生亂而「貶之示法」，而是尊其賢德之故〔註118〕。是以，將吳亡國之因歸咎於季札一人，

〔註118〕相關事蹟參閱《公羊傳》襄公二十九年文。

有欠允當。

　　吳之滅絕既非季札讓國而斷送國祚，那其因究竟爲何？吾人以爲有遠近之因。遠因肇始於兩方面，一爲滅於宗法制度傾圮，其次是滅於爭霸之野心；而近因，則敗於吳王夫差的驕縱自滿。以下分別論述：

（一）遠因

1. 滅於宗法制度傾圮

　　古來王位繼承、政權轉移之法主要以父傳子爲常，兄終弟及則爲通變之法，此舉可使國家免於因宮廷鬥爭內亂，而造成整個王朝滅絕的命運。當是時，壽夢之君位應是父死子繼，到壽夢之時，因季札賢而欲將王位傳於非嫡長子的四子，無異是自毀立場、壞宗法之制。雖然季札堅辭不受，由諸樊繼位，但紛爭已啓，每一位兄長卒後，都得上演一次「季札讓國」的戲碼；更嚴重的是王位繼承還牽涉到下一代子孫的權益，吳國內部的紛亂由是叢生，最後演變成諸樊之子公子光弒吳王僚的悲劇〔註119〕。而吳國的公子無一不潛逃外地，如掩餘、燭庸等，顧棟高因此謂「吳自闔閭以來，世疏忌骨肉」、「盡斬其枝葉，而欲以孤幹特立于二千里之地」〔註120〕。

　　是以，早在壽夢欲傳位予季札之時，就已預留亂國之伏筆，因爲君位繼承已有固定之常法，壽夢不應存有私心而大壞宗法之制，君不見季札堅持不受的理由就是：「禮有舊制，奈何廢前王之禮，而行父子之私乎？」〔註121〕。

2. 滅於爭霸之野心

　　當吳叛楚通晉伊始，似乎已決定吳國將爭霸中國之命運。果不其然，由壽夢開啓吳楚之釁，及隨後數十年吳與諸國兵戎相見，甚至於一度逼得楚國不得不放棄國都郢城，此之時吳國大有「誰與爭鋒」之姿。由於吳與楚、越先後交戰，又因夫差野心太大，北上會盟欲稱霸中國，完全爲急進功利之心

〔註119〕關於吳王闔閭身世辯，有二說，一以《史記》及《吳越春秋》之訛爲主的，認爲公子光爲諸樊子，而僚爲夷眛之子；其次則是漢儒服虔之說：「夷眛生光而慶之，僚者，夷眛之庶兄。夷眛卒，僚代立，故光曰：我，王嗣也」按其說，光爲夷眛之子，而僚則爲光之伯父輩。由於漢儒服虔之說未成定論，本文仍襲用《史記》之說。參見陳建樑《吳王闔廬身世考辯》頁 79～82，《學術月刊》，1996 年第 6 期。

〔註120〕顧棟高《春秋大事表》之〈春秋吳越交兵〉序卷三十四，頁 2086，北京中華書局出版，1993 年。

〔註121〕《吳越春秋・壽夢內傳》第二頁 2。

所蒙蔽，根本沒料到越國恃機而動，反撲吳國，讓其措手不及，終至滅亡，可謂是咎由自取。

吳的亡國曾引發後人不少議論，如陳仁錫言：「吳之興以讓，始于太伯，季札繼之矣；吳之亡以爭，闔閭起之矣。」〔註122〕孔廣森論《春秋》通義云：「《春秋》撥亂之教，以讓為首。君興讓，則息兵矣；臣興讓則息貪；庶人興讓則息訟，故天下莫不亂於爭，而治於讓。」〔註123〕現代阮芝生亦言：「僚光爭國，闔閭、夫差爭雄，其失在爭，而卒以亡吳。」〔註124〕所以吳之亡國全因爭心而起，先是內有兄弟、伯姪爭奪王位；後又外爭中國之霸，兵連禍結，如此亂國能不倖免於難嗎？猶如季札對闔閭言：「爾殺吾君，君受爾國，是吾與爾篡也；爾殺吾兄，吾又殺爾，是父子兄弟相殺，終身無已也。」〔註125〕冤冤相報，惡性循環，終無寧日，國家命脈自然不會久長。

（二）近因

1. 殺害功臣、寵信佞臣

高士奇評論吳之亡國在於夫差「器小易盈」，我們從夫椒一戰，吳國打敗越軍之後的發展可以清楚看到此點。當時越王率領五千名戰士退守會稽，為了保住國家，越王派人賄賂太宰請求媾和。隨後句踐及其妻妾、臣相為奴為僕，臣服於夫差腳下，夫差因而志得意滿，好不威風，以此饜足。此後，夫差就耽溺於稱兵上國，結釁齊、魯，戰勝攻克莫不驕其中，流連臺池舞榭，尋歡作樂；「由是棄忠言而不納，心腹之疾忽為疥癬」〔註126〕，驕而自滿，又聽信讒言，導致後來逼死伍子胥的慘劇。

2. 連年征戰、民心背離

就當吳國軍隊圍剿陳國時，楚國大夫子西絲毫不懼，信心滿滿、胸有成竹地對其他大夫說：

> 二三子恤不相睦，無患吳矣。……今聞夫差次有臺榭陂池焉，宿有妃嬙御焉。一日之行，所欲必成，玩好必從。珍異是聚，觀樂是務。

〔註122〕《史記評林・補標》三世家，三十一卷頁1～5，蘭臺書局，1968年。
〔註123〕孔廣森《春秋公羊通義》，見於《皇清經解》六八八卷頁17（漢京版，頁9268）藝文印書館，1968年。
〔註124〕阮芝生《論吳太伯與季札讓國——再論禪讓與讓國之貳》頁27，台大歷史學報第18期，1994年。
〔註125〕《公羊傳》襄公二十九年，頁267。
〔註126〕《左傳紀事本末》頁809，台北里仁書局，1981年。

視民如讎，而用之日新。夫先自敗也已，安能敗我？〔註127〕

觀察入微的子西，一針見血地說出吳國將以自斃的命運，正是吳國亡國的最大致命傷——君王安於逸樂。魯景伯也說：「吳將亡矣。棄天而背本，不與，必棄疾於我。」〔註128〕由上可知，吳國因仁義不施、淫逞過度、倒行逆施，最後終於走上窮途末路。

吳國自取滅亡之道，已然明瞭。但令人困惑的是，當吳國面臨危難時，為何中原諸夏沒有一個國家願意伸出援手加以救助？這個問題或許可從趙孟的話看出一些端倪：「吳犯閒上國多矣，聞君親討焉，諸夏之人莫不欣喜，惟恐君志之不從，請人視之。」〔註129〕吳國崛興導源於晉通吳之始，「晉之意不過謂用吳可以制楚，不知退一豺，復進一狼」〔註130〕。養虎為患，恨不得除之後快，永絕後患，怎會傻到去拯救呢？

二、楚治吳越兩地

前文提及吳國戰敗，夫差自殺，吳國自此從歷史舞台消失。那越國的命運又如何呢？按照《史記·越王句踐世家》記載，王位傳至無疆時，因受到齊國的挑動，「越釋齊而伐楚，楚威王興兵而伐之，大敗越，殺王無疆，進取故吳地，至浙江。」〔註131〕因此據《史記》記載，楚滅越的時間約在西元前三百三十三年。對於此說，學者們卻持不同意見，闡述如下：

（一）贊成《史記》之說，時間為西元前三百三十三年者——劉翔以為《史記》敘述此事的因果完整。他指出楚威王敗楚、楚懷王亡越與楚考烈王并越三事並不矛盾。所持的理由為「從楚威王殺王無疆後，越人分為許多小的集團，由各君王統治，臣服于楚這一點來看，應該說楚滅越的年代是楚威王之世，即公元前333年」〔註132〕。而李學勤雖亦主張楚滅越時間為西元前三百三十三年，理由為據《史記·六國年表》記載楚圍齊于徐州，是在周顯王三十六年，此事並見於《戰國策·齊策一》、〈魏策一〉、〈秦策四〉。故楚敗越也在這一年。〔註133〕

〔註127〕《左傳》哀公元年，頁992。

〔註128〕《左傳》哀公七年，頁1009。

〔註129〕《左傳》哀公二十年，十一月越圍吳。頁1048。

〔註130〕清高士奇語，《左傳紀事本末》頁727，同見前註126。

〔註131〕《史記·越王句踐世家》頁1751，新校本。

〔註132〕劉翔〈楚滅越時間再考〉頁100～101，《浙江學刊》，1994年第2期。

〔註133〕李學勤〈關於楚滅越的年代〉頁56～58，《江漢論壇》，1985年第7期。

　　（二）認為《史記‧越世家》有誤，時間應為西元前 306 年——楊寬認為《史記》將楚威王敗越與楚懷王亡越混為一談。其理由為：「《越世家》所載齊使游說越王「釋齊伐楚」的話，很明顯談的是楚懷王十六、七年的戰爭形勢，決不是楚威王時所可能出現的局面。」他還引述《水經‧河水注》駁斥《史記》說楚威王「盡取吳故地，至浙江」不可盡信，因此認為不可盲目信從〔註 134〕。

　　按史籍記載，越所分封之君長至秦漢時，仍在東南沿海等地活動，故楚所滅的是獨立的越國。而越的族人雖散於各地，卻皆服朝於楚。在加上《史記》言楚考烈王十五年，春申君請封于江東，因此城故吳墟。照這些史料看來，敗越者應為楚威王，而有能力亡越者應是楚懷王。故楚滅越的時間，為西元前三百零六年。

　　越國服朝於楚後，楚國如何治理吳、越兩地？據《史記》及《越絕書》記載，楚考烈王封相國春申君於吳，其以故吳墟為城，開始對此地大興土木，開發治水，如文所述：

> 無錫湖者，春申時治以為陂，鑿語昭瀆以東到大田。
>
> 無錫西龍尾陵道者，春申君初封吳所造也。
>
> 吳兩倉，春申君所造，西倉名曰均輸，東倉周一里八步。
>
> 吳市者，春申君所造，闢兩城以為市，在湖里。吳諸里大閘，春申君所造。吳獄庭，周三里，春申君時造。（上文皆引自《越絕書‧越絕外傳吳地記》）

這些都是在春申君時所興建的，除了治無錫湖、開陵道、設倉廩、辟吳市外，休還重新修建吳的城郭、宮室，連西漢時司馬遷游吳時，都不禁嘆服道：「觀春申君故城，宮室盛矣哉。」〔註 135〕可見吳地後來會成為江東一大都會，不是沒有原因的。藉著楚相的開發，楚文化亦一併傳揚到吳越兩地來，使得原本民風相近的文化，更易融合在一起，尤以巫風、淫祀為盛，對漢代以後的民間信仰影響甚鉅。

〔註 134〕楊寬〈關於越國滅亡年代的再商討〉頁 68～69，《江漢論壇》，1991 年 5 期；在其著《戰國史》下冊中亦論及此事，指出楚世家楚懷王二十年下載昭雎對楚懷王之言、蘇轍古史楚世家亦繫年於楚懷王二十二年，及清代黃以周《儆季雜著‧史說》有〈史越世家補並辨〉也持此見。頁 398，同見前註 22。

〔註 135〕《史記‧春申君列傳》頁 2399。

第四節　吳、越歷史之定位

　　吳、越兩國堪稱是歷來百越族中最優秀的一員，如同一顆熠熠閃爍的明珠在中國歷史上大放異彩，不論是在軍事上、文化上、或是政治層面，皆大大震撼了中原諸夏。因此，我們不能忽視它們所留下的歷史事蹟。有鑑於此，本節欲針對吳、越在春秋末期所引發的爭霸史蹟，給予重新的評價；試圖在既有的歷史論斷中，另尋一個詮釋的角度，藉以釐正《春秋》三傳對吳、越舊有的成見。是以，增設此節專門對吳、越兩國的歷史定位，加以詳言之。

一、「夷夏觀」意識面面觀

　　展讀古籍，關於吳、越兩國的歷史評論，都是環繞著「夷夏觀」思想角度而展開批判。由於先天存在著偏頗的觀念，使得往後歷史學家失去公正的立場，都不免採取這樣的觀點來論斷異民族的功過。所謂夷夏之稱，始于西周；而夷夏之辨，則嚴於《春秋》。張正明指出：「區分夷夏之標準在於文化的高低，其次才是族類的異同。」〔註136〕一點也不錯，依照春秋時代的衡量標準，吳、越此等斷髮文身之國，自然是蠻夷之屬。孔子不也說：「裔不謀夏，夷不亂華」孟子亦言：「吾聞用夏變夷，未聞變於夷者也」〔註137〕。能具體表現這些觀念者，最明顯的莫過於《左傳》記載士大夫的議論，及《三傳》強勢的「華夏」意識形態，以下分別論之。

　　首先，試論春秋中期，當時士大夫是如何看待吳國之興的？公元前 584年，魯成公七年春天，吳伐郯，郯臣服於吳，魯國執政大臣季文子看到這個情勢不禁憂心忡忡地說：

> 「中國不振旅，蠻夷入伐而莫之或恤。無弔者也夫！詩曰：『不弔昊天，亂靡有定』，其此之謂乎！有上不弔，其誰不受亂？吾亡無日矣。」
>
> 君子曰：「知懼如是，斯不亡矣。」〔註138〕

由於郯去魯不甚遠，而吳在當時尚為蠻夷之民，竟如此逼近以禮聞名的魯國，嚇得魯國臣子直冒冷汗，有著「國之將亡」的危機感，也因此讓《左傳》的作者不禁讚許其「知懼如是，斯不亡矣」！

〔註136〕張正明〈先秦的民族結構、民族關係和民族思想〉頁 4，《民族研究》，1983年第 5 期。

〔註137〕孔子之語見於《左傳》定公十年頁 976；孟子之語見於《孟子·滕文公上》頁 89。

〔註138〕《左傳》成公七年，頁 443。

　　魯國大夫之語正代表中原諸夏人的心聲，吳只不過是處於窮鄉僻壤的蠻夷之邦，粗俗不堪的野人，哪有資格與中國平起平坐、相提並論？如此強烈的「內諸夏外夷狄」的意識形態，實在令人驚訝。而中國「自大」心理作祟，又不能無視於吳國強大的情勢，甚至於當晉國有求於吳國（掣肘楚國），只好被迫承認吳國爲周之宗親，與其會盟，以示友好。凡此種種舉動，實爲不得不然之勢也。

　　再來就《春秋》三傳及諸子之評議，加以說明探究。在《春秋》三傳部份可依會盟問題及稱呼之例，即可見其強烈的「夷夏觀」，分述如下：

（一）會盟問題

　　此事例見於成公十五年經書「冬十有一月叔孫橋如會晉士、齊高、無咎、宋華元、衛孫林父、鄭公子、邾人會吳于鍾離」。《左傳》云：「始通吳也」〔註139〕其義爲諸夏至此開始與吳國有所接觸、往來。《公羊傳》卻對此會盟有不同見解，依其「存三統、張三世、異內外」之義，認爲《春秋》經將吳置於末位，不稱人，不稱公子，不稱其氏，是爲「殊會」。其理由爲：

　　　曷爲殊會吳？外吳也。曷爲外也？春秋內其國而外諸夏，內諸夏而
　　　外夷狄。〔註140〕

《公羊傳》依「內諸夏而外夷狄」之標準衡量後，將吳國置於末位，以明示其身份。

（二）春秋稱吳為「子」

　　此事例見於襄公二十九年經書「夏，吳子使札來聘」，最能從經義中看出《春秋》「褒貶之法」者，屬三傳中的《公羊傳》之說：

　　　吳無君大夫，此何以有君有大夫？賢季子也。何賢乎季子？讓國。
　　　其讓國奈何？謁也，餘祭也，夷昧也，與季子同母者四。……去之
　　　延陵，終身不入吳國。故君子以其不受爲義，以其不殺爲仁。賢季
　　　子則吳何以有君有大夫？以季子爲臣，則宜有君者也。札者何？吳
　　　季子之名也。春秋賢者不名，此何以名？許夷狄者，不壹而足也。
　　　季子者所賢也，曷爲不足季子，必使臣；許人子者，必使子也。

《春秋》原有稱名之例，如「州不若國，國不若氏，氏不若人，人不若名，

〔註139〕《左傳》成公十五年，頁468。
〔註140〕《公羊傳》成公十五年，頁171。

名不若字，字不若子。」〔註141〕「子」是最高級的稱呼，等同於爵之義。而夷狄之屬的吳國照道理而言，應該是無君無臣之體制的，就算有，也不被認。可是《春秋》經卻以微言大義寫出「吳子使札來聘」一語，實在令人費解。

幸虧有《公羊傳》依經解說，根據《公羊傳》體例來說，完全依照「存三統，張三世，異內外」的思想架構來解說經義的。而襄公之世正好是《公羊傳》所謂「內諸夏而外夷狄」的升平之世，此時猶視吳為夷狄，理所當然不記載其君臣事蹟。但事情總有例外的時候，因賢季子的關係，吳君才能破格被《春秋》經書名為「吳子」。否則，站在正統歷史觀的角度，野蠻人如吳君者怎配在《春秋》經出現呢？

又如魯定公四年的柏舉之戰，楚為吳所敗，《春秋》經又以吳子稱之。《公羊傳》所持的理由是：「吳何以稱子？夷狄也，而憂中國」〔註142〕。《穀梁傳》亦云：「吳信中國而攘夷狄，吳進矣！」〔註143〕既為夷狄，但卻懂得棄暗投明，改邪歸正，為善而進之，符合「尊王攘夷」的要求，故稱「吳子」以嘉許之，看似合情合理，可是，實際上卻是姑以中國諸侯之低爵位「子」加以稱呼，絲毫無敬重之意。

用同樣的眼光再來評論夫差時的黃池之會，也是認為夫差因慕中國之禮，而欲冠之，孔子因而大大讚美他〔註144〕。儘管如此，依然不能改變吳國骨子裡為夷狄的事實。如顧炎武道：「會黃池，書晉侯及吳子，而殊其會。終春秋之文，無書帥者，使之終不得同於中夏也。」〔註145〕這都是因「夷夏」嚴防所致。

上述所舉之例，雖乃是《春秋》借事明義，假褒貶以示法的表達方式，但卻於無形之中成為一種既定的歷史評價、刻板的思考模式，留下不可磨滅的影響力；在解讀這段歷史時總不免受到它的左右，而失去客觀中立的態度，進而扭曲歷史原貌而不自知，這是吾人要加以省思之處。

二、重新評論吳、越在歷史上的地位

從上文解說可以看到舊有歷史觀中，到處充塞著華夏民族優越的意識形

〔註141〕《公羊傳》莊公十年，頁89。
〔註142〕《公羊傳》定公四年，頁159。
〔註143〕《穀梁傳》定公四年，頁189。
〔註144〕《穀梁傳》哀公二十年，孔子曰：「大矣哉，夫差！」頁204。
〔註145〕顧炎武《日知錄》卷四〈楚吳書君書大夫〉頁46～47，台灣商務，1963年。

態，以及對待其他異民族種種偏差的看法。但是，本文試圖以更開放、遼闊的歷史眼光來詮釋吳、越民族在中國歷史上的地位。首先揭櫫的觀點，尊重每一個民族的文化型態、生活方式、語言，不再使用「夷狄」、「禽獸」、「非我族類」等侮辱性的字眼來漫罵其他民族。有了健康、客觀、平等的態度，才能對發生在此塊土地上的各族歷史事蹟，作一公平、眞實的處理，甚至還給歷史它該有的面貌。

　　譬如吳國之強大，始於會「鄖」，終於「黃池」。尤其在黃池之會時，吳儼然是爲天下之霸主，以其權力、武力而言，根本不作第二人想，如《呂氏春秋・簡選》：「古有以王者，有以霸者矣，湯、武、齊桓、晉文、吳闔廬是矣。」〔註 146〕就是正面肯定吳國在春秋末期的地位，與湯、武、齊桓、晉文等並駕齊驅。更重要的是「楚自熊通以來，奄王坐大，薦食諸姬。齊桓、晉文僅能攘斥，未嘗即其國都而大創之也」〔註 147〕吳國能重創楚國直搗其國都郢城，而齊桓、晉文僅只攘斥而已，這些事實不是在說明吳國比齊桓、晉文來得強大、有本事嗎？《墨子・非攻》亦言吳國爲東方之大國，「土地之博，至有數千里也，人徒之眾，至有數百萬人。」〔註 148〕其國力與周天子或是各諸侯國相比，並不遜色，而進而能挾持著浩浩蕩蕩的軍隊與聲勢，迫使中原諸夏不得不尊其爲盟主。

　　令人扼腕的是，站在以周朝爲正統的歷史觀，不免重華夏而輕夷狄。《春秋》經竟以大華夏文化意識，藐視吳國爲天下之主的事實，認爲吳國充其量只不過是個行夷狄之道的蠻族！縱使它在當時多麼強大，多有威勢，站在周禮的角度，仍不願承認其爲王、爲霸的地位。如同吳晉兩國爭盟時，雙方僵寺不下，原本要一戰以決勝負的。但晉國派董褐向夫差說（見於《左傳》哀公十三年）：

> 今伯父有蠻荊之虞，禮世不續，用命孤禮佐周公，以見我一二兄弟之國，以休君憂。今君偃王東海，以淫名聞於天子。君有短垣而自喻之，況蠻荊，則何有於周室？夫命主有命，固曰『吳伯』，不曰『吳王』，諸侯是以敢辭。夫諸侯無二君，而周無二王。君若無卑天子，以干其不祥，而曰『吳公』，孤敢不順從君命長弟，許諾。

〔註 146〕《呂氏春秋・簡選》卷八頁 157，中華書局。
〔註 147〕清高士奇之評論，見於《左傳紀事本末》頁 762，同見前註 126。
〔註 148〕《墨子・非攻》頁 39，嚴靈峰編輯《墨子集成》，成文出版社，1746。

「諸侯無二君，周無二王」這麼漂亮的一句話，就讓吳王夫差知難而退，但儘管如此，仍舊不能改變吳國爲天下盟主的事實。另一方面，越王句踐滅吳之後，隨即揮兵北上，「渡淮與齊晉諸侯會于徐州，致貢於周。周元使人賜句踐胙，命爲伯。」「當是時，越兵橫行於江、淮東，諸侯畢賀，號稱霸王。」〔註149〕越王稱霸天下，是眾所周知的事實，但在《史記》索隱中卻言：「後遂僭而稱王也。」顯然還是認爲越王僭越周王室。因爲就算周天子早已非天下共主，但堅持周代建制度者仍將越國視爲下國，故不能越級。

　　總而言之，從史書上的記載，吳越兩國確實稱霸天下，並不能只站在中原諸夏的立場，或因視其爲蠻夷者，而抹煞這個事實。因此，站在客觀的角度上觀之，百越族之吳、越族人，曾經於春秋戰國時期，風風光光地創造了屬於他們的歷史，寫下了光輝燦爛的一頁。

第五節　小結

　　事實上，百越文化能有此輝煌的發展，不得不說是本身的優越條件使然。如河姆度文化所培植的稻穀糧食，到了春秋時期更是發展爲魚米之鄉，人民生活堪稱無憂；同時，受到外來文化之影響，也使得吳越兩國的都邑城池、戰爭策略等進展飛快。這些優勢，更帶動了吳、越經濟的繁榮與發展，對經濟思想也有甚大的助益。故知百越文化發展至此，正值鼎盛時期，連中國也不得不承認其實權與地位，儘管言辭仍有貶抑之意。好景不常，春秋戰國時期，繼吳王夫差自殺、楚懷王滅越後，百越文化走向停滯不前的狀況，無法再重振當年之雄風，實爲可惜。

　　儘管，吳、越兩國，其興也忽、其亡也忽，但是，他們的貢獻卻是如此豐碩偉大，也爲百越族群留下燦爛的扉頁。百越民族並非因此而劃下休止符，戰國末年至秦漢時期，又有一些部族之長在其活動範圍內立國，如閩越族君長無諸、搖等人，建立了閩越國、東越國等，歷史的腳步依然往前邁進，百越民族亦是。

〔註149〕《史記・越王句踐世家》頁 1746。

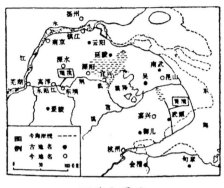

堰瀆和胥浦

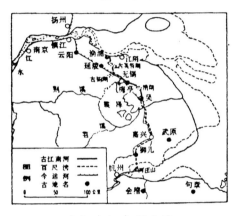

古江南河與百尺瀆

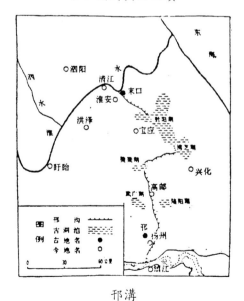

邗溝

圖一　《中國歷史地理》第二編第六章〈運河〉頁 244、245、246

銘爲：「佳王五月，既字白期，吉日初庚，吳王光擇其吉金，玄鋧白鋧，以作叔姬寺吁彊薦鑑，用亯用孝，眉壽旡彊往巳叔姬，虔乃后，孫孫勿忘。」

圖二《中國歷史圖說》（四）春秋戰國時期，頁 51，圖 88，李永熾編撰

第六章　百越文化之漢化與轉變

　　百越民族進入秦漢大一統以後，不論在政治實權、經濟方式、社會習俗等文化體系等方面，皆遭受到巨大的影響。在政治方面，因現實上已無法像春秋時期吳、越國強勢稱霸，只能屈就於東南沿海建立秦漢的屬國，如東越國、南越國等如是。甚至到了漢武帝以後，動輒出兵征伐，這些國家更是難以生存，致使百越族人漸漸散居各地，融入漢人之中。不過，這並不表示百越族人從此消聲匿跡，如三國時代史書還記載有百越族之遺裔——山越。另一方面，秦漢以後因政權不斷轉變，甚至有將政治重心往南移動的趨勢，散居在會稽郡、吳郡等地的越人子孫，因而也大受影響。如士風薰陶，民風轉變，甚至連語言使用也發生變化。這些現象，皆為本文討論之重點。

　　然而在文化結構方面，由於中原文化強勢介入，如秦朝所實行的「書同文、車同軌」等制度，加上雙方文化相互交流的緣故，使得百越文化漸受影響，進而產生交融、同化的現象。因此，百越文化自從與中原「漢文化」結合後，其原有展現的文化獨特性也在逐步消失中，如斷髮文身、跣足而行等文化面貌，已不復得見。但，如同緒論中所言，文化交流並非單線進行，當百越文化遇上中原文化，固然會受其影響；可是，也有一部份的百越文化深入漢文化之中。吾人以為不應忽略這些隱藏在底層的文化現象，故在文中將一併提出來討論。此外，本文將再一步探討造成文化同化之因素，說明漢化因何而來。是以，本章所著重的論點，除了探討百越文化之轉變外，亦著重討論造成其所以「漢化」的幾項因素。

第一節　百越民族發展概況

　　根據《越絕書》記載越國的歷史發展，可略知其族後續之發展：

> 越王夫鐔以上至無餘，久遠，世不可紀也。夫鐔子允常，允常子句
> 踐，大霸稱王，徙瑯琊都也。句踐子與夷，時霸。與夷子子翁，時
> 霸。子翁子不揚，時霸。不揚子無疆，時霸，伐楚，威王滅無疆。
> 無疆子之侯。竊自立為君長。之侯子尊，時君長。尊子親，失眾，
> 楚伐之，走南山。親以上至句踐，凡八君，都瑯琊二百二十四歲。
> 無疆以上，霸，稱王。之侯以下微弱，稱君長。〔註1〕

承上所言，戰國初期，越國亡於楚，勾踐後人紛紛散逃，或有入浙江南部，
或有入閩地，互不相屬，各自為政。《百粵先賢志》載越王子孫說：「梅鋗，
越人，其先越王子孫也，避楚在丹陽皋鄉，更姓梅，居梅里。……秦并六國，
越後稱王者隃零陵往南海，鋗從之，至臺嶺家焉，乃築城瀧水上，奉王居之，
謂之梅將軍。」〔註2〕到了秦始皇一統天下後，百越人開始自己的第二春，建
立有南越國、閩越國、東越國等，是百越民族史上一段重要事蹟，也是百越
人逐步走向漢化的重要分水嶺。

壹、秦漢時期之百越族

一、吳地

　　秦漢時代的吳地，據《漢書·地理志》所言共有九個郡縣統屬於吳：「今
之會稽、九江、丹陽、豫章、盧江、廣陵、六安、臨淮郡，盡吳分也。」〔註
3〕這些地方本為百越人舊居之地，後來納入秦漢帝國的納圖。吳地在此時，
仍不減其過去之風光，史書載：

> 漢興，高祖王兄子濞於吳，招致天下之娛游子弟，枚乘、鄒陽、嚴
> 夫子之徒興於文、景之際。而淮南王安亦都壽春，招賓客著書。而
> 吳有嚴助、朱買臣，貴顯漢朝，文辭並發。〔註4〕

「百越」一詞，在秦漢當時所指的是嶺南的越人，而吳越舊地則不在其範圍

〔註1〕　《越絕書·越絕外傳記地傳》頁2，中華書局據抱經堂本校刊，四部備要子部，
　　　　　1970年10月十三版，（以下所引皆同此）。
〔註2〕　明歐大任撰《百粵先賢志》卷一，頁8，上海商務印書館，1936年。
〔註3〕　《漢書·地理志》下頁1666，新校本。
〔註4〕　《漢書·地理志》下頁1668，新交本。

內，大概與漢室權貴南下吳地或多或少有些關係。另外，從上述引言得知，中原人士在吳地與其士紳往來，頗爲活躍。這樣的發展，自然也對百越文化有所影響。

二、閩越國 [註5]

西元前二百二十一年，秦始皇在越人所居之地設置了桂林、象、南海、及閩中郡。而閩中郡正是百越族一支——閩越族的大本營。閩中郡的統轄範圍，根據清人顧祖禹的說法是在浙江溫州至福建等地：

> 禹貢揚州地，周爲七閩地，春秋以後，亦爲越地。天文、牛女分野，秦并天下，平百越，置閩中郡。漢高五年，封無諸爲閩越王。
> 顧氏注：都治。孝惠三年，分閩越地封搖爲東海王，即今浙江溫州府地，又建元六年封無諸孫丑爲閩繇王，復封餘善爲東越王，其實皆閩越地也。[註6]

關於閩越族及其國家的史事，在《史記·東越列傳》記載說：

> 閩越王無諸及越東海王搖，其先皆越勾踐之後也，姓騶氏。秦已并天下，廢爲君長，以其地爲閩中郡。……漢五年，復立無諸爲閩越王，王閩中故地，東都治 [註7]。

從上文得知，閩越族到了秦漢之後，勢力已大不如前，且曾隸屬兩朝統治，而其君長無諸既爲漢室所封，地位當然有可能不保。果然，到了孝惠三年時（192B.C.），漢室從閩越族中又拱出一位新君長，期待與閩越王無諸相抗衡：

> 舉高帝時越功，曰閩君搖功多，其民便附，乃立搖爲東海王，都東甌，世俗號爲東甌王。[註8]

閩越國於是同時擁有兩位君長 [註9]——閩越王無諸、東海王搖。搖的東海

[註5] 關於閩越的形成，有學者認爲閩和越不是同一民族。其言：「閩是福建土著，越則是由會稽南來的客族。」見於朱維干、陳元煦〈閩越的建國與北邊〉頁116，《百越民族史論集》。不過根據第一章考古文化的研究，得知閩地的族人亦同屬百越民族，是以上述的說法似乎仍有待商榷。

[註6] 顧祖禹《讀史方輿紀要》卷九十五，頁3963，台灣商務印書館，國學基本叢書四百種，1968年。

[註7] 《史記·東越列傳》頁2979，新校本。

[註8] 同見前註7。

[註9] 關於閩越與東甌（或東越）是否同出一支，較多人傾向同意此種說法。如辛土成在其著《台灣海峽兩岸的古閩越族》（名稱沿革考）中說道：「主張稱爲東越者，是把漢代閩越國與東甌國合并，總稱二者爲東越，這是把方位的名

王，又稱作東甌王國。東甌一詞，其實不是突然蹦出來的，古籍早有記載甌人、越漚等名稱，如《山海經·海內南經》：「甌居海中」郭璞注云：「今臨海永寧縣，即東甌，在歧海中。」〔註10〕因此，東甌的歷史很早就有了。但令人感嘆的是，身為漢室的藩屬國，實有著身不由己的悲哀，自己族人的命運卻需由他人來決定，這恐怕是百越族人所料想不到的！

然則，太平盛世似乎離百越人民越來越遠，原因出在一族之中有兩位領袖，雙方的鬥爭發展更加劇烈。漢建元三年（138B.C.）閩越圍攻東甌，東甌無力抵抗，請舉國遷徙中國，漢室將之安頓在江淮之間〔註11〕，東甌國於是消失於政治舞台上。不久，漢室又故技重施，立無諸孫繇君丑為閩越王，又立余善為東越王，此後兩國的戰事不斷，「元鼎五年（112B.C.），閩越亂。元封初平之，屬會稽南部都尉。」顧祖禹注云：「漢紀：『武帝平閩越以其地險阻，數反覆終為後世患，乃遷其民於江淮間，而其地虛，復為治縣，屬會稽郡』〔註12〕因此在漢元封元年（110B.C.）武帝派兵平定叛亂，殺死餘善，又將這些人民遷往江淮之間，東越國與閩越國遂先後宣告亡國，結束了兩王並存的局面。隨著閩越國的滅亡，漢人的勢力逐漸侵入這塊土地，終究無法避免「漢化」的浸染，而百越文化自然會遭受被迫改變的命運。

三、南越國

南越族本就包含在百越之中，爾後建立國家，又為秦漢所收服，下文將概述其發展。

戰國末年，秦始皇於西元前222年，曾派遣將軍王翦統帥大軍平定百越〔註13〕，不過並沒有一戰即定勝負。此後，秦人與越人在五領之門展開為期已久的拉鋸戰。秦王意識到這個情勢，於是派軍移防五嶺，並在要塞築城設關，

稱與民族的名稱相混。」頁3，廈門大學出版社1988年9月；又陳國強等四人合著的《百越民族史》提到「有的認為東甌是屬於閩越的，不應單獨列為一支……持這種觀點的還有這樣的一個看法，即認為東甌與閩越原來相同，只是到了漢代封了東甌王，東甌才從閩越分出去。」頁169～170，中國社會科學出版社1988年5月。

〔註10〕晉郭璞注《山海經·海內南經》第十，頁267，袁珂校注，上海古籍出版社，1991年重印。
〔註11〕《史記·東越列傳》集解徐廣曰：「年表云：『東甌王廣武侯望，率其四萬餘人來降，家廬江郡』頁2890。
〔註12〕同見前註11，頁3963。
〔註13〕《史記·白起王翦列傳》頁2341，新校本。

如唐杜佑說道：「秦始皇略定揚越，謫戍五方，南守五嶺」〔註14〕事實上，秦、越之所以僵持不下，主要是因秦始皇正為消滅六國，一統天下忙得不可開交，無心戀棧。

到了西元前221年，秦始皇終於解決了六國後，便開始集中火力對付越人。如《史記・李斯列傳》記載：「北逐胡、貊，南定百越」〔註15〕第二次（218B.C.）領軍進攻越人的將軍是尉屠睢，其率五十大軍分五路向越人猛攻。此次距離第一次攻打越人相距四人，越人「好勇輕死」的性格依然不遜於越王勾踐時剽悍，其牽制了秦軍幾十萬大軍，將之困於嶺南。從史料上，我們無法得知為何秦始皇決心要攻打越人，不過此舉卻沒有替他帶來任何好處，正如《淮南子・人間訓》所說的：「發適戍以備越，而不知難之從中發也。」〔註16〕秦之所以倏忽亡國，或許與攻打越人有關。秦、越數次交戰，烽火連綿五年，直至秦始皇三十三年（216B.C.）終於佔領百越等地，且設置郡縣桂林、象郡加以管理〔註17〕。如史載：

> 秦王使尉佗屠睢將樓船之士，南攻百越，使監祿鑿渠運糧，深入越，越人遁逃。曠日持久，糧食絕乏，越人擊之，秦兵大敗。秦乃使尉佗將卒以戍。《史記・平津侯主父列傳》

> 及至秦王，續六世之餘烈，……威振四海，南取百越之地，以為桂林、象郡。《史記・秦始皇本紀》

後來南海尉佗由任囂繼任，秦二世時任囂病且死，召來龍川令趙佗，將南越國事交予趙佗手上，其言：

> 聞陳勝等作亂，秦為無道，天下苦之，……且番禺負山險，阻南海，東西數千里，頗有中國人相輔，此亦一州之主也，可以立國。《史記・南越列傳》

佗果不負重望，當秦政權被推翻後，「佗即擊并桂林、象郡，自立為南越武王」。〔註18〕漢朝興起，天下尚未安定下來，高祖劉邦認識到這個情勢，故遣陸賈至南越立佗為南越王，承認其王位。趙佗在這段承平之世，積極建設南越，

〔註14〕《通典・州郡典》卷一八四，頁4911，台灣商務，1987年。
〔註15〕《史記・李斯列傳》頁2561，新校本。
〔註16〕《淮南子・人間訓》卷十八頁17，中華書局據抱經堂本校刊，四部備要子部，1993年6月六版。
〔註17〕《史記・陳涉世家》頁1963，新校本。
〔註18〕《史記・南越列傳》頁2967，新校本。

其中有幾項政策貢獻頗多，如積極推行華夏文化、推行漢語，禮儀制度的漢化，仿漢推行紀年等〔註19〕。

有關秦朝與南越武王趙佗對南越國之貢獻與影響〔註20〕，大致上分成兩部份來說：

（一）在秦政府方面——1.設立郡縣制，「略定楊越，置桂林、南海、象郡」〔註21〕。2.辟新道，築秦關。3.謫徙越人、戍越將士落籍嶺南，史書記載原本攻打南越的秦軍，全留在南越等地，讓士兵在此地成家，以戍邊防。而有些罪犯、賈人、逋亡人則流放到越地，自然落籍與越人一同生活。秦政府的措施對越人的社會產生很大的影響，如郡縣制，則將南越納入秦政府所管轄的範圍內；至於謫徙軍人與落籍越地，由於漢越雜處緣故，自然會有所接觸、了解，進而使得越人的生活產生一些變化。

（二）在趙佗為王時——1.和集百越，讓百越部落不再互相殘殺，緩和其族人的內部關係。2.任用越人豪酋為官，如趙佗任用粵將畢取，粵郎都稽等人，讓百越族人有參與政權的機會，使南越國得以長治久安。3.從越俗，趙佗入境隨俗，抱持著與越族同其俗的態度，贏得越人的信任。從趙佗改變漢人與越人相處的模式開始，正是促使漢越人民走向融合這條路上，這對漢越雙方文化交流皆有很大的影響。趙佗當然也意識到這樣的趨向，故在統一南越後，馬上推展漢字，視「以詩書化或俗，以仁義團結人心」為目標。因此，南越人漸漸學會使用漢字，最明顯的莫過於職官方面，如「治中從史一人，居中治事主眾曹，文書用漢制也。」「雖錫光教民禮義，嶺表華風所由始史冊。」〔註22〕在出土的南越國墓葬中，更可發現這樣的轉變，像書寫漢字的器材十分普遍，如廣西貴縣羅泊灣一號墓的木牘《從器志》，其上有三百七十二個漢字。此外如木器、銅器、漆器等物品上，也均刻有漢字〔註23〕。所以，從漢字的使用的線索來看，百越人已漸融入於漢文化之中了！

〔註19〕參見張榮芳、黃淼章《南越國史》頁100～105，廣東人民出版社1995年12月。

〔註20〕同見前註19，頁31～45，146～149。

〔註21〕同見前註18。

〔註22〕陳窞齋撰《廣東通志》卷十，頁205～206，據清同治三年重刊本影印，華文圖書出版，1967年。

〔註23〕同見前註19，頁100～101。

貳、三國時期的山越

　　山越是秦漢間百越族所遺留下來的後裔，據胡三省的解釋：「山越本亦越人，依阻山險，不納王租，故曰王越。」、「山越，越民依阻山險而居者」〔註24〕。學者萬繩楠亦道：

　　　　山越這個名稱之所以在三國時期被突出起來，一是由於山間地理條
　　　　件特殊，形成山區居民特有的風俗習慣；二是由於孫吳建國江東，
　　　　山間居民未附，屢次興兵進討，常用山越之名。〔註25〕

　　不過山越一詞，真正見於古籍始於《後漢書‧靈帝紀》：「（建寧二年）丹陽山越賊圍太守陳寅，寅擊破之。」〔註26〕令史冊著墨較多的倒是《三國志》的吳志，山越居民多分佈於九郡等地，如吳、丹陽、會稽、鄱陽、豫章、新都、東陽、東安、建安；這一帶的山區是其民出沒之處，如皖南的黃山、浙江的天目山、會稽山、括蒼山、仙霞嶺、福建的武夷山、江西的九嶺山。其民風飄忽矯健、膽識倍人，如同萬繩楠所言其未降附孫吳之故，因此對孫吳政權而言，是個不能不除的肉中刺。

　　山越之所以令孫吳政權頭痛，主要是分佈區域太廣過闊，使其不得不「限江自保」，其活動範圍如下：丹陽郡、新都郡、吳郡、吳興郡、會稽郡、鄱陽郡、豫章郡、臨川郡、盧陵郡、長沙郡、衡陽郡、始安郡、桂陽郡、交州等山區〔註27〕。如此遼闊的活動範圍，皆是山越人民所居之地〔註28〕。由於生活在環境險惡的山區，使得其民仍是保有尚武的習慣，生活情形自是與平地漢人迥異，如史書載明：

　　　　俗好武習戰，高尚氣力，其升山赴險，抵突叢棘，若魚之走淵，猿
　　　　狖之騰木也。時觀間隙，出為寇盜，每致兵征伐，尋其窟藏，其戰
　　　　則蜂至，敗則鳥竄。自前世以來，不能羈也。……宗先移恪等曰：「山
　　　　越恃阻，不賓歷世，緩則首鼠，急則狼顧。」《三國志‧諸葛恪傳》

儘管被迫移居山林，山越人民並不是過著雞犬相聞老死不相往來的生活，他

〔註24〕《資治通鑑‧漢紀》卷六十二，建安三年（198A.C.），胡三省注，頁 2009，
　　　　天工書局，1988 年再版。
〔註25〕詳見於氏著《魏晉南北朝史論稿》頁 83，雲龍出版社，1994 年 12 月。
〔註26〕《後漢書‧靈帝紀》頁 330，新校本。
〔註27〕同見前註25，頁 84～85。
〔註28〕參見傅樂成《漢唐史論集》〈孫吳與山越之開發〉頁 82，聯經出版社，1977
　　　　年。

們亦隨著時代的脈動而改變，如孫吳政權採用「擒盡」之法〔註 29〕，捉拿不少山越之民，將之集中起來，打散其部落，使其不能互通，還將山民當成奴僕使役，擴充兵源。如此一來，縱使有再多的山越人民也無法抵抗孫吳政權鎮壓，因此，至六朝迄，山越已漸漸淡入歷史之中。

參、其他越族

百越民放除了上述幾個主要族裔外，還有一些依山傍水而居的越人，因爲生活過於隱蔽，導致外界對他們不甚明瞭，認識亦不多。這些存留於閩、贛、兩廣、嶺南之間的越族，其族裔眾多，雖名不見經傳，但其生命力卻是十分強韌，早在周代時已有其蹤跡。如古籍載道：

> 正南甌鄧，桂國、損子、產里、百濮、九菌、清令以珠璣、海瑁、象齒、文犀、翠羽、菌、鶴、短狗爲獻。《逸周書‧王會解》

這些奇特的族稱，指的就是駱越、甌越等分支。到了東漢還出現烏滸、俚、僚等名，唐代則流行「峒」一名：

> 靈帝建寧三年，鬱林太守谷永以恩信招降烏滸人十餘萬內屬，皆受冠帶，開置七縣。《後漢書‧南蠻傳》

> 建武十二年，九眞徼外蠻里張游率種人募化內屬，封爲歸漢里君。
> 注：里，蠻之別號，今呼爲俚人。《後漢書‧南蠻傳》

> 荊州極西南界至蜀，諸民曰僚子。《博物志》

> 青箬裡歸峒客，綠荷包飯趁圩人。《柳河東集‧柳州峒氓》

其族稱如此多樣化，主要是與壯侗語有關，漢人初入越地，依其語音加以稱呼，隨著各族裔音譯不同，族名自然有異〔註 30〕。將時間再拉回到秦漢時的越人，其際遇又是如何？當時秦始皇以郡縣加以管理，但在此範圍內的越族卻是依然各自生活，少與外界往來，如甌越，在今浙江，在漢武帝時爲其所統治，漢化較快。而嶺南的越人因氣候因素，常有瘴癘，蛇蟒滋生，使得「丈夫多夭」，外人不易進入，因此，對於其文化保存十分有利。另外，分佈在閩東、浙南地區的畬族，或有稱爲瑤（猺）人。傳說其先人爲盤弧，古籍也曾如《山海經》、《風俗通義》等記載有關盤弧傳說，他們主要居住丘陵

〔註 29〕 《三國志‧賀齊傳》：「凡討治斬首六千級，名帥擒盡」頁 1378，新校本。
〔註 30〕 參見覃曉航《嶺南古越人名稱文化探源》頁 6～11，北京中央民族大學出版社，1995 年。

地境內，有負有勝名的武夷山、仙霞嶺圍繞著。此地物產資源十分豐富，有農產品稻穀、豆類，林木、土產、礦產眾多。山巒重重，溪谷幽深，風景壯觀，在漢人勢力鞭長莫及時，畬族人民正過著「寒盡不知年」的歲月。到了隋唐以後，此地聚居不少漢人，也逐漸改變其生活習慣與文化風俗。嶺南的越人隨著時間的流逝，漸漸改變其生活與文化，甚至連舊族名也消失了，至唐宋以後，取而代之的是壯族、傣族、侗族、畬族、傜族、黎族等名稱。但不管朝代怎麼更迭，族名怎麼改變，仍舊切不斷他們與百越民族命脈相連的事實。

第二節　百越文化內容轉變

　　秦漢以後，百越人所居之地開始有了不同於以往的面貌，如新式建築的出現—小橋流水、園林競美取代了干欄式建築，尚武之風轉爲崇尚文學藝術，吳語與中原雅音並行，信仰上也增添有四方神祇等等。凡此種種現象，皆在顯示百越文化因漢文化的加入，不由自主地受其影響，尤以民風、語言及宗教信仰爲甚，詳見下文分析說明。

壹、物質生活

一、經濟生活

　　過去，學者常以文化角度出發來討論江南地區的經濟，認爲江南經濟遠不及北方，是個未開發的地區，到了漢代以後因移民的緣故，才逐漸有所進展。事實上，在本文第四章第二節即談到，百越人民種植稻米之歷史源遠流長，甚至在春秋時期的吳、越還發展出早期的市場經濟，可見江南地區的開發並非晚於漢代移民才開始的〔註31〕。不過秦漢以後，江南社會經濟繁榮之景象，並非無中生有，這全歸因於人口急遽大增之故。從史書所載的戶口數字顯示，江南地區的人口確實呈直線上升，而它對江南經濟開發了很大的作用。如下表所列〔註32〕：

〔註31〕與此觀點相近的學者如劉淑芬，見於《六朝的城市與社會》中篇〈三至六世紀浙東地區的經濟發展〉頁195～196，學生書局1992年10月。
〔註32〕參照《漢書・地理志》頁1950；《後漢書・郡國志》卷二十二頁1566，百衲本；部份引自學者劉淑芬書中表格，同見前註31，頁207。

時代	郡名	戶口數目
西漢	會稽郡	戶：223,038
		口：1,032,604
東漢	會稽郡	戶：123,090
		口：481,196
	吳郡	戶：164，164
		口：700,782
西晉	會稽郡	戶：30,000
	東陽郡	戶：12,000
	新安郡	戶：5,000
	臨海郡	戶：18,000
	建安郡	戶：4,300
	晉安郡	戶：4,300

　　光一個會稽郡就增多了六萬多戶，人口多出十五萬人，意味著它的勞動人口相對增加。若藉由晉人左思作品〈吳都賦〉一比照，便能清楚地改感受到勞動口增加對江南經濟開發有多大的影響力：

　　四野則畛畷無數，膏腴兼倍，原隰殊品，窊隆異等，象耕鳥耘，此之自與，稱秀菰穗，於是乎在。煮海為鹽，採山鑄錢，國稅再熟之稻，鄉貢八蠶之綿。……開市朝而普納，橫闤闠而流溢，混品物而同廛，並都、鄙而為一。仕女伫眙，工賈駢坒。〔註33〕

　　此時江南無處不是肥美的膏田，稻穀一年收成兩次，早朝開市，貨物像流水般地盈滿於市場，人們無不忙於買賣交易，其繁榮景況令人難以想像！即便六朝的江南經濟發展穩定，但值得注意的是，這時的經濟型態卻有所轉變。造成其轉變原因，始自於政治因素〔註34〕，如三國以後出現了特殊的經濟型態，即所謂「莊園」地主與以小家庭為主的「小農」經濟結構。

　　三國孫吳在軍事方面採行領兵制，造成王公貴放文武百將得到廣闊的土地與大批的佃客，是以「僮僕成軍，閉門為市，牛羊掩原隰，田池布

〔註33〕《文選·吳都賦》頁90，藝文印書館，1991年12月十二版。
〔註34〕萬繩楠將其歸納為三個原因：其一，宗族紐帶並不堅固，其二西晉永嘉之亂，宗人南北分飛，其三，東晉稅法的改革使聚族而居變得無利可圖。見於氏著《魏晉南北朝史論稿》第十一章〈南朝時代歷史的變化與發展〉頁246～248，同見前註25。

千里」〔註35〕的景象首次成爲江南的風光。不過儘管「莊園」在三國儼然成形，但使其能成爲江南經濟主流，還得靠漢末北方大批宗族移民南渡。根據劉淑芬的研究〔註36〕，擁有「莊園」者其來歷有三：一是當地的士族與豪族，如會稽孔、魏、虞、謝四族爲最〔註37〕，二是避亂而來的北方大族，如瑯琊王氏、陳郡謝氏等，三是在政治上嶄露頭角的本地寒人。而「莊園」分佈最多的地方則是會稽郡〔註38〕，如王羲之曾擔任會稽內史而定居於此，謝氏宗族如謝安居住上虞等。這主要是因爲西晉王室南渡之際，吳地業已開發，北方宗族只好在會稽、臨海一帶安定下來，殖產興利、封山占澤、置田立墅。如此一來，不論是吳大族所居住的三吳之地（吳郡、吳興、會稽合稱三吳），或是北方王公貴族據進的會稽郡，處處可見莊園田墅遙遙相望，生活優渥奢靡。這些人構成了江東著名的大族，他們仗勢著政治上的權勢，買賣土地、無利不圖，將北方「井田之變，豪人貨殖，館舍佈於州郡，田畝連於方國」〔註39〕的經濟景象，也帶到江南來。如孔靈符的田墅「周回三十三里，水陸地二百五十六頃，含帶二山，又有果園九處」〔註40〕、謝混家族「田業十餘處，僮僕千人」、「園宅十餘所，又會稽、吳興、琅琊諸處，太傅、司空琰時事業，奴僕猶有數百人」〔註41〕。

　　「莊園」在魏晉寺期還是以宗族爲主的田莊，到了六朝時經營方式產生變化，轉成以個體家庭爲主的田莊〔註42〕，唯一不變的它仍實行多種農作物的經營，勞動人手有奴僕佃農等。原則上都能自給自足，「謝工商與衡牧，生何待於多資，理取足於滿腹」〔註43〕，其產業有稻田、麥田、蔬果、林場、

〔註35〕《抱朴子‧吳失》卷三十四，頁652，台灣商務，1968年十一版。

〔註36〕同見前註31，頁224。

〔註37〕《世說新語‧賞譽》卷八：「會稽孔沈、魏顗、虞球、虞存、謝奉，並是四族之儁，於時之傑。」是以孔、魏、虞、謝是會稽四族。頁297，藝文印書館1974年4月三版。

〔註38〕學者劉淑芬以爲按照陳寅恪先生〈天師道與濱海地域的關係〉的說法，北方大族選擇會稽等地爲居住地，與天師道頗有關係。同見前註31，頁232～233。

〔註39〕《後漢書‧仲長統傳》頁1651，新校本。

〔註40〕《宋書‧孔季恭傳附孔靈符傳》頁1533，新校本。

〔註41〕《宋書‧謝弘微傳》頁1593，新校本。

〔註42〕萬繩楠指出：「在劉宋，包括士大夫和庶人在內，異計、殊產的，十家就有七家、八家之多，個體家庭在南方已經替代大家族，成了社會組織的基本單位。」氏著《魏晉南北朝史論稿》第十一章，頁244，同見前註25。

〔註43〕謝靈運《謝康樂集‧山居賦》頁6，台灣商務，1968年十一版。

魚池等，因此一旦進到莊園裡，入目的可是「燒爐種養竹、木，雜果爲林芳」、「陂湖江海魚鰍梁紫場」〔註 44〕，奴僕爲「山作及水役，採捨諸事」忙得不可開交。其所生產的物品還可以加入市場中與他人交易，以求更多的利潤，如謝靈運的〈山居賦〉寫道：「春秋有待，朝夕須資，既更以飯，亦桑貿衣」，〔註 45〕，正是莊園對外貿易的最佳寫照。

除了「莊園」的大地主外，小農也掌握著一部份的土地所有權。他們將其所種植的農作物，拿到市場上買賣，或種蔬果採菱，如會稽陳氏之女「相率於西湖采菱藕，更日至市貨賣」〔註 46〕，或養蠶爲業，如宋人袁粲之母「躬事績紡，作以供朝夕」〔註 47〕等。眾所周知，春秋時期吳國的城市以具備市場功能，到了六朝幾代，更是把市場功能發揮得淋漓盡致〔註 48〕，凡是從事生產者，大多前往市場交易，而小農就是靠著銷售商品的方式，維持家計，負擔國家稅租。在整個六朝，江南經濟發展飛快，成爲全國最富庶的地區，如「良疇美柘，畦畎相望，連宇高薨，阡陌如繡」、「以區區吳越，經緯天下十分之九」〔註 49〕，最主要的因素莫過於市場熱絡發展，而這又與小農有極密切的關聯。瞭解到促使江南開發與其經濟繁盛的景象後，再來讀丘遲的〈與陳伯之書〉：「暮春三月，江南草長，雜花生樹，群鶯亂飛」，自然對江南爲何能成爲全國政治、經濟重心，體會更深。

二、講究衣著

秦漢以後，吳越之地的百姓，就十分注重衣服裝飾，一改昔日讓中原人恥笑的陋習──斷髮文身。如《顏氏家訓》談道：「梁世士大夫，皆尚褒衣博帶，大冠高履，出則車輿，入則扶侍，郊郭之內，無乘馬者。」〔註 50〕又言：「南間貧素，皆事外飾，車乘衣服，必貴整齊；家人妻子，不免

〔註 44〕《宋書・羊希傳》頁 1537，新校本。
〔註 45〕同見前註 42，〈山居賦〉頁 13。
〔註 46〕《南齊書・孝義傳》頁 959，新校本。
〔註 47〕《南史・袁粲傳》頁 2229，新校本。
〔註 48〕六朝以建康城爲中心，發展出不少城市經濟，而設有市的城市很多，如京口、廣陵、吳郡、會稽、餘杭、東陽以及壽春等，均屬商業發達的都市。參見侯旭東《東晉南朝小農經濟補充形式初探》頁 8～11，魏晉南北朝隋唐史 1996 年第 4 期。
〔註 49〕《陳書・宣帝紀》頁 82；《晉書・王羲之傳》頁 2096，新校本。
〔註 50〕北齊顏之推著，趙曦仁注重校《顏氏家訓・涉務篇》卷四，頁 170，廣文書局 1977 年 12 月。

飢寒。」〔註51〕史書甚至還記載南朝士人徐湛之在服飾上講究的情形：「門生千餘人，皆三吳富人之子，姿質端妍，衣服鮮麗。」〔註52〕從先秦越人堅持的斷髮文身之俗，到南朝時吳越人民的講究服飾，這種種改變可謂不小。由此也看出「漢化」對百越文化的影響，它已把百越舊有之文化連根拔起。

貳、精神生活

一、民風轉變

古越人的習俗原爲「銳兵任死」，狂傲不羈，令人神往，如史所載：

> 夫越性脆而愚，水行而山處，以船爲車所以楫爲馬，往若飄風，去則難從，銳兵任死，越之常性也。《越絕書・越絕外傳記地傳》

> 吳王闔閭，聞允常死，乃興師伐吳，越王句踐，使死士挑戰，三行，至吳陳，呼而自剄，吳師觀之，越因襲擊吳師，吳師敗于檇李。《史記・越王句踐世家》

> 且越人愚憨輕薄，負約反覆，其不可用天下之法度，非一日之積也。《漢書・嚴助傳》（載淮南王安上武帝書）

從這些「性脆而愚」、「死士挑戰」、「呼而自剄」、「愚憨輕薄」等語句，顯見古越人尙武的習氣濃厚。不過，自西漢末年政局開始動盪不安，致使許多北方士族大量南遷，造成有所謂「會稽頗稱多士」之說〔註53〕。北方士族南遷，也帶來了北方的學術思潮，進而徹底改變了百越舊有習俗，開始重視文風，學習詩歌詞賦，展現前所未有的文藝氣息。文與武鮮明的對比，顯示著舊有的百越文化正逐漸消融，取而代之的是漢文化。學者王鳴盛在《十七史商榷》中亦論及此事：

> 「策、權起事在吳」：〈魯肅傳〉：「孫策薨，權住吳。」案：項梁與羽，策與權，起事之處皆在吳，即今蘇州府治吳、長州、元和三縣地，蓋自闔廬、夫差以來，吳兵甚強，漢、魏時尚有遺風，非如今日吳人之柔脆，不足爲用武地也。〔註54〕

上文雖說「漢、魏時尚有遺風」，但其本質已漸次轉變，如古籍載道：

〔註51〕同上書，〈治家篇〉卷一，頁 29。
〔註52〕《宋書・徐湛之傳》卷七十一，頁 1844，新校本。
〔註53〕《後漢書・循吏・任延傳》頁 2460～2461，新校本。
〔註54〕王鳴盛《十七史商榷》卷四十二，頁 371～372，台北大化書局，1984 年再版。

> 蘄春人性躁勁，風氣果決，包藏禍害，視死如歸，此則其舊風也。
> 自陳平之後，其俗頗變，尚淳質，好儉約，喪紀婚姻，率漸于禮。《隋
> 書‧地理志》

> 其民老死不識兵革，四時嬉遊，歌鼓之聲相聞。蘇軾〈表忠觀碑記〉
> 永嘉以後，衣冠避難，多萃江左，文藝儒術，於今爲盛，蓋因顏謝
> 徐庾之風焉。明人劉槃《化成記》

到了六朝之際的吳越之風，演變成「民多柔弱」的性格，如此懸殊的對比，從何而來？張荷歸納其原因，認爲主要是隨著漢末南遷，北人將中原的文學、玄學、藝術傳入江南，造成東晉南朝以降，江南風氣大大改變，「柔弱」成爲江南民風的典範〔註55〕。因此，雖現在外民風轉變成這副模樣：「及侯景之亂，膚脆骨柔，不堪行步，體羸氣弱，不耐寒暑，坐死倉猝者，往往而然」〔註56〕、「南人怯懦」、「吳人不習戰」〔註57〕，一再顯示今非昔比。六朝時代的吳越人民，只是個手無縛雞之力的無用書生罷！

二、語言融合

一般而言，在人類社會中，語言是一個很重要的溝通工具，因爲，透過溝通，人們可以學習他人的習俗、記憶、價值等，進而認同他人。無庸置疑地，這些確實是它的特點，不過，令人注目的卻是它另一項特點，即是它能標示出每個民族的不同，充分表現民族的獨一無二。從其語言當中，我們可以發現此民族的獨特性與自主性。因此，語言可是說是每個民族的象徵。但是，隨著古代官方語言的普遍化，造成不同語言民族之間的界限越來越模糊、淡薄，甚至語言之間可以互通，形成語言實體的轉變。話雖如此，本文無意以語言學的理論去討論語言融合問題，只是欲藉史料來說明百越語言轉變之現象，進而展現「漢化」曾對百越人民產生莫大的影響。

關於吳語的研究，學者陳寅恪先生曾在其論文集中撰寫一篇〈東晉南朝之吳語〉〔註58〕，提到不少有關吳語使用之問題，給予吾人許多啓發性的想

〔註55〕張荷《吳越文化》第十〈江南社會風尚的演變〉頁15～164，遼寧教育出版社1995年4月第二版。
〔註56〕《顏氏家訓‧涉務篇》卷四，頁171。
〔註57〕《宋書‧武帝紀》卷一，頁2，新校本；《宋書‧顏顗之傳》頁2079，新校本。
〔註58〕《陳寅恪先生論文集》〈東晉南朝之吳語〉頁1179～1184，台北里仁書局，1981年。

法。下文將分別從漢代作品《方言》，與史書中所載的士人使用吳語兩方面來
探討語言轉變的問題。

（一）漢代語言與《方言》

　　本文第三章曾述及有關吳越同俗一事，語言自然也不例外。如《呂氏
春秋・貴直篇》云：「夫吳之與越也，……習俗同，言語通。」〔註59〕甚至
連揚雄所作《方吾》一書，也認爲吳越兩地的語言實是相通的，常將兩者
並舉，可見一斑。令人好奇的是，這種語言究竟是什麼樣子？學者王啓濤
先生以爲：

> 南方壯侗語系語言中，音節由聲母和韻母構成，每個音節都有聲調。
> 聲母比較簡單，多爲單輔音，韻母比較複雜，有單元音、複元音、
> 元音帶鼻音韻尾，元音帶塞音韻尾。〔註60〕

學者羅杰瑞（Jerry Norman）則補充道出其語言的特色：

> 漢語南方方言，總的來說聲母很簡單，濁音完全清化，少數方言有
> 舌面音和舌尖前音的對立，多數則沒有這種對立，即使只有舌尖前
> 音，保留古舌根音而沒顎化。另外，南方有些方言從來不愛讀塞擦
> 音，但是在南方方語中，古韻尾全部保留，這一點是最突出的特徵。
>
> 〔註61〕

從上述兩位學者的說法中，讓我們眞正地理解到與壯侗語頗有淵源的百越
語，或許也具備這些特徵。而這些特徵，可就是讓熟諳夏音的楚公子無法欣
賞〈越人歌〉的主要因素。不過這種待譯而通的情形，到了漢代漸有改善。
從《方言》一書所記載的材料得知，其將漢代語言分成十二區〔註62〕：

　　1. 秦晉方言區——秦、晉、梁益。
　　2. 周韓鄭方言區——周、韓、鄭。

〔註59〕《呂氏春秋・貴直篇・直諫》卷二十三頁 5。中華書局據抱經堂本校刊，四部
　　　　備要子部，1979 年 2 月十四版。

〔註60〕王啓濤《論南染吳越・北雜九虜》頁 21，語文研究 1997 年第 2 期。

〔註61〕美人羅杰瑞（Jerry Norman）《漢語概說》第九章〈南部方言〉頁 188，張惠英
　　　　譯，語文出版社，1995 年。

〔註62〕此分區是根據劉君惠、李恕豪、楊鋼、華學誠著《揚雄方言研究》一書，頁
　　　　105～106，巴蜀書社，1992 年 10 月。此外，林語堂亦分十二區——秦晉、鄭
　　　　韓周、梁西楚、齊魯、趙魏之西北、魏衛宋、陳鄭之東郊、楚之中部、東齊
　　　　與徐、吳揚越、楚、南楚、西秦、燕代。見於羅常培、周祖謨《漢魏晉南北
　　　　朝韻部演變研究》第一分冊頁 70～114，科學出版社 1958 年。

3. 趙魏方言區──趙、魏。

4. 衛宋方言區──衛、宋。

5. 齊魯方言區──齊、魯。

6. 東齊海岱方言區──東齊、海岱。

7. 燕代方言區

8. 北燕朝鮮方言區──北燕、朝鮮。

9. 楚方言區──楚郢、北楚、江淮。

10.南楚方言區──江湘、沅澧、九疑湘潭。

11.南越方言區

12.吳越方言區──吳、越、甌。

將此地理分區與《方言》一書比對後，可發現南楚區、南越區與吳越區的語言是較為接近的，南楚的地理位置根據《史記‧貨殖列傳》所言「衡山、九江、江南、豫章、長沙、是南楚也。」〔註63〕它與南越、吳越關係密切，如《方言》將南楚與江淮方言並舉的次數有十五次，如：

> 攉、捈，拔也。自關而西或日拔，或日攉，自關而東，江淮南楚之間或日捈。

> 蘇、芥，草也。江淮南楚之間曰蘇，南楚江湘之間曰芥。

顯見兩區的語言較為相近〔註64〕。另外還有一個原因，也會造成兩區語言接觸頻繁，南楚與吳越同屬古越人，亦同受到北邊楚文化的影響甚多，因此兩者會有相似的語言。而吳越區的吳、越方言在書中出現有五十三次之多，其中吳地就佔有三十三次，可見吳語的地位十分重要，為吳越區的主要語言。經常與吳語並舉的語言，屬楚語最多，如：

> 稟、悛，敬也。吳楚之間自敬曰稟。

> 逴、騷、蹇也。吳楚偏蹇曰騷。

此種現象說明了吳語在漢代受到楚語的強烈影響，也形成吳、楚語言有顯著的相同性，其主要表現在語音上，如書載：

> 吳楚則時傷輕淺，燕趙則多涉重濁。《切韻序》

> 南方水土和柔，其音清舉而切詣，失在浮淺，其辭多鄙俗。《顏氏家

〔註63〕《史記‧貨殖列傳》頁3268，新校本。

〔註64〕《揚雄方言研究》第二編，〈《方言》與方言地理學〉頁253，同見前註62。

訓‧音辭》

　　方言差別，固自不同，河北江南，最爲鉅異。或失在浮清，或滯於

　　重濁。《經典釋文‧序錄》

至於南越區的語言就更爲孤立，除了秦時所遷居的漢人外，少有機會與外界
接觸交流，因此在漢代南越區的語言改變不大。

　　另外再就《方言》體例中的通語來看，劉君惠等人指出漢代語言演
變的趨勢：（一）漢代的通語吸收了不少方言詞語，尤以南楚方言爲
甚。在這方面，秦晉方言、周韓鄭方言和齊魯方言相對穩定。（二）
各方言區詞多轉移爲江東語。（三）南方的吳越方言，楚方言及南楚
方言同北方地區的方言距離有縮小的傾向。〔註65〕

這種現象可由《方言》一書及郭璞的注中考察得知，如：「虔，儇，慧也。楚
或謂之隋。注：他和反，亦今通語」，「娥，嬴，好也。……趙魏燕代之間曰
姝。注：昌朱反，又音株，亦四方通語。」，「凡飲藥而毒，南楚之外謂之瘌，
北燕朝鮮之間謂之癆。東齊海岱之間謂之眠，或謂之眩。注：眠眩亦今通語
耳。」〔註66〕原爲北方的語言，如今連南方竟然也使用起來。周振鶴等以爲
通語的產生有三方面的因素：

　　一是因爲東漢時期內地長期的安定局面，使各地人民聯繫交往密切

　　頻繁，首都和文化發達地區的方言容易成爲通語。另一方面，邊疆

　　地區游牧部族的入侵，又使邊地人民內遷，這也加速方言的融合。

　　其次是三國時期戰爭頻繁，人民經常流徙播遷，也造成方言的混化

　　和統一。〔註67〕

顯而易見地語言混合的局面悄然成形，東晉以後吳越、南楚、南越已無法保
持原來的語音，只是這樣的演變速度，不若漢末因離亂人民南徙所造成的語
音混合來得快〔註68〕。

〔註65〕第一編〈揚雄與他的《方言》〉頁64，同見前註62。

〔註66〕見於楊家駱主編《方言校箋附通檢》頁1～2，20，台北鼎文書局，1972年9
　　　　月初版。

〔註67〕周振鶴、游汝杰《方言與中國文化》頁90，台北南天書局，1988年10月第
　　　　一版。

〔註68〕學者郭錦桴亦有類似見解，其以爲中古人口遷移對漢語的統一或漢語的形
　　　　成、演變具有重大的作用。見氏著《漢語與中國傳統文化》第十章〈漢語方
　　　　言與地域文化〉頁238，北京中國人民大學出版社，1993年6月第一版。

（二）吳語與夏音

漢末北方正值叛亂，戰事不斷，士人為免於波及，屢率其家族大舉南遷，如史書記載：

> 太祖不從，而江淮間十餘萬眾皆驚走吳。《三國志‧魏志‧蔣濟傳》
>
> 初，曹公恐江濱郡縣為權所略，徵令內移，民轉相驚，自盧江、九江、蘄春、廣陵十餘萬，皆東渡江，江西遂虛。《三國志‧吳志‧吳主傳》
>
> 漢末大亂，徐方士多避亂揚土。《三國志‧無志‧張昭傳》

不僅如此，東晉永嘉之亂，大批士族更是一波皮地湧進吳郡與會稽，進而掌控了江南整個政治經濟命脈，如史書言：「收合流散，東據吳會」〔註69〕。又因門第觀念之故，造成原居江南人民更是苦無機會躍升「龍門」〔註70〕。舊居江南之世族，據《三國志‧吳志》記載有朱、張、顧、陸、虞、周等望族，為了能與北方世族相抗衡而揚棄其母語，改用中原夏音。這種現象一直延續到南朝仍是如此，導致當時江東權貴只有少數人會操吳語，餘者則夏音吳語混用。如《南史‧顧琛傳》：「先是宋世，江東貴達者，會稽孔季恭，季恭子靈符，吳興丘淵之及琛，吳音不變。」〔註71〕從上述內容看來，只有少數幾人堅持使用母語，其音才得以不變，故造成此一現象產生之因素，實有一探其緣故之必要。

鉤稽史料，從而發現，兩晉南朝時南北方士、庶使用語言的習慣大有異同：

> 易服而與之談，南方士庶數言可辨；隔垣而與之語，北方朝野日難分。《顏氏家訓‧音辭篇》

顏之推提到南方士人與平民所說的話，只要數言即可分辨，這是因為南方士人操夏音，而庶人習操吳音，一聽隨即分曉；反倒是北方人不論士庶皆操夏音，故難以辨識。吳語和夏音到底有何特色呢？根據陸法言《切韻‧序》云：「吳楚則時傷輕淺，燕趙則多傷重濁。」〔註72〕雖然燕趙等地非等同於洛陽，但同屬中原，故語音相去不遠。史書曾經記載吳人張融在路途中遇到盜賊，

〔註69〕《三國志‧吳志》孫策傳注，頁544，百衲本。

〔註70〕《世說新語‧德性》卷上：「後進之士，有升其堂者，皆以為登龍門。」頁6。

〔註71〕《南史‧顧琛傳》頁919。

〔註72〕陸法言《切韻‧序》頁4，《覆宋本重修廣韻》（一），上海商務，1936年初版。

本將殺而食之，因作「洛生詠」，盜賊才放他一馬〔註73〕。「洛生詠」，本是中原人士渡江後所操的洛陽話，張融要不是早已熟稔夏音，那能如此幸運脫險？東晉太傅謝安爲北人，亦能作「洛下書生詠」，其發音重濁，這是北音的特色。

> 安能作「洛下書生詠」，而少有鼻疾，語言濁。後名流多效其詠，弗
> 能及，手掩鼻而吟焉。《晉書・謝安傳》

吳人想學洛音就必須掩鼻，才能表現出北音「濁重」，否則就四不像了！又如《抱朴子・譏惑篇》言：「況於乃有轉易其聲音，以效北語。既不能便良，似可恥可笑。所謂不得邯鄲學步，而有匍匐之嗤者。」〔註74〕學者余嘉錫亦謂「然則西晉之末，因中原士大夫之渡江，三吳子弟慕其風流，已有轉易聲音以效北語者，相沿日久，浸以成俗」〔註75〕。由此可知，吳地士人喜操夏音，蔚爲奇觀。

倒是北來官吏，如王儉、王敬則等人，因久居江南，竟嘉操吳語接待士人或庶人，雙方溝通更不成問題：

> 王敬則，臨淮射陽人也，僑居晉陵南沙人。《南史・王敬則傳》
>
> 敬則名位雖達，不以富貴自過，危拱傍遑，略不衿裾，接士庶皆吳
> 語。《南齊書・王敬則傳》

像劉昶，雖是北人之後裔，但罵起人來，倒是吳語、夏音混雜使用。

> （劉昶）訶罵童僕，音雜夷夏。《北史・劉昶傳》

從上述內容發現一個有趣的現象，凡是北來後裔皆曉吳語，反倒是江南士人卻堅持使用夏音，這當然與政治上求官求祿有關。不過，不能忽略的是，當南方人汲汲營營於夏音時，北方的士人卻喜用吳語與人對談，或可看作其欲籠絡人心，故作此態。

> 劉眞長始見王丞相，時盛暑之用，丞相以腹熨彈棋局曰：「何乃淘！」
>
> 劉既出，人問：「見王公云何？」劉曰：「未見他異，唯聞作吳語耳！」
>
> 《世說新語・排調》

縱使王導用盡心思，使用吳語籠絡江南人民，但卻不知江南士族的心意實是避吳語唯恐不及，因爲整個學術時尚仍是以中原夏音爲主，江南士人欲作詩詞歌賦必倣效名流之士；甚至，爲了想讓上層文化認同，無時無刻不積極通

〔註73〕《宋書・張融傳》頁 833，新校本。
〔註74〕《抱朴子・譏惑篇》外篇卷二十六頁 609～610，台灣商務，1968 年。
〔註75〕余嘉錫《世說新語箋疏》頁 795，上海古籍出版社 1995 年。

曉北音。顏之推對此頗不以爲然，他認爲江南士人爲求語音高尚雅馴的心態，實在可議：

> 江南閭里間，士大夫或不學問，羞爲鄙樸，道聽途說，強事飾辭；呼徵質爲周鄭，謂霍亂爲博陸，上荊州必稱陝西，下揚都言去海郡……，凡有一二百件，傳相祖述，尋問莫知原由，施安時復失所。
>
> 〔註 76〕

因此，吳語在江南士庶既複雜又矛盾的心理下，想要保持原有的音韻，恐怕比登天還難。正因這種矛盾的心態，導致夏音與吳語開始融合、甚至相互影響對方，又顏氏道：

> 南染吳越，北雜夷虜，皆有深弊，不可具論。其謬失輕微者，則南人以錢爲涎，以石爲射；以賤爲羨，以是爲舐。北人以庶爲戌，以如爲儒，以紫爲姊，以洽爲狎，如此之例，兩失甚多。〔註 77〕

當時的吳語，與先秦百越人所用之語言略有差距，但卻是最接近的一種語言。在上述例子中，其指出北人南遷，華夏雅音受到吳語的影響甚大，出現了「聲多不切」的現象，只要是「從」母皆歸於「邪」母，「床」母三等則歸入「禪」母。」〔註 78〕因此，雙方語言一旦交流，相互影響是免不了的。

對此，顏之推卻感到憤懣不平，唯恐夏音變調，故而盡其所能編寫起《切韻》一書來。但問題是，華夏語言在當時可謂是強勢語言，不論在政治、經濟、軍事，高居權位者皆通曉夏音較多，而吳語卻是弱勢語言，儘管華夏雅音略受吳語影響，卻僅只一鱗半爪，不成比例的。總歸上言，發現一個的特殊現象，即移民帶來了吳人與北來士人雙語現象。由於使用雙語，造成雙方不可避免地學起對方的語言，而融入自己的母語中，使得母語在語法、語彙上產生一些變化，如杭州話中有許多語吾已和官話一致，而與周圍地區的吳語不同，像「你」、「他」、「不」等字，吳語的詞彙原爲「儂」、「夷」、「個」、「勿」，但杭州已失去其母語的特色，變成與官話一樣。〔註 79〕

〔註 76〕《顏氏家訓‧勉學篇》卷三，頁 115。
〔註 77〕同上書，〈音辭篇〉頁 277。
〔註 78〕詳見周祖謨《語言文史論集》頁 94，提到床禪不分：「顏之推在《家訓》中講到當時南北語音的差別時也曾經說南人『以石爲射』、『以是爲紙』（見音辭篇），『石、是』屬禪母，『射、紙』屬床母」母此歸結出南人床禪、從邪不分。五南圖書出版，1992 年。
〔註 79〕上述例子引自周振鶴、游汝杰著《方言與中國文化》第二章〈方言與移民的關係〉頁 19，台北南天書局，1988 年 10 月。

第三節　漢越交融——宗教信仰

　　承前文所言，百越文化至秦漢以後受到政治因素的影響，作了極大的轉變，當然連宗教信仰也包含在內。關於宗教信仰部份，曾在第四章第五節論及百越人原始宗教信仰，大致上也認識到其「尚巫風、信鬼俗」的信仰型態；不過值得注意的是，儘管戰國至秦漢數代，政權屢有更迭交替，幾番改變，但江南人民，共本上仍以百越族人為主體，而其信仰習俗大多亦沿襲舊制，再加上因不同統治者需求而設的漢人信仰，兼容並蓄，內容廣泛！

　　至於，本文所注重的轉變部份，主要以雙方文化交流時，相互影響、「探借」〔註80〕的內容為主，如下三方面：一、統合官方信仰：漢武帝採用越巫勇之、祭武夷君、立越祠等；二、葬俗方面：越人改變舊有葬俗，轉為漢人葬法；三、宗教信仰思想方面：如越人吸取漢人各種神祇信仰、承接了漢人的冥界與神仙思想。以下就這幾方面的轉變加以說明探討。

壹、百越宗教信仰與漢文化相互融合

一、南方宗教信仰融合概況

　　從歷史發展角度來說，南方宗教信仰約莫經歷三次整合匯流，才有後來蓬勃發展的局面。第一次融合為戰國時期，由於越與楚「數相并兼，故民俗略同」〔註81〕故於文化習俗上頗多相似之處，就連兩者的宗教信仰亦經常相提並論，如「楚人鬼，而越人襪」〔註82〕。此外，兩者亦同奉巫俗，雖然占卜略有不同。在本質上卻是相近的。除此之外，造成越、楚文化融合最主要的原因還是政治因素。由於楚滅越後，盡收吳越舊地，再加上春申君黃歇請封於吳地，這些背景因素更加速縮減雙方的差距，使得兩地巫鬼文化快速融合。

　　第二階段的融合，是秦始皇一統天下後，將各地宗教信仰加以整合形成秦帝國的官方宗教，也讓這些各行其是的宗教信仰始有融合的機會。在宗教政策上有兩項措施，如引進五行思想於宗教信仰系統中〔註83〕，及統籌規劃

〔註80〕「採借」的說法源自於學者葉春榮〈葫蘆福佬裔漢人的祀壺信仰〉頁92，收於《從周邊看漢人的社會與文化》，黃應貴、葉春榮主編，中央研究院民族學研究所出版，1997年3月。

〔註81〕《漢書・地理志》下頁1668，新校本。

〔註82〕《列子・說符》卷八頁107，台灣商務，1968年。

〔註83〕《史記・封禪書》：「自齊威、宣之時，騶子之徒論著終始五德之運，及秦帝而齊人奏之，故始皇采用之。」頁1368，新校本。

各地的祭祀內容。如官方的祭典「天地名山大川鬼神」，有固定的祭拜時間〔註84〕；至於民間信仰方面，則無硬性規定，「郡縣遠方神祠者，民各自奉，不領於天子之祝官」〔註85〕。

最後一次的融合則於漢武帝時，百越人之信仰因武帝信越巫勇的關係，受到官方的重視，在此次融合佔有一席之地。如《風俗通義·怪神》說到漢武帝：「尤信越巫。」〔註86〕不僅如此，還立越祠、行越卜等。〔註87〕直至東漢初年，仍盛行之，如「會稽俗多淫祀，好卜筮。」〔註88〕可見越人信仰已在地方上深深紮根，影響深遠。

自秦漢以後，官方祭祀與民間信仰之間的分野，越來越模糊，如官方祭祀中亦存有民間之信仰，如上言的「越祠」。甚至，官方與民間的祭拜對象也重疊在一起，如武帝拜武夷君之例〔註89〕。是故，從兩者模糊不清的狀況下，我們無法採用嚴格、分明的標準去界定秦漢以後的南方民間信仰。惟不能忽視一個訊息是—百越人的信仰並不因漢人信仰的介入，而產生任何質變，反而更加穩定、紮實地發展其宗教信仰，影響所及，連知識份子也無法倖免。譬如，東漢以後，由於時局紛亂，許多知識份子多奔走江南等地，其中不乏方士術者。其將漢之方術南移至江南，兩種習俗一旦合流，隨即蔚為風潮，造成江南人民紛立祠堂雜祀〔註90〕，且於吳越境內本多巫道者，故民間信仰

〔註84〕《史記·封禪書》：「及秦并天下，令祠官所長奉天地名山大川鬼神，可得而序也。於是自殽以東、名山五。大川祠二，曰太室。太室、嵩高也。恆山、泰山、會稽、湘山。水曰濟、曰淮。春以脯酒為歲祠。因泮凍。秋、涸凍、冬，塞禱祠，其牲用牛犢，各一。牢具珪幣各異」頁1371，新校本。

〔註85〕《史記·封禪書》頁1377，新校本。

〔註86〕應劭著《風俗通義·怪神》頁423，王利器校注，明文書局，1988年3月再版。

〔註87〕立越祠見於《史記·孝武本紀》載：「乃令越巫立越祝祠，安臺無壇。」頁478。巫術方面，亦見於同書：「越俗有火災，復起屋必以大，用勝服之。」於是建章宮。

〔註88〕《後漢書·第五倫傳》頁624，百衲本。

〔註89〕《史記·孝武本紀》頁456，新校本。

〔註90〕早在百越族尚在之時，立祠之風已有所聞，如《越絕書》載「無錫歷山，春申君時歲祠以牛。」《漢書·地理志》與王逸的《楚辭章句》所說的「重淫祀」、「好祠」。由此可見立祠在百越人的宗教文化上體現頗多。此種風潮演變到漢代仍不改其俗，也經常立廟祠，如有廬江郡天柱山祠、會稽郡歷山祠、臨淮郡海陵江海會祠、潁川有太山、少室山廟、廣陵江都有江水祠等，皆是位於百越人所居之故地。以上諸祠皆見於《漢書·地理志》頁1560，1568～1569，1590，1638。

大行其道,無從禁絕。最令人矚目者莫過於盛行於江南的道教信仰,由於江南地域與燕齊雷同,多山川島嶼,人民或因避難,或因意外飄流至一處不知名之島嶼,其妙境令人嚮往,故輾轉相傳引發人們心生志慕之心,欲往之學道成仙。這些思想日後便與北來之「太平道」、西來之「天師道」合流,形成一股強大的道教信仰力量!

二、漢越祀神文化交融現象

官方祀典諸神之演變簡表:

時代	原有諸神名號	增入之名號
先秦時期	祀上帝山川日月星辰。上帝有四爲:白、青、黃、赤。	
漢高祖	同上。〔註91〕	高祖二年,原本四帝增設黑帝爲五帝。〔註92〕高祖六年又設蚩尤神爲戰神及七巫祠祀官,各有其專祀之神。〔註93〕
漢文帝	同上	增置渭陽五帝廟〔註94〕
漢武帝	同上	長陵神君〔註95〕、泰一、武夷君、后土、壽宮神君〔註96〕。增設越祝祠,令粵巫祀「天神、上帝、百鬼」。
漢宣帝	同上	五嶽、四瀆。
王莽	將主要神衹集中長安,並加以整理分類。此時「自天地六宗以下至諸小鬼神,凡千七百所。」	

〔註91〕《漢書・郊祀志》上:「二年……下詔曰:『今上帝之祭及山川諸神當祠者,各以其時禮祠之如故』」頁1210,新校本。
〔註92〕同上書云:「二年(205B.C.)……乃立黑帝祠,名曰北畤。」頁1210。
〔註93〕同上書云:「令祝立蚩尤之祠於長安。長安置祠祀官,女巫。其梁巫祠天地、天社、天水、房中、堂上之屬;晉巫祠五帝、東君、雲中君、巫社、巫祠、族人炊之屬;秦巫祠社主、巫保、族累之屬;荊巫祠堂下、巫先、司命、施糜之屬;九天巫祠九天:皆以歲時祠宮中。其河巫祠於臨晉,而南山巫祠南山、秦中。秦中者,二世皇帝也。各有時日。」頁1211。
〔註94〕同上書。頁1213。
〔註95〕同上書云:「神君者,長陵女子,以乳死,見神於先後宛若。宛若祠之其室,民多往祠。平原君亦往祠,其後子孫以尊顯。及上即位,則厚禮置祠之內中。」頁1216。
〔註96〕同上書云:「(元狩五年)上召置祠之甘泉。及病,使人問神君,神君言曰:『天子無憂病,病少癒,強與我會甘泉』。於是上病癒,……置壽宮神君。」頁1220。

從此簡表可發現到，漢代官方信仰的神祇略有增多，某些神祇的增祀，推究其因，應是受到各地民間信仰之薰染，如武帝時祭拜的武夷君，及越巫的出現，都是道地的南方信仰。如《史記‧封禪書》道：

> 武夷君用乾魚。……是時既滅南越，越人勇之乃言：『越人俗信鬼，而其祠皆見鬼，數有效。昔東甌王敬鬼，壽至六十歲。後世謾怠，故衰耗。』乃令越巫立越祝祠，安臺無壇，亦祠天神上帝百戊，而以雞卜。上信之，越祠雞卜始用焉。〔註97〕

儘管，這些例子少如鳳毛麟角般，但依然能傳達秦漢時期南方宗教信仰的遺風，對漢文化所產生的影響。此外，越巫似乎還有其他本領，如助漢軍攻打匈奴、大宛，其法術爲詛咒：

> 是歲，西伐大宛。……丁夫人、雒陽虞初等以方祠詛匈奴、大宛焉。
> 《漢書‧郊祀志》

據顏師古注引應劭說道：「丁夫人，其先丁復，本越人，封陽都侯，夫人其後，以詛軍爲功」〔註98〕不過，這種將巫術用於軍事上，漢武帝並非第一人，因爲早在春秋時期就有越巫助越國攻打吳師一事，如《越絕書‧越絕外傳吳地傳》云：「巫神，欲使覆禍吳人船」〔註99〕。其成效如何，史書卻無明言，故不得而知。以上所言，即可清楚看出百越宗教信仰對漢文化的影響層面，可謂不小，也造成其宗教信仰內容些微的改變。

三、「漢文化」與百越宗教文化衝突與融合

（一）漢代士人的排斥

就「漢文化」而言，儒家傳統思想爲其主要代表。它對南方人民「重淫祀」之舉措十分不以爲然，認爲是極不符合發於情止乎禮的。如書道：

> 論語：「非其鬼而祭之，諂也。」又曰：「淫祀無福。」是以泰山不享季氏之旅，而《易》美西鄰之禴祭，蓋重祀而不貴牲，敬寶而不求華也。《風俗通義‧祀典》第八

「淫祀」一詞源於《禮記‧曲禮》：「非其所祭而祭之，名曰淫祀，淫祀非

〔註97〕《史記‧封禪書》頁1399～1400，新校本。
〔註98〕《漢書‧郊祀志》頁1264，新校本。
〔註99〕《越絕書‧越絕外傳記地傳》卷八頁5。

福。」〔註100〕漢代儒者皆稟承此念，不僅嚴屬譴責淫祀之風不可長，更欲以法令來約束巫祀，如西漢成帝時，太常杜業曾上書言：「假令丹知而白之，此誣罔罪也；不知而白之，是背經術惑左道也；二者皆在大辟。」〔註101〕從訂下「大辟」重罪可看出，當時士人對巫祝的觀感十分賤視、輕蔑。

　　儘管如此，漢代南方宗教信仰事件卻越演越烈，會稽等地民風尤重淫祀，弄得巫風氾濫、民散其財，故有些官吏見此情事，認為此風不可，於是大力禁遏人們重祀之舉，如東漢光武中元元年（56A.C.），宋均出任九江太守時：

> 九江逡道有唐、居二山，名有神，眾巫共為取公嫗，歲易，男不得復娶，女不得復嫁，百姓苦之。……時太守宋均到官，……曰：「眾巫與神合契，知其旨欲，卒取小民不相當。」於是敕條巫家男女以備公嫗，巫扣頭服罪，乃殺之，是後遂絕。《風俗通義·怪神》

宋均嚴懲巫祝的作法，正好與前文所言漢代儒士的心態是一致的。這個例子，足以看出知識份子與民間宗教信仰之間有著極大的衝突。再觀看光武建武時（53A.C.），第五倫擔任會稽太守，以漢律斷然絕止當地巫俗，如下：

> 會稽俗多淫祀，好卜筮，民一以牛祭，巫祝賦斂受謝，民畏其口，懼被祟，不敢拒逆；是以財盡於鬼神，產匱於祭祀。……時太守司空第五倫到官，先禁絕之，掾吏皆諫，倫曰：「夫建功立事在敢斷，為政當信經義，經言：『淫祀無福』、『非其鬼而祭之，諂也』律『不得屠殺少齒』。令鬼神有知，不妄飲食民間；使其無知，又何能禍人」。遂移書屬縣，曉諭百姓：「民不得有出門之祀，督課部吏，張設罪罰，犯，尉以下坐，祀依託鬼神，恐怖愚民，皆按論之。有屠牛，輒行罰」……《風俗通義·怪神》

在會稽當地的宗教信仰「淫祀」中展現兩個特點：一，為巫祝藉其巫術向百姓斂財，另一是人民的迷信〔註102〕，如其為了信仰，不惜以牛為牲禮，嚴重影響人民的經濟生活——「財盡於鬼神，產匱於祭祀」。故第五倫採取強制的手段，予以遏止；不過，地方官吏卻不願配合，由此可以看出橡吏與巫祝有所勾結，與主事者有利益糾葛。雖然，應劭在文章結尾寫著「後遂斷，無復

〔註100〕十三經注疏《禮記·曲禮》頁97。
〔註101〕《漢書·杜周傳》頁2680，新校本。
〔註102〕詳見蒲慕州《追尋一己之福——中國古代的信仰世界》第八章頁242，允晨文化1995年初版。

有禍崇矣」〔註103〕等語，不過，從後世宗教信仰的發展演變來看，並非如此，重淫祝之風依舊不減半分。故第五倫的禁令只是暫時生效，長期來看，這個懲置猶如小石子投入海，起不了多大作用。正如蒲慕州所言的官方之改革，只重在其物質面或實際面而已，並未徹底解決人民的需求：

> 這類官方的取締行動並不能眞正消除一些深植在民間的信仰活
> 動。……當知識份子批評或改革民間信仰時，所根據的原則基本上
> 是以那些民間祀祠的物質面或實際面爲主要的考慮。換言之，他們
> 的行動與批評的本質基本上是俗世性的，如某一祀祠花費過大、巫
> 祝欺民斂財等，與該民間信仰所以成立的宗教背景沒有直接的關
> 係。〔註104〕

除了一述二位官吏外，在東漢順帝時，有一位名爲欒巴的豫章太守〔註105〕，亦採行翦巫的處置，如《後漢書》所載：

> 郡士多山川鬼怪，小人常破貲產以祈禱。巴素有道術，能役鬼神，
> 乃悉毀壞房祀，翦理姦巫，於是妖異自消，百姓始頗爲懼，終皆安
> 之。〔註106〕

其實，人民甘願散盡財產，以祀奉山川鬼怪，並非受巫祝妖言所迷惑，這種祈禱山川鬼怪的行爲流傳久遠，如《淮南子‧人間訓》道：「吳人鬼，越人櫙」高誘解釋爲好事鬼與機祥〔註107〕，既是如此，豫章人民只不過是付諸具體行動罷了。

透過上述三個翦巫之例，我們可以大膽推測——漢世以後吳、越兩地的巫風，正如火如荼的展開來，任憑誰也抵擋不了，甚至如前文所言，需動用到法令來遏抑此風潮。周人庾信《哀江南賦》有一句「問諸淫婚之鬼，求諸厭劾之巫」〔註108〕，可謂是江南巫風的寫照。

（二）魏晉士人的參與

魏晉士人參與地方宗教信仰，大抵有三種因素：一是跟隨一般民間信仰

〔註103〕《風俗通義‧怪神》頁402。
〔註104〕同見前註102，頁248～249。
〔註105〕按《漢書‧地理志》記載，豫章在吳地。
〔註106〕《後漢書‧欒巴傳》頁834，百衲本。
〔註107〕《淮南子‧人間訓》及高誘注頁2，中華書局。
〔註108〕《藝文類聚‧人部哀傷‧哀江南賦》頁606，唐歐陽詢撰，京都中文出版社，1980年再版。

習俗，沒有其他意圖，二是積極參與，第三則是藉此以達自身利益。

　　先論第一種類型者。學者陳寅恪先生在〈天師道與濱海地域之關係〉一文中闡述東西晉南北朝奉天師道之世家，於舊史記載可考者，大抵與濱海地域有關，而青徐數州、吳會諸郡等地，爲天師道之傳教區〔註109〕。由此觀點加以延伸，可發現三國以後道教信仰普及江南，使得江南之士族莫不以此爲信仰。如《晉書・孫恩傳》云：「三吳士庶多從之。」〔註110〕又《隋書・經籍志》道：「三吳及邊海之際信之踰甚」〔註111〕更因江南爲南朝政治經濟之重鎮，故成爲信徒聚集之所在。據史書載士族世奉此道者有吳郡杜氏、會稽孔氏、義興周氏、丹陽葛氏、陶氏、東海鮑氏、吳興沈氏等等。茲列舉數人簡述如下：

會稽孔氏：

　　孔愉字敬康，會稽山陰人也。其先世居梁國，曾祖潛太子少傅。漢末避地會稽。因家焉。吳平，愉遷於洛，惠帝末，東還會稽。入新安山中，改姓孫氏。後忽捨去，皆謂爲神人，爲之立祠。《晉書・孔愉傳》

丹陽葛氏：

　　葛洪字稚川，丹陽句容人也。尤好神仙導養之法。從祖玄，吳時學道得仙，號葛仙公。以其鍊丹秘術授弟子鄭隱，洪就學，悉得其法焉。《晉書・葛洪傳》

東海鮑氏：

　　鮑靚字太玄，東海人也，年五歲語父母云：本是曲陽李家兒，九歲墜井死。父母尋訪得李氏，推問皆符驗，靚學兼內外，明天文河洛書，爲南海太守，嘗見仙人陰君，受道訣，百餘歲卒。《晉書・鮑靚傳》

吳興沈氏：

　　沈約字休文，吳興武康人也。……因並夢齊和帝以劍斷其舌。召巫視之，巫言如夢，乃呼道一奏赤章於天。稱禪代之事不由己出。高祖聞赤章事，大怒，中使譴責者數焉，約懼，遂卒。《梁書・沈約傳》

〔註109〕見於《陳寅恪先生論文集》〈天師道與濱海地域之關係〉頁365～366。
〔註110〕《晉書・孫恩傳》頁2632，新校本。
〔註111〕《隋書・經籍志》頁1093，新校本。

由上舉數例知江南士族極嗜信道，並非虛言。

第二種類型的知識份子，如三國時人笮融，其信教極為虔敬，且亦積極參與宗教活動，據史書載道：

> 笮融者，丹陽人，初聚眾數百，往依徐州牧陶謙。……乃大起浮圖
> 祠，以銅為人，黃金塗身，衣以錦采，垂銅槃九重。下為重樓閣道，
> 可容三千餘人。悉課讀佛經。令界內好佛者，聽受道，復其他役，
> 以招致之。由此遠近前後織者五千餘人戶。〔註112〕

在三國時期佛教已漸漸風靡士人之間，在江南等地的人民對於新興宗教的包容度頗高，故像笮融之類的士人花費數億、大力興建佛教祠堂，實不足為怪。

第三種情況者，則以吳國先主孫堅為例，其帶兵至南陽投靠太守張咨，以圖奮起。而張咨因存有私心不願意幫助他，孫堅便利用民間信仰迫使張咨出面。此例見於《吳歷》：

> 初，堅至南陽，咨既不給軍糧，又不肯見堅，堅欲進兵，恐有後患，
> 乃詐得急疾，舉軍震惶，迎呼巫醫，禱祀山川，遣所親人說咨，言
> 丙果欲以兵付咨，咨聞之心利其兵，即將步騎五六百人，詣營省堅，
> 堅臥與相見，無何，卒然而起，按劍罵咨，遂執斬之。〔註113〕

「迎呼巫醫」與「禱祀山川」，在孫堅來說這只不過是因事制宜的手段，算不上是真正的信仰。

由上述兩個不同朝代士人所表現出來的態度，可知「漢文化」與百越宗教文化正逐步地接觸、試探、進而慢慢地融合在一起，於是才有六朝士人追逐神仙之風出現。不論如何，「漢文化」確實也吸收了不少百越宗教文化，成為宗教信仰主流。

貳、百越宗教文化之轉變

一、葬俗改變

要討論越人葬俗的轉變，必須先對越人的墓葬有簡單的了解。在先秦時期，越人的墓葬形制依其地域約分三種：土墩墓、懸棺墓、土坑墓等。

（一）土墩墓——大都分佈在蘇南、太湖、浙江等地，其特點為不同木質葬具，墓底鋪有石床或石槨，有墳丘而無墓穴，在其上放置亡者及陪葬品。

〔註112〕《三國志·吳志》劉繇附傳，頁1060，百衲本。
〔註113〕《三國志·吳志》裴注引《吳歷》頁978，百衲本。

其年代上至西周早期，下至戰國初年。〔註114〕

　　（二）懸棺葬——又稱作船棺葬、崖葬、仙棺、架壑船等，其分佈地區以武夷山區爲主及臨近的閩、浙、贛境內亦有其足跡。此種墓葬多擇高山臨水、懸崖絕壁的崖洞，再加以鑿洞作爲墓室，不埋入土中；葬具以木棺爲主，形狀呂船形。至於，其年代目前還難以確定。〔註115〕

　　（三）土坑墓——華夏族與楚人也此作爲其墓葬形制，而使用此墓制的越人，主要是居住在福建、廣東、湖南等地〔註116〕。其在春秋時期爲狹長形墓坑，這種墓坑可能放置船形葬具，而戰國時期因採用平底棺之故，則變成寬坑。其墓坑的高度約一米，深約三米，底徑約二米，方向以東西向較多，如廣西有二百五十一座，安等秧山有八十六座，都是朝東西向。〔註117〕這種特殊現象，吳銘生以爲是「表明了百越民族儘管各有種姓，卻有同一的觀念。」〔註118〕

　　吳、越在春秋時期雖爲大國，但入戰國後又爲楚國所滅，再加上吳、越兩國墓葬數目本來就不多，故而要分辨吳、越、楚墓就更加不容易。不過，藉由上文簡略的說明，相信對於古越人的葬俗應有一番認識，接著要說明的是到了兩漢以後，越人的墓葬習俗已產生一些轉變，最明顯的例子如墓葬形制及墓葬方向。就墓葬形式來說，先秦以前所流行的土坑墓，到了漢代則轉變爲磚室墓。從蒲慕州的研究中發現，廣東境內使用土坑墓（豎穴）者直線下降，反觀磚室墓卻有往上遞增的趨勢，到了東漢甚至普及全國〔註119〕。這樣的發展雖非意味著漢代越人需放棄其他葬俗，但卻顯示出越人已開始接受漢文化的薰陶而甘願改變舊俗。

　　另外，就墓葬的方向來說，古越人以東西向爲主，但到了漢代卻開始轉爲南北向。這主要是因爲同時代的中原地區其墓葬，不論是土坑墓或是磚室墓，主要以北向爲多，越人受其影響所致。中原漢人是根據什麼而從北俗？《禮記》一書或許可解釋其原委，書云：「葬於北方，北首，三代之達禮也。」

〔註114〕蔣炳釗等著《百越民族文化》頁365～369，上海學林出版社1988年1月。
〔註115〕同見前註114，頁374～380。
〔註116〕同見前註114，頁385～386。
〔註117〕此說詳見於吳銘生《湖南古越人葬俗》頁112，南方文物1995年第2期。
〔註118〕同見前註117，頁113。
〔註119〕蒲慕州《墓葬與生死：中國古代宗教之省思》第一章頁11，第三章頁84～91，聯經出版社，1993年初版。

〔註120〕這種習俗代表著何種意義？蒲慕州推測:「其原始意義可能是基於一種北方屬陰，故為死者魂靈所歸的觀念。在招魂儀式中，招魂者升屋，北向呼喚死者，也是由於相信死者靈魂向北方而去。」〔註121〕此外，從兩漢出土墓葬中，統計出「南北向」之磚墓室較「東西向」為多，共有五百二十七個〔註122〕，這或許可解釋為漢人遵循古禮而產生的現象，而越人因「漢化」自然也接受了其方位觀念。

二、冥界與神仙思想

（一）冥界與鬼神

由於受到楚「鬼神文化」的影響〔註123〕，秦漢以降，一般人咸信世間真有鬼神的存在，且認為人死之後將為鬼，這樣堅定的信念直至今日仍不減半分。溯其源頭，主要與人死後將化為何種形體及歸向於何處有關。對此疑慮，《左傳》記載了鄭子產的話作以解釋:

> 人生化曰魄，既生魄，陽曰魂。用物精多，則魂魄強，是以有精爽，至於神明。匹夫匹婦強死，其魂魄猶能馮依於人，以為淫厲。
>
> 〔註124〕

「魂魄」可能是人死後繼續存在的形式，最惡者可為厲鬼降災禍於人，故亦可視為鬼。《墨子》亦言「鬼」:「古之今之為鬼，非他也，有天鬼，既有山水鬼神者，亦有人死而為鬼者」〔註125〕可見此時早已流傳人死為鬼的觀念。人死既為鬼，其去處究竟何方？《左傳》提到「不及黃泉，不相見也」，《楚辭·招魂》則說:「魂兮歸來，君無下此幽都些。土伯九約，其角觺觺些。」王逸注曰:「幽都，地下后土所治也，地下幽冥，故稱幽都。土伯，后土之侯伯也。

〔註120〕十三經注疏《禮記·檀弓》下頁170。

〔註121〕同前註117，頁97。

〔註122〕同前註117，參見土坑（豎穴）墓墓向表3-9、表3-15、磚室墓墓向表312、表3-16、頁98～101。

〔註123〕屈原《楚辭·招魂》中提到的幽都土伯，是冥界的神祇;另外楚墓中還出現有鎮墓獸，學者張軍以為此物除了為山神、辟邪、土伯、引魂升天的龍，還可能是死神、靈魂的看守者、冥府的守護者、靈魂的化身和人死復活的過渡形式及生命之神的象徵等等。見於其書《楚國神話原型研究》頁62～63，文津出版社，1994年初版。

〔註124〕《左傳》昭公七年，頁764。

〔註125〕清孫詒讓撰《墨子閒詁·明鬼》頁224，成文出版社，1977年。

土有土伯，執衛門戶，其身九區有角觺觺，主觸害人也。」〔註126〕可見「黃泉」、「幽都」為死後歸宿，並非人們衷心所嚮往之處。到了秦漢以後，這個觀念不僅流傳四方，更成為百越人民宗教信仰之一。

究竟人們於何時開始建構起人死後的歸處——「冥界」？一般而言，人類將其冥界概念直接表現在墓葬品上，訴諸於典籍者則十分罕見。若從墓葬品的內容，即能看出時人所刻劃出來的冥界，最著名者如長沙馬王堆一號「非（飛）衣」、三號漢墓中的帛畫，其描繪出天堂、升天、人間與地下等三個世界。百越人民吸納了漢人冥界的思想後，也開始出現在他們的墓葬中，像江南出土之漢墓，雖不像楚地如此豐富，但仍隱約可看出其受到楚地鬼神觀念的影響，如銅鏡之類的物品。

銅鏡有銘始於漢初，但早在戰國時代就有銅鏡的出現，且以楚地產量為嚴，形制亦優美。銅鏡主要為墓地的隨葬品，而其銘文多為在陽世之人對亡者的思念與祈福，如廣州漢墓中所出的銅鏡上所寫的詞句，讓人感受到其對死者的不捨及對死者於陰間的冀望：

　　　常想（相）思，毋相忘，常富貴，樂未央。〔註127〕

　　　常與君，相謹幸，毋相忘，莫遠望。〔註128〕

這類銅鏡為西漢中期的作品，形式為帶方欄草葉連弧謬銘文鏡及蟠螭紋銘文鏡。內容多為四字句吉語。西漢晚期所出土的銅鏡較之不同，如揚州漢墓的鏡銘分成內外圈，內為「見日之光，天下大明，千秋萬世，長毋相忘，宜侯王。」外為「清銀鉛華以為鏡，絲組為紀以為信，清光明乎服春，富貴備昌，鏡辟（避）不羊（祥）。」〔註129〕從銘文的字裡行間亦可窺見人們的期望。另外江蘇高郵漢墓所出土的一塊符錄木片上，則展現與上例完全不同的態度：

　　　乙巳日死者，鬼名為天光，天帝神師巳知汝名，疾去三千里，汝不

　　　即去，南山給□，令來食汝，急如律令。〔註130〕

〔註126〕《左傳》隱公元年，頁37；《楚辭・招魂》卷九頁103〜104，後漢王逸注，
　　　　台灣商務1968年，國學基本叢書四百種。
〔註127〕《廣州漢墓》墓1173:3，中國社會科學院考古研究所編輯，文物出版社，1981
　　　　年。
〔註128〕《廣州漢墓》墓1174:19，同見前註127。
〔註129〕王勤金、李久海、徐良玉〈揚州出土的漢代銘文銅鏡〉頁95，《文物》，1985
　　　　年第10期。
〔註130〕〈江蘇高郵邵家溝漢代遺址的清理〉頁10，《考古》，1960年第10期。

這段話透露著人們對亡者尚存在著一股莫名的恐懼，害怕其不祥，希望他速速離去。不過，光是祈求富貴、晉身王侯是不夠的，人們開始冀求長生不老，如廣州漢墓的銘文：「尚方作鏡眞大巧，上有山人不知老，渴飲玉泉兮。」〔註131〕從這些銘文可看出，時人對於未知的世界，仍存在著一股消極悲觀的想法，也揣測死後可能面臨的困境，故而只好在墓葬品中力求面面俱到。

死後的世界爲何種面貌？根據學者蕭登福之研究歸納，其將「冥界」分成冥神與冥物來處理，冥神有陰嬌、地下主、主臧君、蒿里、梁父（甫）及泰山神。〔註132〕梁父、蒿里、泰山皆是掌管生死之神，但也依其職權而分高下，最大者爲泰山，其下有蒿里、梁父二神等神。冥物方面則爲生人所用之物，此觀念即爲「以生事死」，是以人們習慣將亡者生前所使用之器物，用於陪葬。由此可見，時人以爲一般人死後不外是落入地下，而地下的「冥界」卻是生前世界的另一種延續、翻版，與現世並無多大的差別。〔註133〕東漢會稽士人王充記錄下時人之思想，亦作爲佐證：

> 是以世俗内持狐疑之議，外聞杜伯之類，又見病且終者，墓中死人，來與相見，故遂信是，謂死如生。閔死獨葬，魂孤無副，丘墓閉藏，穀物乏匱，故作偶人，以侍尸柩，多藏食物，以歆精魂。《論衡·薄葬》

可見當時人民已普遍有冥界的思想。人死既爲鬼，也有可能爲惡鬼作祟降禍於人間，因此，人們自然而然便把「冥界」與鬼神聯想在一起；再加上百越人本來就頗信機祥、好巫鬼，故以此爲條件而發展，很快地就能接受漢人的冥界思想。故而從漢代以後越人墓葬品中所出現的銅鏡來看，即可說明百越人已全然吸收了漢人的冥界觀。

（二）神仙思想

人既會死，相對的亦有可能不死，因此，長生不老的觀念於民間信仰中佔有極重要地位。長生不老之思想其來已久，淵源於先秦之神仙思想。眾所周知，戰國秦漢年間，求仙訪藥之事時有所聞，此實因人們欲求長生不老，而不畏艱辛險阻所造成的現象。無論是帝王侯爵或販夫走卒，皆好此道。追

〔註131〕《廣州漢墓》墓 4017:36，同見前註 127。

〔註132〕蕭登福《先秦兩漢冥界及神仙思想探原》第三章，頁 158～180，文津出版社，1990 年。

〔註133〕同見前註 102，第七章〈神靈與死後世界〉頁 207～227。

逐仙跡最力者以秦始皇爲第一人，據《史記‧秦始皇本紀》載（三十七年 B.C.）：

> 始皇出游。……行至雲夢，望祀虞舜於九疑山。浮山下，觀籍柯，
> 渡海渚，過丹陽，至錢塘。臨浙江，水波惡，乃西百二十里從狹中
> 渡。上會稽、祭大禹，望於南海，而立石刻頌秦德。〔註134〕

爾後有漢武起而效之，不辭辛勞至南嶽祭拜〔註135〕，此爲神仙思想推波助瀾之始作俑者。但究其起源，或言起於燕、齊濱海之地，與地理形勢大有關聯（多山川島嶼）。而同屬濱海之江南地帶，也易於感染此風〔註136〕。如《越絕書》記載吳越故地如是言之：

> 餘杭者，襄王時神女所葬也，神多靈。
>
> 由鍾窮隆山者，古赤松子所取赤石脂也。
>
> 烏傷縣常山，古人所採藥也，高且神。
>
> 盧山者，巫咸所出也，虞故神出奇怪。〔註137〕

《越絕書》之作者袁康爲東漢會稽人，所言之事或爲神話傳說，但卻也是當地流傳已久的習俗，雖不符史，仍具參考之價值。由上舉數例可知，尋幽訪勝等風雅之事，在江南吳、越故地已十分普遍。所以，當漢人的神仙思想流傳到江南時，人們自然就欣然接受，且理所當然地追求神仙之姿。

像三國以後，道教興盛，方士道人愈強調靈跡仙蹤，且成仙之事屢見不鮮。如葛洪《抱朴子‧內篇‧登涉》云：「凡爲道合藥，及避亂隱居者，莫不入山。」〔註138〕不僅名山待人尋訪，連海中島嶼亦爲尋仙之所在。如同書〈內篇‧金丹〉載鄭隱對左茲言：

> 凡小山皆無正神爲主，多爲木石之精，千歲老物、血食之鬼。此輩
> 皆邪無，不念爲人作福，但能作禍。……是以古之道士合作神藥，
> 必入名山。……若不得登此諸山者，海中大島嶼，若會稽之東翁州、

〔註134〕《史記‧秦始皇本紀》頁260，據《正義》與《集解》釋丹陽、錢塘、浙江、會稽之地理均在江南。

〔註135〕《史記‧孝武本紀》：「上巡南郡，至江陵而東，登禮潛之天柱山，號曰南嶽」頁480；《風俗通義》注云「霍山，南嶽也，應劭曰：潛音若潛，南嶽霍山在灊，縣名，屬盧江」，頁445。

〔註136〕丁煌於所撰《漢末三國道教發展與江南地緣關係初探》一文，述及道教與江南地緣始終深有關連。頁156，成功大學歷史學報第十三號，1987年。

〔註137〕《越絕書‧越絕外傳記吳地傳》卷二頁3～5。

〔註138〕《抱朴子‧內篇‧登涉》卷十七，頁311。

　　　　亶州、紵嶼，及徐州之莘莒州、泰光州、鬱州，皆其次也。今中國
　　　　名山，不可得至，江東名山之可得住者有霍山，在晉安，長山太白，
　　　　在東陽，四望山、大小天台山、蓋竹山、括蒼山並在會稽。〔註139〕
江東的霍山就是漢武帝時增祭的南嶽，又名天柱山，歷來久祀其地已成名山。
關於霍山的事蹟可見於《潛志‧山川二‧城南諸山》：「在錢塘門外，有張眞
君祠。歲仲春八日，傾城士女集焉。」其盛況可見一斑。

　　此股慕仙好道之風，不僅為江南等地造就多處名山，還傳頌出不少江南
仙人術士，為時人所景仰。如《後漢書‧方術傳》所載有高獲、謝夷吾、韓
說、李南、唐檀、華佗、壽光侯、徐登等，這些人皆居於江南吳越故地〔註140〕，
故知方術巫道於江南等地為人所津津樂道。此外，談到長生不老，必然會與
道教倡導的丹藥鍊金等術有所牽連，正如這些人之中不乏擅長丹藥鍊金之術
者〔註141〕。由此可知，神仙思想、士人南遁、江南濱海地緣及吳越故有之巫
俗等因素，讓東漢以後好巫之風愈演愈熾，歷久不衰〔註142〕。

　　綜觀漢魏幾代，江南道士成仙之例時有所聞，從葛洪所撰《神仙傳》中
所歸結出屬吳地仙人共九人〔註143〕。不過，這些人卻是不具顯赫背景的尋常
百姓，如董奉、介琰、徐登等人。董奉之事蹟可見於《三國志‧士燮傳》及
葛洪《神仙》傳，書云：

　　　　燮嘗病死，已三日，仙人董奉，以一丸藥與服，以水含之，捧其頤，
　　　　搖稍之，食頃，即開目動手，顏色漸復，半日能起坐，四日復能語，
　　　　遂復常，奉字君異，侯官人也。《三國志‧士燮傳》

徐登則見於《後漢書》本傳：

　　　　閩中有徐登者，女子化為丈夫。與東陽趙炳，並善方術。時遭兵亂，

〔註139〕《抱朴子‧內篇‧金丹》頁81～83。
〔註140〕據《後漢書‧方術傳》上、下載高獲遠遁江南石城，石城地近今南京。謝夷
　　　　吾、韓說為會稽山陰人。李南為丹陽句容人，地亦為今南京附近；唐檀為豫
　　　　章南昌人，今江西。華佗為沛國譙縣人，壽光侯為吳大夫；徐登為閩中人，
　　　　閩中為今泉州。頁1234～1255，百衲本。
〔註141〕如《後漢書‧方術傳》載華佗「精於方藥、針灸，年且百歲而猶有壯容，時
　　　　人以為仙。」頁1247，百衲本。
〔註142〕同見前註136，頁155～208。
〔註143〕此九人為魏伯陽，吳人；沈羲，吳郡人；東陵聖母，廣陵海陵人；孔元方，
　　　　許昌人；葛玄，吳人；左慈，廬江人；介象，會稽人；董奉，侯官縣人；李
　　　　根，許昌人。皆見於《神仙傳》。

> 相遇於溪，各矜其所能。登先禁溪水爲不流，炳次禁楊柳爲生梯。
> 二人相視而笑。登年長，炳師事之。後登身故，炳東入長安，百姓
> 未知，炳乃昇茅屋，據鼎而爨；主人驚怪，炳笑而不應，屋亦不損。
> 《後漢書・徐登傳》

據上言趙炳「能爲越方」，注引抱朴子釋「越方」：

> 道士趙炳，以氣禁人，人不能起。禁虎，虎伏地，低頭閉目，便可
> 執縛。以大釘釘住，入尺許，以氣吹之，釘即躍出射出，如弩箭之
> 發。異苑云：「趙侯以盆盛水，吹氣作禁，魚龍立見。」越方，善禁
> 咒也。〔註144〕

觀其名似乎與越巫有關之術，或可解釋爲越人所流傳之巫術。能呼風喚雨的
趙炳，爲百姓所敬服，死後「民爲立祠於永康，至今蚊蚋不能入。」〔註145〕
從這些例子中，可發現其得道成仙者多爲社會下階層的人民，這種現象說明
此等身份並不妨礙他們得道。如是通俗普遍的庋仙方法，並非是漢人的專利，
連好巫鬼的越人也躍躍欲試。這種現象，正是漢人神仙思想在百越人心中生
根的顯著表現。

參、小結

　　從漢、越宗教信仰文化交融的情況看來，百越文化並非一味地被動吸收
漢文化，尤其是士人從排斥到融入其中、參與活動這一部份，便可發現漢文
化其實亦不自覺地在吸收百越文化特色。另一方面，百越宗教文化到了漢代
以後，增添許多豐富、多樣的面貌，如前所未有的冥界思想與神仙思想等，
一再顯示出百越宗教信仰內容的確發生很大的轉變，與先秦時期的原始宗教
截然不同！

第四節　百越文化轉變因素之探討

一、漢越通婚

　　漢越通婚，最明顯的例子是出現在秦漢時期的南越國。當時秦軍留下五
十萬大軍戍守嶺南，而這些漢人長居嶺南，落籍越地，也想安定下來，娶妻

〔註144〕《後漢書・方術傳》注引《抱朴子》頁1250，百衲本。
〔註145〕晉干寶《搜神記》頁21，里仁書局，1970年。

生子，其對象自然是百越女子。南越國王趙佗深知通婚對自己的政權利多於弊，因此大尹倡導通婚。在貴族方面，如史載呂嘉家族中「男盡尚王女，女盡嫁王子弟宗室」〔註146〕又第二、三代的南越王所娶的夫人皆爲越女〔註147〕，這麼一來，造成王室與百越族中身份地位高者關係益加密切。此外，在王室的通婚帶領下，漢越通婚的情況更是普遍，尤其五十萬秦軍，必然與越女結婚組成家庭。

　　從史料中，我們當然無法清楚得知漢越通婚的數字，究竟有多少？但是，從秦漢時期的漢越通婚例子中，可以推想秦漢以後一定也會有這樣的實例出現，且大多發生在平民百姓身上。

二、社會結構同化

　　在歷史上明載從漢秦至六朝，形成百越社會結構有所變動者，約莫有三個階段，首先是秦始皇的遷外越，其次爲漢末亂世士人避難，再者爲東晉永嘉之亂，北方士族南遷。在這之中，當然也有其他因素促使士人南遷的，但大致上，以此三階段爲最主要的因素，詳見下文所說。

　　當秦始皇一統天下時，即以政治手腕強勢逼迫越人遷徙，如《史記》、《越絕書》皆錄有此事，再加上漢時東越國舉國遷於江淮間〔註148〕，兩次遷徙已大大打散百越部落聚集的方式，可惜的是史書並無詳細記載其遷外越的情形，故此舉對百越文化到底有多少具體之影響，無從得知。第二階段爲兩漢至三國時期，最早已有一些士人，因政治上的封爵、任官或是避亂等因素，遷居江南等地，譬如東漢王充與士燮的祖先。據《後漢書・王充傳》與《三國志・士燮傳》分別記載此事：

>　王充，字仲任，會稽上虞人也。其先自魏邵元城徙焉。〔註149〕

>　士燮，字威彥，蒼梧廣合人也。其先本魯國汶陽人，至王莽之亂，
>　避地交州，六世至燮父賜，桓帝時爲爲日南太守。〔註150〕

〔註146〕《漢書・兩粵傳》頁3885，新校本。

〔註147〕如廣州象崗漢墓挖掘隊〈西漢南越王墓發掘初步報告〉提到第二代南越王的夫人趙藍可能是越女，「趙藍當是右夫人姓名，右夫人姓與南越王同，可以有二種解釋，一是同姓通婚，二是越女從夫姓」頁225，《考古》，1984年第3期。

〔註148〕見本章第一節，頁4。

〔註149〕《後漢書・王充傳》卷三十九，頁737，百衲本，台灣商務印書館。

〔註150〕《三國志・士燮傳》卷四，頁588，百衲本。

王充與士燮的祖先，分別從其世居之地，移居至會稽與交州來定居。到了三國時期，因亂世避居會稽、吳郡、交州等地者，不勝枚舉，若以《三國志・吳志》的仕宦為例，排除孫氏之輩，共有五十九人。這些人當中有三十人是遠從北方各地遷入江南，餘者多為世居〔註151〕。北來之大都頗有來頭，日後也進入孫氏政權核心中，握有實權，如劉繇、太史慈、張昭等人〔註152〕。反觀，世居者當中，只有頗負盛名的會稽「士族」〔註153〕與吳郡四姓〔註154〕等人，較少能深入權力中心，雖有顧雍為相十九年，但卻為殊見〔註155〕。

　　根據史料研判，三國時代的會稽士族與吳郡四姓諸人，應是舊居於當地的士紳，其譜系或有跡可上溯其源，如山陰謝氏與會稽鍾離氏：〔註156〕

謝煛（漢尚書郎）→謝承（漢武陵太守）→謝崇（吳揚威將軍）、謝勗（吳郡太守）

謝夷吾（漢鉅鹿太守）→□→謝咨（吳海昌都尉）、謝淵（吳建武將軍）

鍾離意（漢魯相）→……→鍾離緒（吳樓船都尉）→鍾離牧（吳濡須督）

〔註151〕以《三國志・吳志》為例，除去孫氏輩，共有五十九人，其中有二十又人為世居，較有名氣者如會稽士族的魏朗，越州餘姚縣西；謝奉，山陰人，其先為東漢謝夷吾；鍾離牧，其先為東漢鍾離意，山陰人。吳郡四姓則為朱桓、張溫、顧雍、陸遜等人。

〔註152〕見《三國志・吳志》載：「劉繇，字正禮，東萊牟平人，齊孝王少子封牟平……繇伯父寵為漢太尉。……姿容美好，孫權愛敬之，」頁584～584「太史慈，字子義，東萊黃人也，……以慈為建昌都尉。」頁587「張昭，字子布，彭城人也，少好學善隸書。……拜昭為綏遠將軍，……更拜輔吳將軍，班亞三司。」頁602～603，百衲本。

〔註153〕「士族」一詞，嚴格說來，至魏晉時始因門閥制度創立而有所謂士族之說。《新書・柳沖傳》卷一九九云：「魏氏立九品，置中正，尊世胄，卑寒士，權歸右姓，其州大中正、主簿、郡中正，功曹，皆取著姓士族為之，以定門胄。」頁5677；士族者，日本學者或有稱為貴族，而一般都用士族，如毛漢光，《兩晉南北朝士族政治之研究》，中國學術獎助學委員會，1966年；或世族、士族皆用者，如呂思勉，《兩晉南北朝史》，上海開明書店，1948。

〔註154〕《世說新語・賞譽》卷四，注引《吳錄士林》：「吳郡有顧、陸、朱、張四姓，三國之時，四姓盛焉。」頁491；陸機〈吳趨行〉：「屬城咸有士，吳邑最為多。八族未促俗，四姓實名家。」頁746，《藝文類聚・樂部論樂》卷四十一，同見前註101。

〔註155〕《三國志・吳志》頁606，百衲本。

〔註156〕同見前註31，參自學者劉淑芬《六朝的城市與社會》中篇〈六朝會稽士族〉頁263、266。

上述諸例，所據皆自史書，雖其內容偏重於政治興替，故世族譜系可能有些殘缺，所能傳達的訊息有限，但仍具價值。如謝崇與謝勖皆爲會稽郡頗有聲望之世族，其先可上溯到漢代的謝暖；鍾離牧之七世祖則爲東漢的魯相鍾離意，他也是世居會稽郡者。而會稽，原本就是百越人世居之地，故世居於此的會稽世族，當然也就是百越族之後代。

而此處所談論的士族，究竟與「漢化」有何關聯？實因門第之起源與家學有密不可分的關係，如余英時學者談論士族發展說道：

> 武帝崇儒政策推行之後，士人的宗族便逐漸發展，……士族的發展
> 可從兩方面來說：一方面是強宗大姓的士族化，另一方面是士人在
> 政治上得勢後，再轉而擴張家族財勢。這兩方面在多數情形下當是
> 互爲因果的社會循環。〔註157〕

古人姚察亦道：「觀夫兩漢求賢，率由經術；近世取人，多由文史」〔註158〕學而優則仕，是既定之理。誠如《顏氏家訓》所言：

> 晉朝南渡，優借士族，故江南冠帶，有才幹者擢爲令僕已下，尚書
> 郎、中書、舍人已上，典掌機要。〔註159〕

看來江南士人早已熟諳此理，因此百越後裔若欲活躍於仕途，得意於政壇，必先熟習中原典籍文物。例如竹林七賢之一的嵇康，也是如此：《晉書·嵇康傳》：「嵇康字叔夜，譙國銍人也，其先姓奚，會稽上虞人，以避怨徙焉。」「嵇本姓奚，其先避怨，徙上虞，移譙縣銍國，以出自會稽，取國一支，音本同奚焉。」〔註160〕其兄嵇嘉爲其寫傳曰：「家世儒學」〔註161〕。嵇康之先世原爲會稽人，並非顯族；但爲了在政治上大展鴻圖，唯一的辦法就是經通儒學。因此，從種種跡象顯示，百越後裔已學會中原典籍，甚至有些人物還是當地的舊勳呢〔註162〕！

〔註157〕詳見余英時《東漢政權之建立與士族大姓之關係》頁213～214，新亞學報一
　　　　卷二期，1956年2月。

〔註158〕《梁書·江淹傳》頁258，新校本。

〔註159〕《顏氏家訓·涉務》頁169。

〔註160〕《晉書·嵇康》頁1369；《世說新語·德性》劉孝標注；有關嵇康先世改姓
　　　　一事的原因，可詳見莊師萬壽著《嵇康年譜》之先世改姓考，頁5～16，台
　　　　北三民書局1981年。

〔註161〕《三國志·魏志》王粲傳引康傳言，頁605。

〔註162〕舊勳之說，見於《三國志·吳志》顧雍傳：「長子邵早卒，次子裕有篤疾，少
　　　　子濟，嗣無後絕，永安元年詔曰故丞相雍至德忠賢輔國以禮，而繼統廢絕，

　　東晉時，與第二階段一樣，當北方士族浩浩蕩蕩大舉南遷時，自然又帶來北方社會風氣與習俗，如名聞遐邇的玄學、清談。他們逐漸將京洛風氣移至新的政治中心——建康，也進而促使江南等地大受影響。此時更講究世族門第，一般寒士根本無法攀升，擢拔人才亦要求通曉經籍。如蘇紹興所謂：「論政治，世族藉九品中正，壟斷高官厚祿；論經濟，世族多厚自封殖，享用豪奢；論社會，世族卑視寒人，自爲婚嫁；論文化，世族出入經籍，談笑屬文。」〔註163〕百越後人若想出人頭地，勢必要周旋於中原各種典籍文物之間；而其自身之文化，幾乎如煙霧般消逝無蹤。

　　前文所舉之例，主要以會稽郡爲主。至於閩地一帶，亦有士族南徙之，如清陳雲程《閩中聞摭》云：

　　　　晉永嘉時，中原板盪，衣冠入閩者八族：林、陳、黃、鄭、詹、邱、何、胡是也。以中原多事，無復北嚮，故六朝間仕宦名跡，顯有聞者。〔註164〕

同樣地，既有漢人南遷自是對居於閩地的越人，多少有些影響，不過囿於人數問題，故閩地受到中原文化影響較爲緩慢，直到唐宋以後才有顯著改變。

　　綜觀北方士族南遷一事，打散了百越民族原有的結構，與之混合；此外，擢拔人才的資格以漢學術爲主，故一些有志於此的人，必定要通曉這些學術文化，加入其團體之中，久而久之，在結構上便開始認同中原文化。表現最顯著的，莫過於這些學術在不斷豐富百越人民生活內涵、社會型態之餘，也逐步褪去百越舊有習俗，以漢人之禮爲禮，再也不見其所謂跣行而行、斷髮文身、父子同川而浴等文化風貌了。

三、漢儒與五帝神話

　　漢儒在西漢帝國正值興盛時，歸納上古各部族歷史變遷的傳說，寫成以

　　　　朕甚愍之，其以雍次子裕襲爲醴陵，繼以明著舊勳」吳錄云：「裕一名穆，終宜太守，裕子榮，《晉書》曰：榮字彥先，爲東南名士，仕吳爲黃門侍郎，在晉歷顯位。」頁606，百衲本。

〔註163〕蘇紹興著《兩晉南朝的士族》頁2，聯經出版社，1993年11月初版第二刷。

〔註164〕清人陳雲程《閩中摭聞》，轉引自《六朝的城市與社會》頁279，同見前註31。

炎帝、黃帝爲主的「五帝」譜系，苦心孤詣地將四方民族之神話揉合在一起，以全新面貌展現出漢民族共一家的文化精神。其世系如下：

黃帝→┌玄囂（青陽）→蟜極→高辛（帝嚳）→堯、契、后稷
　　　└昌意→高陽（顓頊）→鯀→禹→……〔註165〕

　　此世系是太史公根據《大戴禮記》中的〈五帝德〉、〈帝系〉整理而得的，由此世系推論到最後，發現古代帝王黃帝、堯、舜、大禹等人竟是出自一民族，但事實上，他們卻是來自不同民族的。更神奇的是，司馬遷所謄寫的世系，其本源卻是戰國時代所流傳下來的資料，儘管論語曾云：「殷因於夏禮，所損益可知也」，但是拿戰國的資料來說明夏代以前的史事，似乎有些牽強。不過，按照漢儒的邏輯推論，《史記》既說百越族的先世爲夏王大禹，而大禹又與五帝爲同源同出，再加上五帝是漢人共同的祖先，因此，百越族人即不折不扣爲漢民族成員之一。

　　當漢代儒生開始創造以《世本》爲主的「五帝德」譜系時，也順便在爲漢族征戰其他民族之行爲，作一合理之解釋。不論北方之匈奴，南方之百越、南蠻，東方之夷，西方之戎狄，其先世蓋由五帝而出。因此原先設定的門檻——「非我族類，其心必異」之說，在「五帝」譜系完成時，也不復存在了。這些原被漢人視作「禽獸」之族裔搖身一變，成爲大家庭的成員之一。這便是所謂的「歷史起源記憶」〔註166〕，漢儒利用它來凝聚政治上的大一統，使各民族之間層出不窮的問題迎刃而解，如漢代的南越國、閩越國等。

　　百越人認爲自己是大禹的子孫，其中所呈現的意義是極爲特殊，如《史記》記載越人爲夏禹後代，被封到會稽守禹塚一事，應是漢人的記憶，卻不知在何時，轉變爲百越人所認同的記憶。就這樣，百越人民逐漸陷落在「歷史起源記憶」當中，也開始認同起漢民族與其文化，如揚棄斷髮紋身，開始著服戴冠，捨越語使用漢語，參與漢人活動的官場；更變本加厲的是，對於自己原有的文化不再認同，甘心隨漢化而轉變，甚至讓一部份的文化消失瓦解。因此，吾人以爲這是形成百越民族「漢化」的第三個因素。

〔註165〕對於五帝有不同說法，如皇甫謐《帝王世紀》說：「伏羲、神農、黃帝爲三皇，少昊、高陽、高辛、唐、虞爲五帝」而《世本》以爲太昊伏羲氏、炎帝神農氏、黃帝爲三皇，而顓頊、少昊、帝嚳、帝堯、帝舜爲五帝。

〔註166〕同見前註80，王明珂〈漢族邊緣與的羌族記憶與羌族本質〉頁130。

第五節　結語

透過上文冗長的討論，不難發現一個特點，即是實質文化主導權總是落在漢人手中。而他們可以藉著這種優勢，從上而下，展開各種集體認同意識的活動，諸如前言的會稽士族、吳郡四姓，學術風氣的傳承，文化價值的認同以及創造漢民族神話等等，讓百越民族在其所營造的環境下，漸漸融入於漢人社會之中。其間必須經歷三個步驟：如（一）行為的改變，放棄斷髮文身，穿戴中原服飾；捨棄越語，改學習漢族語言。（二）漢越通婚，親上加親，血緣融合，使得兩族差異益加模糊，（三）加入士人團體中，學習中原禮儀、典籍等。如此一來，自然地認同起漢文化，相對地，百越文化也一步一步走上瓦解的路，連最具獨特性的語言也不得不受到影響。所以，「漢化」，基本上，已使得百越民族最底層的文化在秦漢至六朝之間，蕩然無存！

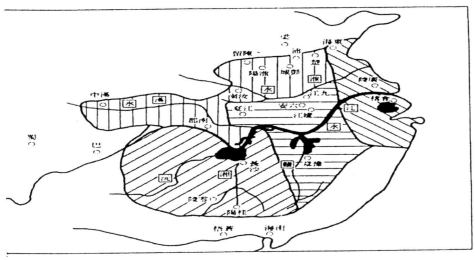

圖一　陳麗桂〈淮南子與楚語〉，《漢學研究》第二卷第一期，1984 年。

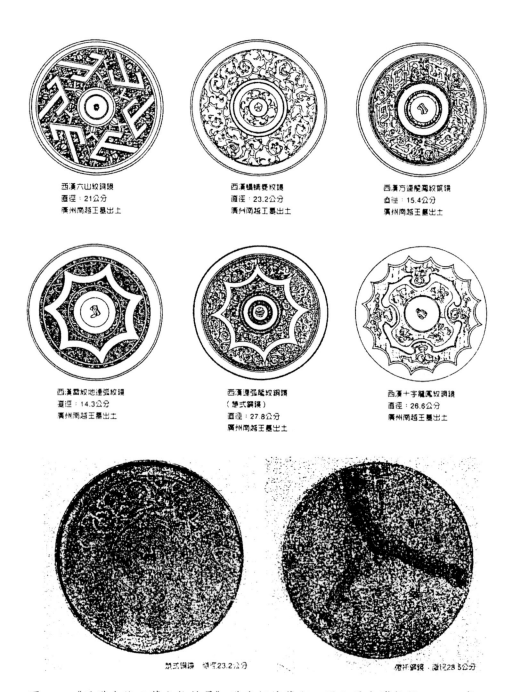

圖二　《西漢南越王墓文物特展》漢代銅鏡藝術，國立歷史博物館，1998 年。

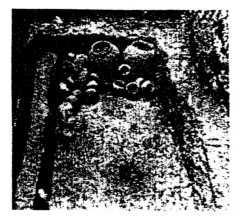
1. 集1082隨葬物分布圖

1. 集5041頂部結構及頹墻

3. 集1095隨葬物分布圖

3. 前室的隨葬器物

5. 集1114隨葬物分布圖

5. 集5081的双圆錐形穹頂

圖三　《廣州漢墓》下冊，圖版 7。　　圖四　《廣州漢墓》下冊，圖版 127。

第七章　結　論

　　上古時期，北方的華夏族是以周爲領導者，其先打敗東夷族後，又陸續征服其他弱小民族，成爲天下共主。在同時，南方也出現了可以與之相抗衡的百越族，以其獨特的文化內涵發展出高度的文明，光彩一點也不遜於中國。所謂百越族，有廣、狹兩義，廣義的百越族從人種學與語言來說，可包涵上古越族如句吳、于越、閩越、南越、東越、駱越、甌越、山越，與現今的壯、侗、傣、黎、畬、瑤、與越南民族、南島語族與南亞語族等。而狹義的百越族就僅指上古時期的于越、句吳、閩越、甌越、駱越、南越、山越等。今日在中國境內所存在的西南文化，可謂是活生生的百越文化遺跡，如〈越人歌〉與現代壯侗語是如此接近，兩者之關聯頗爲密切。

　　對於百越族族屬來歷，向來以爲是夏族的後代。此雖根據《史記》之說而陸續爲後世沿用，但經過本文的討論，發現無論是在古籍所記載或是考古文化上，皆發現其中差異甚鉅，如越、夏兩族活動區域顯然是天差地遠，如越族通常是在長江下游以南活動，而夏族則主要在黃河中游一帶。在考古出土文化方面，幾何印紋陶文化爲越族所有，而非夏族的彩陶文化。至於，從圖騰立論者認爲夏族圖騰──龍與越族文身圖飾相同，進而指稱越族實爲夏後；但根據百越族人居住環境來看，天氣溫暖炎熱，山林水澤溪谷頗多，蛇類經常出沒，而越族族人正是以蛇爲紋身的圖樣，且長久以來皆以蛇紋爲固定圖飾，少有變形。反觀，夏族有其崇拜圖騰爲龍，而百越族亦有其崇拜圖騰，則爲蛇。另外，吳族之族屬亦引發不少爭議，由於《史記》提到周族太伯、仲雍奔荊蠻，因此後人皆以爲吳族爲周王室之一。但就本文研究，統治

者吳王或許有可能是周人勢力南下時，留在吳地的王室成員，但被統治的人民確是道道地地的原住民，因此吳族族仍應歸屬爲百越族。

百越文化的內涵多元且豐富，如斷髮文身鑿齒、植稻米、啖異食、習於舟水、擅於操舟、精於鑄劍、神秘宗教信仰與語言等。這些文化，皆受到自然環境與地理條件的限制與影響，而發展出不同華夏文化的面貌，本文稱之爲百越的「山水文化」。再者，它與楚文化的性質有些類似，或許道家文化的源流與其有關，可惜的是資料上的欠缺與不足，無法明確說明道家思想與百越文化的關聯，但卻值得我們去留意。

到了春秋時期，百越民族已從早期部落型態朝封建國家體制邁進，當時有吳、越兩國崛起。其崛起之因，主要是因憑據著本身優越的條件使然，而發展封建體制的經濟活動，可與晉、齊等國相提並論。同時，又受到外來文化之影響，也使得吳越兩國的都邑城池、戰爭策略等進展飛快。這些優勢，更帶動了吳、越經濟、國勢的繁榮與發展，對經濟思想也有甚大的助益。因此且越民族文化發展至此階段，可謂是鼎盛時期。而歷史向來以中原諸夏爲主，以四方民族爲客，形成「夷夏」嚴防的心態；但是春秋末期吳越爭霸天下的野心，使得中國也得承認其實權與地位，儘管稱之爲「子」，但仍無法抹煞這樣的事實。

戰國以後，楚國滅了越國，進而統領其他越族，百越文化因此無法再進一步發展，出現停滯不前的情形。雖然戰國至秦漢之間，百越民族陸陸續續有幾個小國建立，如南越國、閩越國、東甌國等，但進入秦漢大一統以後，「漢化」的威力使得百越文化的底層文化一一瓦解，斷髮文身、裸身跣足皆爲中原禮俗所取代。被統治的百越族人與漢人通婚，學習漢人典章制度，融入於漢人的社會中，取得他們的認同。這時期，百越文化產生極大的轉變，如民風由強悍嗜武轉爲崇尚文藝，語言亦漸失原味，逐步爲漢語所混合，從三國時期的吳語最能看出其轉變，士人使用華語，庶人則操吳語。而宗教信仰方面，少部份的百越信仰納入官方信仰之中，但絕大部份皆受漢人影響，如葬式從土墩墓、懸棺墓改爲漢人的石磚墓等；而信仰中也添加了漢人的冥界思想與神仙思想等。從這種種轉變跡象來看，百越文化已經在「漢文化」洪流中被淘空，儘管現代西南民族還略保存有百越先民的文化，但也是零碎，片斷，不成系統，殊爲可惜。

由是觀之，上古時期中國這塊土地上存在著多元文化，多元民族，而百

越民族正是其中之一，而且還在歷史舞台上創造出屬於他們自己的天空，雖是曇花一現，但卻足以讓人佇足深思其命運，甚至體認到各民族之間文化上的相互尊重。因為，就文化本身而言，是不分貴賤、高下與對立的，過去視彼方為蠻夷、野獸，將自己文化視為高高在上的強烈優越感，甚至視感化、同化對方低俗落後的文化為己任，都是錯誤、甚至違反人性尊嚴的作法，更為現代社會所唾棄。再現今日，各國或各民族和平共存是人類一致擁有的共識，尊重彼此文化發展，進而欣賞對方文化，更是現代世界潮流的走向。因此，希望藉由本論文的討論與說明，進而引發人們去關注現代原住民族、弱勢民族的生存問題，更期待眾人能以開闊的胸襟、平等對待的心態去解決這些瀕臨滅亡的民族文化。

引用與參考書目

壹、原典

一、經

1. 《周禮》，漢・鄭玄注，唐・賈公彥疏，藝文印書館（影印清阮元十三經注疏本，以下皆同），1955 年 4 月。
2. 《禮記》，漢・鄭玄注，唐・賈公彥疏，藝文印書館。
3. 《左傳》，周・左丘明著晉・杜預注，唐・孔穎達等正義，藝文印書館，1955 年 4 月。
4. 《公羊傳》，漢・何休注，藝文印書館，1955 年 4 月。
5. 《穀梁傳》，晉・范寧集解，藝文印書館，1955 年 4 月。
6. 《論語》，魏・何晏等注，藝文印書館，1955 年 4 月。
7. 《孟子》，漢・趙歧注，藝文印書館，1955 年 4 月。

二、史

1. 《國語》，周・左丘明，吳、韋昭注，臺北宏業，1980 年。
2. 《竹書紀年》，戰國・撰者不詳，臺灣中華，1980 年四部備要、史部據抱經堂校刊。
3. 《戰國策》，漢・劉向集錄，臺北里仁，1980 年
4. 《逸周書》，戰國・撰者不詳，臺灣中華，1980 年四部備要、史部據抱經堂校刊。
5. 《史記》，漢・司馬遷著，唐・司馬貞索隱，宋・裴駰集解，臺北鼎文，1981 年。
6. 《史記會注考證》，漢・司馬遷，曰・瀧川龜太郎，臺北宏業，1981 年。

7. 《漢書》,漢·班固,顏師古注,臺北鼎文,1981 年。

8. 《後漢書》,後漢·范曄撰,唐·李賢等注,臺北鼎文,1981 年。

9. 《三國志》,晉·陳壽,臺北鼎文,1976 年。

10. 《越絕書校注》,漢·袁康撰,民、張金城校注,出版社不詳,1984 年。

11. 《吳越春秋》,漢·趙曄,臺灣中華,1980 年。

12. 《通典》,唐·杜佑,臺灣商務,1987 年。

13. 《資治通鑑》,宋·司馬光編,明·胡三省注,天工書局,1988 年。

14. 《路史》,宋·羅泌,臺北廣學社,1975 年。

15. 《百粵先賢志》,明·歐大任,上海商務,1936。

16. 《竹書紀年輯證》,清·王國維,臺北藝文印書館,1974 年。

17. 《竹書紀年輯證訂補》,方祥編,臺北學海,1976 年。

三、子

1. 《孫子》,齊·孫武,魏武帝注,上海商務,1937 年。

2. 《荀子》,楚·荀況,臺北藝文印書館,1994 年。

3. 《管子》,齊·管仲,中華書局。

4. 《韓非子》,韓·韓非,中華書局,1963 年。

5. 《呂氏春秋》,秦·呂不韋編,漢·高誘注,中華書局。

6. 《淮南子》,漢·劉安編,高誘注,臺灣中華書局,1993 年。

7. 《新序》,漢·劉向編,臺灣商務,1968 年。

8. 《說苑》,漢·劉向編,臺灣商務,1968 年。

9. 《論衡》(上)(下),漢·王充,臺灣中華書局,1988 年。

10. 《抱朴子》,晉·葛洪,臺灣商務印書館,1968 年。

11. 《墨子閒詁》,清·孫詒讓,臺北成文出版社,1977 年。

四、集

1. 《楚辭》,後漢·王逸注,臺灣商務,1968 年。

2. 《世說新語》,宋·劉義慶,臺北藝文印書館,1974 年。

3. 《謝康樂集》,宋·謝靈運,臺灣商務,1968 年。

4. 《顏氏家訓》,北齊·顏之推,臺北廣文,1977 年。

5. 《文選》,梁·蕭統,唐·六臣,藝文印書館,1991 年。

6. 《水經注》,宋·酈道元,臺北世界,1962 年。

7. 《柳河東集》,唐·柳宗元,臺北河洛,1974 年。

8. 《朱文公文集》,宋·朱熹,中文出版社,1977 年。

9.《日知錄》，明・顧炎武，臺灣商務，1963。

五、其他

1.《說文解字》，後漢・許慎撰，清・段玉裁注，臺北黎明文化，1991年。

2.《風俗通義》，漢・應劭撰，民，王利器校注，臺北明文，1988年。

3.《搜神記》，晉・干寶撰，臺北里仁，1970年。

4.《藝文類聚》（二冊），唐・歐陽詢撰，京都中文出版社，1980年。

5.《太平御覽》，宋・李昉撰，臺北新興，1963年。

6.《博物志》，晉・張華撰，中華書局，1965年。

7.《吳越備史》，吳越、范坰、林禹撰，中華書局，1966年。

8.《太平寰宇記》，宋・樂史撰，臺北文海，1936年。

9.《天下郡國利病書》，明・顧炎武，臺灣商務，1976年。

10.《春秋大事表》（三冊），清・顧棟高，中華書局，1993年。

11.《皇清經解》，清・阮元編，藝文印書館，1986年。

12.《左傳紀事本末》，清・高士奇，臺北里仁，1981年。

13.《福建省武夷山志》，清・董天工輯，臺北成文，1974年。

14.《讀史方輿紀要》，清・顧祖禹，臺灣商務，1968年。

15.《廣東通志》，清・陳窗齋，華文圖書，1967年。

16.《春秋左傳注》（二冊），楊伯峻，臺北復文，1991年。

17.《史記評林補標》，蘭臺書局，1968年。

貳、近人專書

一、綜論

1.《中國民族史》，林惠祥，上海商務印書館，1930年。

2.《兩晉南北朝史》，呂思勉，上海開明書店，1948年。

3.《中國歷史地理》，石璋如，中華文化出版社，1954年。

4.《東南亞民族的中國血緣》，徐松石，香港平安書店，1959年。

5.《史林雜識初編》，顧頡剛，臺北龍田，1962年。

6.《春秋會盟政治》，劉伯驥，臺灣書店，1962年。

7.《春秋左氏傳地名圖考》，程發軔，臺北廣文書局，1967年。

8.《中國歷代行人考》，黃寶實，臺灣中華書局，1969年。

9.《無求備齋學術論集》，嚴靈峰編，臺北中華書局，1969年。

10.《殷虛卜辭綜類》，島邦男編，臺北大通書局，1970年。

11.《中國上古史待定稿》，中央研究院歷史語言所編，中央研究院，1972 年。

12.《春秋至兩漢時期中國向南方的發展》，蕭璠，臺灣大學文史叢刊，1973 年。

13.《漢唐史論集》，傅樂成，臺北聯經，1977 年。

14.《中國歷史地理》（二冊），王恢，臺灣書局，1978 年。

15.《中國史稿》，郭沫若主編，北京人民，1979 年。

16.《中國上古圖騰制度探賾》，畢長樸，臺北，1979 年。

17.《古史探索與古籍研究》，吳浩坤，臺北貫雅文化事業有限公司，1980 年。

18.《先秦諸子繫年》，錢穆，臺北三民書局，1980 年。

19.《中國古史的傳說時代》，徐旭生，臺北仲信，1980 年。

20.《嵇康年譜》，莊師萬壽，臺北三民書局，1981 年。

21.《陳寅恪先生文集》，陳寅恪，臺北里仁，1981 年。

22.《中國古代冶鐵技術發展史》，楊寬，上海人民，1982 年。

23.《夏商周考古論文集》，鄒衡，北京文物出版社，1982 年。

24.《十七史商榷》，王鳴盛，臺北大化書局，1984 年。

25.《中國經濟思想史資料選輯》，巫寶三，中國社會科學，1985 年。

26.《西周青銅彝器彙考》，高木森，臺北文化大學，1986 年。

27.《河山集：中國史地論稿》，史念海，臺北弘文書局，1986 年。

28.《古史地理論叢》，錢穆，臺北東大，1988 年。

29.《春秋戰國城市經濟發展史論》，張鴻雁，遼寧大學出版社，1988 年。

30.《殷商卜辭地理論叢》，鍾柏生編撰，藝文印書館，1989 年。

31.《老子研究》，王力，天津市古籍書店，1989 年。

32.《古代社會與國家》，杜正勝，臺北允晨，1990 年。

33.《中國民族史》，江應梁，北京民族出版社，1990 年。

34.《山海經校注》，袁珂，上海古籍，1991 年。

35.《中國考古學中碳十四年代數據集》，中國社會科學院考古研究所，北京文物，1992 年。

36.《六朝的城市與社會》，劉淑芬，臺北學生書局，1992 年。

37.《古史辨》，顧頡剛，臺北藍燈文化事業股份有限公司，1993 年。

38.《兩晉南朝的士族》，蘇紹興，臺北聯經出版社，1993 年。

39.《老莊新論》，陳鼓應，五南圖書出版社，1993 年。

40.《魏晉南北朝史論稿》，萬繩楠，臺北雲龍出版社，1994 年。

41.《道家文化研究第六輯》，陳鼓應主編，上海古籍，1995 年。

42.《契約、自由與歷史性思維》，林安梧，臺北幼獅文化事業公司，1996年。

43.《中國論》，莊師萬壽，臺北玉山社出版社，1996年。

44.《戰國史》，楊寬，臺北商務印書館，1997年。

45.《溫故知新──商周文化史管見》，夏含夷，臺北稻禾出版社，1997年。

46.《從周邊看漢人的社會與文化──王崧興先生紀念論文集》，黃應貴、葉春榮，中央研究院民族學研究所，1997年。

二、文化風俗

1.《文化人類學》，陳國鈞，臺北三民，1977年。

2.《浙江民俗研究》，鈴木滿南主編，中日越系文化聯合考察團撰，浙江人民，1992年。

3.《中國民間文化──人生禮俗研究》，上海民間文藝家協會，上海學林，1992年。

4.《浙江文化史》，滕復、徐吉軍、徐建春、盧敦基、葉建華、楊建華編著，浙江人民出版社，1992年。

5.《福建文化概覽》，王耀華主編，福建教育，1994年。

6.《福建思想文化史綱》，徐曉望，福建教育，1996年。

三、神話、宗教信仰

1.《文史論集》，郭沫若，北京人民出版社，1960年。

2.《廣州漢墓》上、下冊，中國社會科學院考古研究所、廣州市文物管理委員會、廣州市博物館編，文物出版社，1981年。

3.《不死的探求：抱朴子》，李豐楙，臺北時報文化，1982年。

4.《中國古代宗教初探》，朱天順，上海人民，1982年。

5.《神異經研究》，周次吉，臺北文津出版社，1986年。

6.《中國民間諸神》，宗力、劉群，河北人民，1987年。

7.《漢代的巫者》，林富士，臺北稻香，1988年。

8.《魏晉南北朝的道教》，湯一介，臺北東大，1988年。

9.《中國少數民族宗教概覽》，覃光廣，北京中央民族學院出版社，1988年。

10.《中國民間信仰資料彙編──古今圖書集成》（一）～（四）、《破除迷信全書》、新義錄》、《釋神神考》，王秋桂，李豐楙，臺灣學生，1989年。

11.《先秦兩漢冥界及神仙思想探原》，蕭登福，臺北文津，1990年。

12.《金枝：巫術與宗教之研究》，弗雷澤著、汪培基譯，臺北久大、桂冠書局，1991年。

13.《墓葬與生死：中國古代宗教之省思》，蒲慕州，臺北聯經，1993 年。

14.《福建民間信仰源流》，徐曉望，福建教育，1993 年。

15.《原始習俗與宗教信仰》，程德棋，江蘇教育，1993 年。

16.《楚國神話原型研究》，張軍，臺北文津，1994 年。

17.《中國民間文化》，上海學林，1994 年。

18.《追求一己之福——古代信仰世界》，蒲慕州，臺北允晨，1995 年。

19.《中國民間神像》，宋兆麟，臺北漢揚，1995 年。

四、百越民族相關書籍

1.《吳越文化論叢》，吳越史地研究會，上海文藝出版社，1937 年。

2.《百越源流與文化》，羅香林，臺灣書店，1953 年。

3.《百越民族論集》，百越民族史研究會編，北京中國社會科學，1982 年。

4.《百越民族文化》，辛土成、吳綿吉、蔣炳釗編著，上海學林，1988 年 1 月。

5.《百越民族史》，陳國強、蔣炳釗、吳綿吉、辛土成，北京中國社會科學，1988 年 5 月。

6.《吳文化研究論文集》，江蘇省吳文化研究會編，廣東中山大學，1988 年 8 月。

7.《臺灣海峽兩岸的古閩越族》，辛土成，廈門大學出版社，1988 年 9 月。

8.《百越民族史論集》，中國百越民族史研究會雲南盛省民族事務委員會編，雲南民族出版社，1989 年 12 月。

9.《道教與中國文化》，葛兆光，臺北東華書局，1989 年 12 月。

10.《江蘇史話》，江蘇省社會科學院歷史研究所編，江蘇教育出版社，1989 年 7 月。

11.《吳越文化新探》，董楚平，浙江文化叢書，浙江人民，1990 年 1 月。

12.《吳越文化》，張荷，遼寧教育出版社，1991 年 7 月。

13.《百越源流史》，何光岳，江西教育出版社，1992 年 4 月。

14.《南越國史》，張榮芳、黃淼章，廣東人民出版社，1995 年 12 月。

15.《嶺南古越人名稱文化探源》，覃曉航，北京中央民族大學，1995 年 4 月。

五、語言

1.《漢魏晉南北朝韻部演變研究》，羅常培、周祖謨，科學出版社，1958 年。

2.《方言校箋附通檢》，楊家駱主編，臺北鼎文書局，1972 年。

3.《方言與中國文化》，周振鶴、游汝杰，臺北南天書局，1988 年。

4.《語言文史論集》，周祖謨，臺北五南，1992 年。

5. 《揚雄方言研究》，劉君惠、李恕豪，巴蜀書社，1992 年。

6. 《漢語與中國傳統文化》，周振鶴，北京中國人民大學出版社，1993 年。

7. 《世說新語箋疏》，余嘉錫，上海古籍出版社，1995 年。

8. 《漢語概說》，Jerry Norman，語文出版社，1995 年。

參、期刊

一、考古類

1. 《圓山發掘對臺灣史前史研究之貢獻》，張光直，大陸雜誌史學叢書第一輯第二冊。

2. 《矢簋考釋》，陳邦福，文物，1955 年 5 月。

3. 《宜侯矢簋和它的意義》，陳夢家，文物，1955 年 5 月。

4. 《淹城發現戰國時期的獨木舟》，謝春祝，1958 年 11 月。

5. 《中國東南區新石器文化特徵之一：有段石錛》，林惠祥，考古學報，1958 年 3 月。

6. 《中國東南沿海新石器時代文化的分佈何年代探討》，梁釗稻，考古，1959 年 9 月。

7. 《也談印紋陶的幾個問題》，饒惠元，考古，1960 年 3 月。

8. 《我國東南地區原始文化的分布》，蔣纘初，學術月刊，1961 年 11 月。

9. 《吳江橫扇出土越王殘鍾考釋》，陳邦福，考古，1961 年 7 月。

10. 《浙江嘉興馬家兵新石器時代的發掘》，姚仲原、梅服根，考古，1961 年 7 月。

11. 《越王劍、永康元年群神禽獸鏡》，馬承鴻，文物，1962 年 12 月。

12. 《上海市青浦縣崧澤遺址的試掘》，考古學報，1962 年 2 月。

13. 《南京西善橋太崗寺遺址的發掘報告》，江蘇省文物工作隊太崗寺工作組，考古，1962 年 3 月。

14. 《江西修水山背地區考古調查與試掘》，考古，1962 年 7 月。

15. 《江西萬年大源仙人洞洞穴遺址試掘》，考古學報，1963 年 1 月。

16. 《湖北江陵三座楚墓出土大批重要文物》，湖北省文化局文物工作隊，文物，1966 年 5 月。

17. 《原平峙峪出土的東周青銅器》，戴遵德，文物，1972 年 4 月。

18. 《江蘇大墩子新石器時代人類骨骼的研究》，韓康信、陸慶任、張振標，考古學報，1974 年 2 月。

19. 《閩侯縣曇石山遺址第六次發掘報告》，福建省博物館，考古學報，1976 年 1 月。

20. 《河南輝縣發現的吳王夫差劍》，崔墨林，文物，1976 年 11 月。

21. 《碳十四測定年代和中國史前考古學》，夏鼐，考古，1977 年 4 月。

22. 《河姆渡遺址第一期發掘報告》，浙江省文物管理委員會、浙江省博物館，考古學報，1978 年 1 月。

23. 《河姆渡遺址植物遺存的鑑定報告》，江浙省博物館，考古學報，1978 年 1 月。

24. 《廣東曲江石峽墓葬發掘簡報》，文物，1978 年 7 月。

25. 《廣西南部地區新石器時代晚期文化遺存》，文物，1978 年 9 月。

26. 《碳十四年代測定報告（四）——河姆渡遺址第一期發掘報告，文物，1979 年 12 月。

27. 《貴溪崖所反映的武夷山地區古越族的族屬及文化特徵》，劉詩中、許智范、程應琳，文物，1980 年 11 月。

28. 《我國東南古代越族的來源和遷徙》，陳國強，民族研究，1980 年 6 月。

29. 《談談佛山河宕遺址的重要發現》，楊式挺，文物集刊第 3 輯，1981 年。

30. 《楚都紀南城的勘查與發掘》（上）（下），湖北省博物館，考古學報，1982 年 3～4 月。

31. 《河姆渡的原始藝術》，吳玉賢，文物，1982 年 7 月。

32. 《銅器銘文宜、虞、夨的地望及其與吳國的關係》，黃盛璋，考古學報，1983 年 3 月。

33. 《試論原始農業的經濟地位》，黃崇岳，農業考古，1984 年 1 月。

34. 《先秦越人的青銅鉞》，蔣廷瑜，廣西民族研究，1985 年 1 月。

35. 《臺灣史前時代拔齒習俗研究》，連照美、宋文薰，臺灣大學文史哲學報第三十五期，1987 年 12 月。

36. 《論有段石錛和有肩石器》，傅憲國，考古學報，1988 年 1 月。

37. 《浙江餘杭反山良渚墓地發掘簡報》，浙江省文物考古研究所反山考古隊，文物，1988 年 1 月。

38. 《淺談福建南部先秦考古及有關問題》，吳詩池，廈門大學學報哲杜版，1988 年 4 月。

39. 《談岳石文化的幾個問題》，方輝，管子學刊，1988 年 4 月。

40. 《東夷文化的探索》，嚴文明，先秦秦漢史，1990 年 2 月。

41. 《吳國青銅器分期類型與特點》，蕭夢龍，考古與文物，1990 年 3 月。

42. 《江陵蟆蝗山越人墓質疑》，蕭夢龍，考古與文物，1990 年 4 月。

43. 《福建青銅文化初探》，考古學報，1990 年 4 月。

44. 《論吳文化中的鳥崇拜習俗》，史延庭，中國史研究，1992 年 3 月。

45. 《史前時期的杭嘉湖地區》，吳汝祚，浙江學刊，1992 年 4 月。

46. 《試論餘杭南湖良渚文化黑陶罐的刻划符號》，李學勤，浙江學刊，1992 年 4 月。

47. 《寧紹地區史前時期的文化》，吳汝祚，浙江學刊，1994 年 2 月。

48. 《論中國南方春秋戰國時代的青銅劍》，日西江清高著，詹開遜譯，彭適凡校，南方文物，1995 年 1 月。

49. 《試論越國陶瓷業的大發展》，周燕兒，南方文物，1995 年 1 月。

50. 《試論河姆度出土的陶舟》，李躍，南方文物，1995 年 1 月。

51. 《河姆度干欄式建築遺跡初探》，勞伯敏，南方文物，1995 年 1 月。

52. 《東周時代齊魯青銅器探索》，杜迺松，南方文物，1995 年 2 月。

53. 《華南新石器時代遺存與先越文化》，劉詩中，南方文物，1995 年 3 月。

54. 《論幾何印紋陶紋飾的藝術特徵和起源》，南方文物，1996 年 1 月。

55. 《江淮地區與江南古文化的交融》，蕭夢龍，南方文物，1996 年 2 月。

56. 《試論河姆渡文化與馬家濱文化的關係》，吳汝祚，南方文物，1996 年 3 月。

57. 《試論吳越青銅兵器》，蕭夢龍，考古與文物，1996 年 6 月。

58. 《紹興出土越國原始青瓷的初步研究》，周燕兒，考古與文物，1996 年 6 月。

二、歷史類

1. 《孫吳開闢蠻越考》（上）（下），高亞偉，臺灣大陸雜誌第七卷第七、八期。

2. 《東漢政權之建立與士族大姓之關係》，余英時，新亞學報一卷二期，1956 年。

3. 《西漢閩越族的居住地和社會結構初探》，葉國慶、辛土成，廈門大學學報，1963 年 4 月。

4. 《由國語中吳語越語論史記越國勾踐世家的得失》，陳炎泉，南洋大學中語文學報 5 期，1972 年。

5. 《范蠡述評》，吳頤平，輔仁大學人文學報第二期，1972 年。

6. 《春秋列國風俗考略》，陳槃，中研院史語所集刊 47 卷 4 期，1976 年 12 月。

7. 《春秋列國的兼併遷徙與民族混同和落後地區的開發》，陳槃，中研院史語所集刊 47 卷 4 期，1978 年 12 月。

8. 《論孫子的作成時代》，鄭良樹，臺灣大學文史哲學報第 28 期，1979 年。

9. 《關於春秋戰國時代越國社會性質之商榷》，蔣柄釗，廈門大學學報哲社

版，1979 年 2 月。

10. 《閩中疆域考》，李祖弼，廈門大學學報哲社版，1980 年 1 月。

11. 《試論春秋戰國時代於越的社會經濟》，辛土成，中國社會經濟史研究，1982 年 2 月。

12. 《關于楚滅越的時間問題》，尚志發，求是學刊，1982 年 6 月。

13. 《從吳楚戰爭看伍員的軍事思想》，楊範中，江漢論壇，1984 年 7 月。

14. 《關於楚滅越的年代》，李學勤，江漢論壇，1985 年 7 月。

15. 《論衡與吳越史地》，陳橋驛，浙江學刊，1986 年 1 月。

16. 《漢初人北徙及其江淮、沔北苗裔考》，張雄，中南民族學院學報，1986 年 1 月。

17. 《西周時期周王室與周邊各族的關係》，劉韻葉，河南大學學報哲社版，1987 年 4 月。

18. 《我國古史傳說時期綜考》（下），劉起釪，文史，1988 年 1 月。

19. 《從閩越史探析福建境內封建邵縣始置問題》，蔣炳釗，廈門大學學報哲社版，1988 年 4 月。

20. 《越國富中大塘和關塘小考》，林華東，浙江學刊，1988 年 6 月。

21. 《越式鼎溯源》，葉文憲，東南文化，1988 年 6 月。

22. 《越國遷都琅邪辯》，林華東，中央民族學院學報，1989 年 1 月。

23. 《古代閩越族與現代閩南語系居民》，陳劍，廣西師範大學學報哲社版，1989 年 2 月。

24. 《社會變遷與吳、越國家的起源》，陳利勇，浙江學刊，1989 年 3 月。

25. 《南越國史研究概述》，王川，先秦秦漢史，1990 年 1 月。

26. 《試論先秦時期的吳國文化》，曾維華，先秦秦漢史，1990 年 2 月。

27. 《春秋時期大國爭霸對諸侯婚姻制度的影響》，陳寧，河北師院學報，1990 年 4 月。

28. 《春秋戰國之際吳越的經濟型態》，王文清，先秦秦漢史，1990 年 7 月。

29. 《關於越國滅亡年代的再商討》，楊寬，江漢論壇，1991 年 5 月。

30. 《吳國在西周至春秋前期的發展》，楊善群，南方文物，1992 年 3 月。

31. 《越國固陵城考辨》，王煒常，浙江學刊，1992 年 4 月。

32. 《孫武入吳的年代及爲將年齡》，沈寶順，復旦學報，1992 年 4 月。

33. 《從宜侯矢簋論周初吳的戰略地位》，顧孟武，南方文物，1992 年 6 月。

34. 《越國固陵城再辨——兼與王煒常商榷》，林華東，浙江學刊，1993 年 3 月。

35. 《道家起源新探》，莊師萬壽，國立台灣師範大學《國文學報》第 17 期，

1988 年。

36. 《論吳太伯與季札讓國——再論禪讓與讓國之貳》，阮芝生，臺大歷史學報第 18 期，1994 年。

37. 《孫子兵法與吳越文化》，劉亦冰，文史哲，1994 年 1 月。

38. 《楚滅越時間再考》，劉翔，浙江學刊，1994 年 2 月。

39. 《漢閩越王無諸治都考》，魏嵩山，浙江學刊，1994 年 2 月。

40. 《商周時期古越人的礦冶技術》，姚方妹，南方文物，1994 年 4 月。

41. 《春秋戰國之際社會發展原因新探》，楊師群，社會科學戰線，1995 年 3 月。

42. 《商王朝勢力的南下與江南古銅礦》，后德俊，南方文物，1996 年 1 月。

43. 《論春秋孫武非齊國陳書之後》（對孫子研究一個定論的質疑），壽涌，先秦秦漢史，1996 年 1 月。

44. 《東晉南朝小農經濟補充形式初探》，侯旭東，魏晉南北朝隋唐史，1996 年 4 月。

45. 《吳王闔廬身世考辯》，陳建樑，學術月刊，1996 年 6 月。

46. 《論南染吳越，北雜夷虜》，王啟濤，語文研究，1997 年 2 月。

三、文化風俗類

1. 《華安汰內仙字潭摩崖的調查》，福建省文物管理委員會，文物，1958 年 1 月。

2. 《吳越文化》，饒宗頤，中研院史語所 41 卷 4 期，1969 年 12 月。

3. 《福建崇安縣架壑船棺調查簡報》，廈門大學歷史系，廈門大學學報，1978 年 4 月。

4. 《略談福建崇安武夷山的架壑船棺》，蔣炳釗，廈門大學學報，1978 年 4 月。

5. 《關於武夷山架壑船棺若干問題的探討》，辛土成，廈門大學學報，1978 年 4 月。

6. 《江蘇吳縣草鞋山遺址》，文物資料資料 3 輯，1980 年。

7. 《幾何印紋陶與古越族的蛇圖騰崇拜——試論幾何印紋陶飾的起源》，陳大華，考古與文物，1981 年 2 月。

8. 《江蘇吳縣張陵山遺址發掘簡報》，文物資料叢刊 6 輯，1982 年。

9. 《吳越文化二論》，劉建國，先秦秦漢史，1982 年 2 月。

10. 《論臺語量詞在漢語南方方言中的底層遺存》，游汝杰，民族語文，1982 年 2 月。

11. 《從考古發現談湖南古越族的概貌》，吳銘生，江漢考古，1983 年 4 月。

12.《紹興 360 號戰國墓發掘簡報》，浙江省文物考古所紹興市文管會，文物，1984 年 1 月。

13.《長江中下游沿岸吳語和江淮方言的分界》，顏逸明，語言文字學，1984 年 2 月。

14.《西漢南越王墓發掘初步報告》，廣州象崗漢墓挖掘隊，考古，1984 年 3 月。

15.《從越族圖騰崇拜看夏越民族的關係》，吳綿吉，中央民族學院學報，1985 年 1 月。

16.《花山崖壁畫是古越人祭水神之作——兼論花山崖壁畫研究的種種説法報告》，周宗賢，中南民族學院學南方民族研究集刊，1985 年 1 月。

17.《初論吳文化》，蕭夢龍，考古與文物，1985 年 4 月。

18.《如何理解百越共同文化習俗》，黃增慶，中南民族學院學報，1986 年增刊。

19.《越巫雞卜源流考》，莫俊卿，中南民族學院學報，1986 年增刊。

20.《越人崇鳥源流考略》，林蔚文，民間文學論壇，1986 年 6 月。

21.《船棺、懸棺與文化積淀》，洪鐘，民間文學論壇，1986 年 6 月。

22.《漢末三國道教發展與江南地緣關係初探》，丁煌，成功大學歷學報第十三號，1987 年。

23.《羽人探謎》，鄭羽平，民間文學論壇，1987 年 5 月。

24.《吳越文化與世説新語》，高永清、章義和，中國古代近代文學研究，1988 年 4 月。

25.《東王公的原型及其演變》，鄭土有，民間文學論壇，1988 年 5 月。

26.《吳越風俗考》，陳克倫，復旦學報社科版，1989 年 1 月。

27.《古代江南的火葬習俗》，許周鶼，東南文化，1989 年 2 月。

28.《稻作漁撈的生產方式與吳越文化的個性特徵》，鄭土有，浙江學刊，1989 年 3 月。

29.《論吳文化中的鳥崇拜習俗》，史延庭，先秦秦漢史，1990 年 10 月。

30.《粵語是漢語族群中的獨立語言》，李敬忠，語言文字學，1990 年 4 月。

31.《試探閩方言中的壯侗語底層》，趙加，民族研究，1991 年 1 月。

32.《粵語在漢藏研究中的地位和作用》，戴慶廈，廣東民族學院學報社科版，1991 年 2 月。

33.《運用底層理論研究少數民族語言與漢語的關係》，歐陽覺亞，民族語文，1991 年 6 月。

34.《兩漢鏡銘初探》，林素清，中央研究院歷史語言研究所集刊，1993 年 5 月。

35.《一件研究百越文化的重要寶物》，文史知識，1993 年 11 月。

36.《早期臺灣語裡的非漢語成份初探》，董忠司，新竹師院學報第七期，1993 年 12 月。

37.《孫子兵法與吳越文化》，劉亦冰，文史哲，1994 年 1 月。

38.《越文化與水環境》，陳橋驛，浙江學刊，1994 年 2 月。

39.《青鳥、道教與生殖崇拜論》，詹石窗，民間文學論壇，1994 年 2 月。

40.《揚州出土的漢代銘文銅鏡》，王勤金、李久海、徐良玉，文物，1995 年 10 月。

41.《湖南古越人葬俗》，吳銘生，南方文物，1995 年 2 月。

42.《越人對蛇的崇拜源流考略》，林蔚文，民間文學論壇，1996 年 3 月。

43.《中國古代的圖騰崇拜》，黃明延、許智範，南方文物，1996 年 4 月。

44.《畬語與閩南語的關係》，董忠司，新竹師院學報第十期，1997 年 2 月。

45.《閩越人的原始神話與巫術》，林國平，歷史月刊，1997 年 3 月。

46.《漢藏語歷史比較擇詞》，吳安其，民族語文，1997 年 3 月。

四、民族類

1.《南洋土著與中國古代百越民族》，凌純聲，學術季刊第二卷第三期，1954 年。

2.《百越民族之源流及演變》，相蔵雲，臺灣省立博物 12 期，1969 年。

3.《居住在我國大陸和臺灣的古閩越族》，葉國慶、辛土成，廈門大學學報，1980 年 1 月。

4.《百越》，許國良，文史知識，1982 年。

5.《百越民族考》，蒙文通，歷史研究，1983 年 1 月。

6.《先秦的民族結構、民族關係和民族思想》，張正明，民族研究，1983 年 5 月。

7.《濮與船棺葬關係小議》，梁釗稻，中南民族學院學報，1986 年增刊。

8.《駱、僚研究》，田曙嵐，中南民族學院學報，1986 年增刊。

9.《句吳族源族屬初探》，辛土成，中南民族學院學報，1986 年增刊。

10.《閩越史幾個問題的探討》，蔣炳釗，中南民族學院學報，1986 年增刊。

11.《牂柯越與東南越》，朱俊明，中南民族學院學報，1986 年增刊。

12.《梅山蠻的來源與遷徙》，何光岳，中南民族學院學報，1986 年增刊。

13.《百越同源質疑》，馮來儀，中南民族學院學報，1986 年增刊。

14.《越、濮不同源》，汪寧生，中南民族學院學報，1986 年增刊。

15.《濮為越說》，潘世雄，中南民族學院學報，1986 年增刊。

16.《東南越探源》，林蔚文，中南民族學院學報，1986 年增刊。

17.《楚與揚越、夷越、於越的關係》，吳永章，中南民族學院學報，1986 年增刊。

18.《干越續說》，劉美崧，中南民族學院學報，1986 年增刊。

19.《東南越族的形成及與高山族的關係》，郭志超，中南民族學院學報，1986 年增刊。

20.《海南島古代歷史的若干問題》，劉耀全，中南民族學院學報，1986 年增刊。

21.《廣東傜族與百越族的關係》，李默，中南民族學院學報，1986 年增刊。

22.《從出土文物探駱越源流及其分布》，張一民、何英德，中南民族學院學報，1986 年增刊。

23.《于越的來源與遷徙》，何光岳，浙江學刊，1989 年 3 月。

24.《畬族的圖騰文化》，韓常先，浙江學刊，1992 年 2 月。

25.《於越名稱居地和越國疆域變遷考》，辛士成，浙江學刊，1992 年 4 月。

26.《閩粵贛交界地區原住民族的再研究》，郭志超，廈門大學學報哲社版，1996 年 3 月。

肆、碩博士論文

1.《春秋公羊傳要義》，李新霖，師範大學國文研究所博士論文，1984 年。

2.《先秦的兵家》，李訓祥，臺灣大學歷史所碩士論文，指導教授阮芝生先生，1990 年 1 月。

3.《春秋時代的吳國》，張雲，臺灣大學歷史所碩士論文，指導教授葉達雄先生，1993 年 6 月。

4.《東晉南朝的貴族、寒族與道教》，黎幼蓮，臺灣大學歷史所碩士論文，指導教授鄭欽仁先生，1995 年 6 月。